Jürgen Sieg · Johann Wolfgang Wägele (Hrsg.)

Fauna der Antarktis

Jürgen Sieg · Johann Wolfgang Wägele (Hrsg.)

Fauna der Antarktis

Mit Beiträgen von Hans Georg Andres, Wolf Arntz, Dagmar
Barthel, Ilse Bartsch, Angelika Brandt, Stephen D. Cairns,
Hans-Uwe Dahms, John H. Dearborn, Peter Emschermann,
Klaus-Jürgen Götting, Manfred Graßhoff, Julian Gutt, Stefan
Hain, Gerhard Hartmann, Gordon Hendler, Waltraud Klepal,
Franz Krapp, Paulo Cesar de Paiva, Arnold Pietsch, Karin
Riemann-Zürneck, Heinrich Ristedt, Horst Kurt Schminke,
Jürgen Sieg, Michael Spindler, Armin Svoboda, Ludwig
Tiefenbacher, Michael Türkay, Johann Wolfgang Wägele,
Heike Wägele, Karl Wittmann

1990 · Mit 421 Abbildungen, davon 32 farbig

Verlag Paul Parey · Berlin und Hamburg

CIP-Titelaufnahme der Deutschen Bibliothek

Fauna der Antarktis / Jürgen Sieg ; Johann Wolfgang Wägele (Hrsg.). Mit
Beitr. von Hans Georg Andres ... - Berlin ; Hamburg : Parey, 1990
NE: Sieg, Jürgen (Hrsg.); Andres, Hans Georg (Mitverf.)
ISBN 3-489-64934-6

Einband: Atelier Buchholz/Hinsch/Hensinger, D-2000 Hamburg 73, unter Verwen-
dung eines Fotos von J. W. Wägele. – *Schrift:* Times Antiqua (Satzsystem apple
IIe/Macintosh). – *Lithographie:* O.R.T. OffsetReproTechnik Kirchner + Graser
GmbH & Co. Produktions KG, D-1000 Berlin 61. – *Druck:* WB-Druck GmbH &
Co. Buchproduktions KG, D-8959 Rieden/ Allgäu. – *Bindung:* Lüderitz & Bauer
Buchgewerbe GmbH, D-1000 Berlin 61

ISBN 3-489-64934-6 – Printed in Germany

1

Vorwort

Die Antarktis ist ein riesiger lebensfeindlicher Kontinent, der eine ca. 14 Millionen Quadratkilometer große Eisfläche trägt. Nur wenige Lebewesen sind in der Lage, den ewigen Winter, die große Kälte und die trockene Luft zu ertragen. Pflanzen gedeihen nur auf zeitweilig eisfreien Flächen, es sind überwiegend sehr langsam wachsende Flechten. Etwas reicher ist die Vegetation an der Küste, insbesondere auf der klimatisch weniger rauhen Antarktischen Halbinsel. Hier kommen Gräser (*Deschampsia antarctica*), Nelkengewächse (*Colobanthus quitensis*) und mehrere Moose vor (z.B. Gattungen *Andreaea, Bryum, Pohlia, Polytrichum*). Von diesen Pflanzen können nur wenige Tiere leben, wie Amöben, Fadenwürmer, Bärtierchen (Tardigrada), Milben und einige Insekten (z.B. Springschwänze, Anopluren). Ein großer Reichtum antarktischen Lebens existiert jedoch auf der Grundlage der marinen Nahrungsketten. Im Sommer, wenn das Meereis abgeschmolzen ist und bis zu 24 Stunden lang Licht ins Wasser dringt, vermehren sich die einzelligen Algen sehr schnell. Von diesen ernähren sich die Primärkonsumenten unter den Zooplanktern, wie die Kleinkrebse (Copepoda), Salpen und vor allem der Krill (Euphausiacea, überwiegend *Euphausia superba*). Bartenwale, Robben, Fische und Pinguine leben u. a. vom Krill; von kleinen Fischen und Tintenfischen können wiederum größere Wirbeltiere leben. Die Tierwelt, die den Antarktisreisenden fasziniert, ist marines Leben - sie ernährt sich aus dem Meer. Diese Nahrungsketten sind kaum erforscht, die Schätzungen des Krillbestandes variieren beispielsweise von 125 bis 5.000 Millionen Tonnen. Internationale Projekte wie das BIOMASS-Programm (Biological Investigations of Marine Antarctic System and Stocks) dienen dazu, unseren Kenntnisstand zu verbessern.

In der Antarktis stoßen wir auf ein noch weitgehend unberührtes Ökosystem, in dem anthropogene Einflüsse zwar nachweisbar, jedoch von geringer Wirkung sind, wenn man von der Jagd der Wale und einigen fischereilichen Aktivitäten absieht. Die tatsächlich vorhandene Formenvielfalt bleibt jedoch dem gewöhnlichen Reisenden, den Waljägern und Schiffsbesatzungen verborgen: Die meisten antarktischen Tiere leben tief unter der Wasser- oder Eisfläche am Meeresboden. Diese exotische Fauna ist kaum erforscht; kein Zoologe vermag zu schätzen, wieviel Tierarten es im antarktischen Benthos gibt. Während Umweltpolitiker und Laien von den Wissenschaftlern erwarten, daß sie die Funktion des Ökosystems beschreiben, stehen die Zoologen vor einem grundlegenden Problem, dessen Lösung erst die Voraussetzung für die ökologische Forschung ist: Sehr viele Tiere werden jetzt erstmalig von Menschen gesehen; die Organismen haben noch keinen Namen, ihre Lebensweise ist unbekannt. Es ist die Aufgabe der Taxonomen, diese Tierwelt zu erfassen und zu beschreiben sowie den Ökologen die Unterscheidungsmerkmale verwandter oder ähnlicher Arten zu erklären.

Der vorliegende Band ermöglicht einen ersten Eindruck von der Vielfalt der wirbellosen Tiere, die den antarktischen Meeresboden bevölkern. Für jede Tiergruppe wird eine Auswahl von häufigen, auffälligen oder exotischen Arten vorgestellt. Es sind mittlerweile mehrere Tausend Arten bekannt, es gibt jedoch noch keine Zusammenfassung des Kenntnisstandes und keine Bestimmungsliteratur. Mit diesem Band wollen wir Naturschützern Argumente liefern, Naturfreunde informieren und den wenigen Reisenden und Forschern, die das Glück haben, die antarktische Tierwelt bewundern zu können, einen Leitfaden zur Verfügung stellen.

Die Zusammenstellung dieses Leitfadens war natürlich nur durch die tatkräftige Mitarbeit vieler Fachkollegen möglich. Nicht immer konnten wir den Vorstellungen bezüglich Umfang und Gestaltung des von ihnen bearbeiteten Kapitels entsprechen. Aber durch ihr Entgegenkommen - auch bei umfangreicheren Kürzungen bzw. Umgestaltungen - war es möglich, alle Kapitel relativ einheitlich zu gestalten. Für das gezeigte Verständnis sei ihnen an dieser Stelle nochmals gedankt.

Der Feldführer wurde im "desk top publishing" Verfahren erstellt, d. h., die Manuskripte mußten nicht nur geschrieben, sondern auch gleichzeitig in ihre endgültige, druckfertige Form gebracht werden. Dies hat für uns Frau Düvel übernommen. Für das Verständnis und die gezeigte Geduld bei den vielen vorgebrachten Änderungs- und Umstellungswünschen danken wir ihr. Nicht vergessen möchten wir auch die Hilfestellungen, die uns der Verlag gegeben hat.

Die Herausgeber

Inhaltsverzeichnis

3

4   Inhaltsverzeichnis

Verzeichnis der Autoren

Hans Georg Andres
Amphipoda
Zoologisches Institut und
Zoologisches Museum
Martin-Luther-King-Platz 3
2000 Hamburg 13

Wolf Arntz
*Decapoda, zusammen mit
L. Tiefenbacher und M. Türkay*
Alfred-Wegener-Institut für
Polar- und Meeresforschung
Columbusstraße
2850 Bremerhaven

Dagmar Barthel
Porifera
Institut für Meereskunde
an der Universität Kiel
Düsternbrooker Weg 20
2300 Kiel 1

Ilse Bartsch
Halacaroidea
Biologische Anstalt Helgoland
Notkestraße 31
2000 Hamburg 52

Angelika Brandt
Isopoda, zusammen mit J. W. Wägele
Universität Oldenburg
Fachbereich Biologie
Postfach 25 03
2900 Oldenburg

Stephen D. Cairns
Scleractinia
National Museum
of Natural History
Smithsonian Institution
Washington, D. C. 20560, U. S. A.

Hans-Uwe Dahms
Copepoda, zus. mit H. K. Schminke
Universität Oldenburg
Fachbereich Biologie
Postfach 25 03
2900 Oldenburg

John H. Dearborn
Ophiuroidea, zusammen mit G. Hendler und J. W. Wägele
Department of Zoology
University of Maine
Orono, Maine 04469, U. S. A.

Peter Emschermann
*Kamptozoa, Phoronida
Pogonophora, Priapulida*
Fakultät für Biologie
der Universität Freiburg
Schänzlestraße 1
7800 Freiburg i. Br.

Klaus-Jürgen Götting
Polyplacophora
Institut für Allgemeine
und Spezielle Zoologie
der Justus-Liebig-Universität
Stephanstraße 24
6300 Gießen

Manfred Graßhoff
Octocorallia
Forschungsinstitut Senckenberg
Senckenberganlage 25
6000 Frankfurt 1

Waltraud Klepal
Cirripedia
Institut für Zoologie
der Universität Wien
Althanstraße 14
A-1090 Wien

Julian Gutt
Holothuroidea
Alfred-Wegener-Institut für
Polar- und Meeresforschung
Columbusstraße
2850 Bremerhaven

Franz Krapp
Pantopoda
Zoologisches Forschungsinstitut
und Museum Alexander Koenig
Adenauerallee 150 - 164
5300 Bonn 1

Stefan Hain
*Bivalvia, Gastropoda
exkl. Opisthobranchia*
Alfred-Wegener-Institut für
Polar- und Meeresforschung
Columbusstraße
2850 Bremerhaven

Paulo Cesar de Paiva
*Polychaeta, zusammen mit
J. W. Wägele*
Instituto Oceanográfico
USP, CEP 05508, São Paulo
Brasilien

Gerhard Hartmann
Ostracoda
Zoologisches Institut und
Zoologisches Museum
Martin-Luther-King-Platz 3
2000 Hamburg 13

Arnold Pietsch
Myzostomida
Universität Osnabrück
Fachbereich Biologie/ Chemie
Postfach 44 69
4500 Osnabrück

Gordon Hendler
*Ophiuroidea, zusammen mit
J. H. Dearborn und J. W. Wägele*
Natural History Museum
Los Angeles, California 90007
U. S. A.

Karin Riemann-Zürneck
Actiniaria
Alfred-Wegener-Institut für
Polar- und Meeresforschung
Columbusstraße
2850 Bremerhaven

Heinrich Ristedt
Bryozoa
Institut für Paläontologie
der Universität Bonn
Nussallee 8
5300 Bonn

Horst Kurt Schminke
Copepoda, zusammen mit
H. U. Dahms
Universität Oldenburg
Fachbereich Biologie
Postfach 25 03
2900 Oldenburg

Jürgen Sieg
Brachiopoda, Plathelminthes,
Nematoda, Gnathostomulida,
Nemertini, Sipunculida,
Echiuridea, Tentulocarida,
Cumacea, Tanaidacea,
Ascidiacea
Universität Osnabrück
- Standort Vechta -
FB Naturwissenschaften, Mathematik
Driverstraße 22
2848 Vechta

Michael Spindler
Foraminifera
Alfred-Wegener-Institut für
Polar- und Meeresforschung
Columbusstraße
2850 Bremerhaven

Armin Svoboda
Hydrozoa
Fakultät für Biologie der
Ruhr-Universität Bochum
Universitätsstraße 150
4630 Bochum 1

Ludwig Tiefenbacher
Natantia, zusammen mit W. Arntz
und M. Türkay
Zoologische Staatssammlung
Münchhausenstraße 21
8000 München 60

Michael Türkay
Natantia, zusammen W. Arntz
und L. Tiefenbacher
Forschungsinstitut Senckenberg
Senckenberganlage 25
6000 Frankfurt 1

Johann Wolfgang Wägele
Cephalopoda, Polychaeta zusammen
mit P. Paiva, Leptostraca, Isopoda
Pterobranchia, Echinoidea
Asteroidea, Crinoidea,
Ophiuroidea zusammen mit
G. Hendler und J. H. Dearborn
Universität Oldenburg
Fachbereich Biologie
Postfach 25 03
2900 Oldenburg

Heike Wägele
Opisthobranchia
Universität Oldenburg
Fachbereich Biologie
Postfach 25 03
2900 Oldenburg

Karl Wittmann
Mysidacea
Institut für Allgemeine Biologie
der Universität Wien
Schwarzspanierstraße 17
A-1090 Wien

Foraminifera (Kammerlinge)

Beschalte Einzeller, Gehäuse entweder aus organischem Material (tectinöse oder pseudochitinöse Foraminiferen), verzementierten Fremdpartikeln (Sandschaler, agglutinierte Foraminiferen) oder Kalk (Kalkschaler) aufgebaut. Die Gehäuse, die Größen von Bruchteilen von mm bis hin zu einigen cm erreichen können, sind von großer Formenvielfalt, die von einkammerigen kugeligen, tropfen- oder röhrenförmigen bis zu mehrkammerigen reihenförmigen oder spiralig aufgewundenen Gehäusen reichen. Normalerweise mit einer oder mehreren Aperturen (Mündungsöffnungen), aus denen die Pseudopodien (Scheinfüßchen) hervortreten, die zur Fortbewegung und der Ernährung dienen.

Überwiegend im marinen Milieu, einzelne Arten dringen in Brackwasserbereiche (z.B. Flußmündungen) vor. Ihr Vorkommen erstreckt sich über alle ozeanischen Tiefen- und Temperaturbereiche. Der Großteil der Arten ist benthisch, nur ein kleinerer Teil hat eine planktische Lebensweise angenommen.

Die Fortpflanzung, mit heterophasischen Generationswechsel, ist einzigartig im Tierreich. Es wechselt eine asexuell entstandene, einkernige, haploide Generation (Gamont) mit einer sexuell entstandenen, mehrkernigen, diploiden (Agamont, Schizont). Beide Generationen können identische oder morphologisch sehr unterschiedliche Gehäuse ausbilden (Generationsdimorphismus). Bei der geschlechtlichen Fortpflanzung werden amöboide, zwei- oder dreigeißlige Gameten gebildet, während die ungeschlechtliche über Vielteilung oder Knospung erfolgt.

Das Nahrungsspektrum der Foraminiferen ist vielfältig. Neben der mikrophagen Ernährungsweise durch Bakterien und Protisten werden Invertebraten bis hin zu kleinen Krebsen gefressen. Einige Arten besitzen obligate Endosymbionten (Chlorophyceen, Dinophyceen, Rhodophyceen, Chrysophyceen), die einen Teil und in Einzelfällen sogar den gesamten Nahrungsbedarf stellen.

Foraminiferen spielen aufgrund ihrer langen Fossilgeschichte (älteste Formen seit dem Kambrium bekannt) und ihrer Formenvielfalt eine wichtige Rolle in der Altersbestimmung mariner Sedimentablagerungen und -gesteinen. In den letzten Jahren werden sie verstärkt für Untersuchungen zur Palaeoökologie hinzugezogen.

Über 200 benthische Arten sind in der Antarktis nachgewiesen.

Unterordnung: Textulariinae
Foraminiferen mit agglutiniertem Gehäuse.

1 *Psammosphaera fusca* SCHULZE, 1875.- Mehr oder weniger kugelförmiges Gehäuse aus einer Kammer, aus grobem Material (Sand- und Quarzkörnchen) agglutiniert. Gehäuse ohne Apertur, aber kleinere Öffnungen für die Pseudopodien.- Hauptvorkommen unterhalb weniger hundert Meter bis 5.000 m.

2 *Reophax pilulifer* BRADY, 1884.- Aus mehreren Kammern bestehendes Gehäuse, einzeilig angeordnet, bestehend aus einer einlagigen Schicht agglutinierter Quarzkörnchen. Apertur rund.- Vorkommen verstärkt unterhalb 200 m.

3 *Miliammina arenacea* (CHAPMAN, 1916).- Gehäuse mit runder Anfangskammer und zwei aufgerollten, schlauchförmigen Kammern je Windung, die in verschiedenen Ebenen um das Gehäuse verlaufen. Dadurch ähnlicher Bauplan wie die Milioliniden, unterscheidet sich aber durch den Aufbau aus feinagglutiniertem Material.- Hauptverbreitung in Tiefen zwischen 200 und 2.000 m.

4 *Cyclammina pusilla* BRADY, 1884.- Feinagglutinierte Gehäuse, in einer Ebene spiralig aufgewunden, mit mehrere Mündungsöffnungen in der letzten Kammer.- Typische Tiefenwasserform, Hauptvorkommen zwischen 3.000 und 5.000 m.

Unterordnung: Miliolina
Foraminiferen mit porzellanartiger Kalkschale, der typische Poren meist fehlen.

5 *Pyrgo depressa* (D'ORBIGNY, 1826).- Gehäuse mit zwei gegenüberliegenden Kammern pro Windung, die die früher gebauten überdecken. Letzte Kammer mit länglich ovaler Mündung, die durch einen gegabelten Mündungszahn eingeengt ist.- Vorkommen oberhalb 300 m.

6 *Lenticulina antarctica* PARR, 1950.- Die anfänglich eng spiralig aufgewundenen Kammern entrollen sich im späteren Stadium. Glasartiges Gehäuse mit feinen Poren. Mündungsöffnung an der Peripherie der letzten Kammer.- Vorkommen in mittleren Wassertiefen von wenigen hundert Metern.

Unterordnung: Rotaliina
Mit hyaliner, perforierter Kalkschale, Kammern spiralig aufgewunden.

7 *Cassidulinoides parkerianus* (BRADY, 1884).- Erstgebildete Kammern spiralig, spätere nichtgewunden, biserial angeordnet. Mündung als schmaler Schlitz in der letzten Kammer.- In mittleren Wassertiefen zwischen 200 und 800 m.

8 *Bulimina aculeata* D'ORBIGNY, 1826.- Kammern sehr hochkonisch (trochospiral), mit drei Kammern pro Umgang; ältere Kammern mit dornenförmigen Fortsätzen, die zur Spiralseite zeigen. Mündungsöffnung tropfenartig geformt.- Vom Flachwasser bis in Tiefen unterhalb 2.000 m.

9 *Neogloboquadrina pachyderma* (EHRENBERG, 1861).- Planktisch in den oberen 200 m; leere Gehäuse können jedoch in Schelfgebieten (z.B. westl. Weddellmeer) 100% der kalkigen Foraminiferen an der Bodenoberfläche stellen.

10 *Cibicides refulgens* DE MONTFORT, 1808.- Kammern hochkonisch (trochospiral), die Spiralseite ist fast völlig eben; in Seitenansicht dadurch von dreieckiger Gestalt. Mündung schlitzförmig.- Hauptsächlich in flacherem Wasser angewachsen auf Steinen oder Organismen, aber auch in Tiefen bis unterhalb 2.000 m.

11 *Globocassidulina crassa* (D'ORBIGNY, 1839).- Gehäuse mit glatter Oberfläche und einer schlitzförmigen Mündungsöffnung.- Häufige Art im Flachwasser bis einige hundert Meter, seltener auch in Tiefen unterhalb 4.000 m.

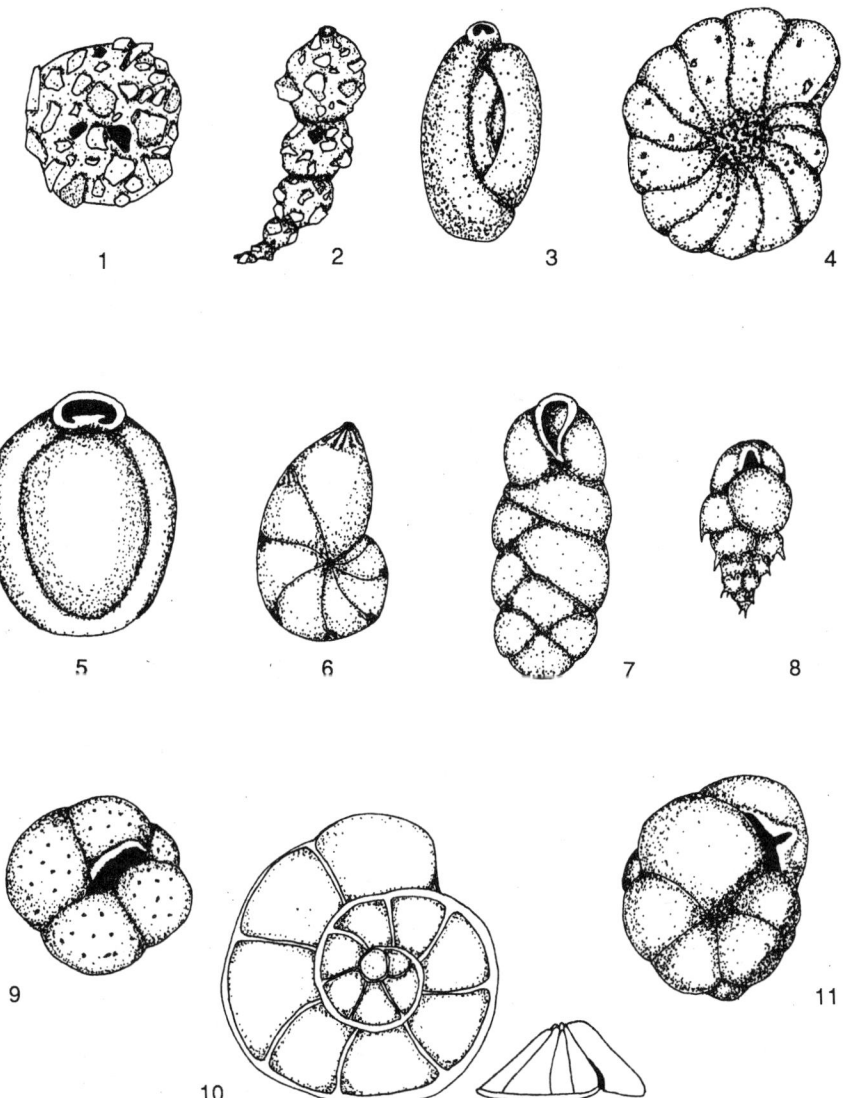

Porifera (Schwämme)

Nach einem sehr ursprünglichen Organisationstyp gebaute sessile Filtrierer. Es werden Gewebe, jedoch keine Organe ausgebildet. Der größte Teil der Zellen ist amöboid beweglich. Die einfache oder doppelte Deckschicht (Pinacoderm), die den Schwamm gegen das Medium abschließt, ist mit zahlreichen, bis zu 50 µm großen, Einstromöffnungen (Ostien) durchsetzt. Die im Inneren befindlichen Kragengeißelzellen (Choanocyten) erzeugen einen gerichteten Wasserstrom, dem partikuläre und gelöste Nahrung sowie Sauerstoff entzogen werden, bevor das Wasser den Körper durch die Ausstromöffnung (Osculum) verläßt. Die Richtung des Wasserstroms ist nicht umkehrbar. Folgende Organisationsformen sind verwirklicht: Beim **Ascon**-Typ (Abb. 1A) bedecken die Kragengeißelzellen die gesamte Innenfläche; beim **Sycon**-Typ (Abb. 1B) sind sie in isolierten Radialtuben in die Innenwand eingesenkt und beim **Leucon**-Typ (Abb. 1C) sind die Kragengeißelzellen zu Kammern zusammengeschlossen im ganzen Körper verteilt.

Der Weichkörper wird in der Regel von einem Skelett gestützt, das als Elemente Nadeln (Sklere, Spiculae) aus kristallinem $CaCO_3$ (Calcit oder Aragonit) oder amorphem SiO_2 und Gerüstprotein (Kollagen, Spongin) enthalten kann.

Skelettelemente dienen als wesentliche Merkmale zur Aufteilung in vier Klassen; weitere Einteilung erfolgt unter anderem nach Fortpflanzungsmerkmalen.

Alle bislang untersuchten Porifera können sich geschlechtlich vermehren. Hermaphroditismus überwiegt, aber auch Gonochorismus oder sequentieller Geschlechtswechsel kann vorkommen. Ungeschlechtliche Vermehrung erfolgt über Fragmentation, innere bzw. äußere Knospung und Ausbildung von Gemmulae.

Fast alle der ca. 5.000 bekannten Arten sind marin. Für die Antarktis wurden bislang etwa 300 Arten beschrieben, davon sind ca. 50% endemisch. Charakteri-

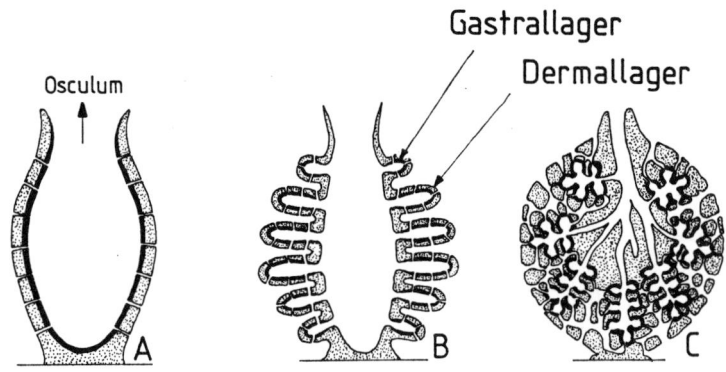

Abb. 1: Organisationstypen der Porifera
[A, **Ascon**-Typ; B, **Sycon**-Typ; C, **Leucon**-Typ, nach HYMAN, 1940, verändert]

stisch ist das relativ häufige Vorkommen der **Hexactinellida**, die hier eine Größe von über 2 m erreichen können, und auch flachere Bereiche, ab 10 m Wassertiefe, besiedeln. Einen weiteren wesentlichen Faunenanteil stellen die **Demospongiae**, während die **Calcarea** (Sklere aus $CaCO_3$, kaum organisches Gerüstmaterial vorhanden; ausschließlich nach dem Ascon- und Sycon-Typ gebaute Schwämme) und **Sclerospongiae** (Sklere sowohl aus SiO_2 als auch aus $CaCO_3$ - Aragonit - und Sponginfasern) kaum vertreten sind.

Farbe, Größe und vor allem Körperform sind äußerst variabel; daher ist die exakte Artbestimmung nicht über den Habitus allein möglich, sondern erfordert die vergleichende Analyse der verschiedenen Schwammnadeln, von denen in der Regel zwei verschiedene Größenklassen (Makro- und Mikrosklere) vorhanden sind. Die Absolutgröße beider Gruppen ist artspezifisch, deshalb wird hier auf Größenangaben weitgehend verzichtet. Da die Analyse der Sklere dem Fachmann vorbehalten bleiben muß, werden im folgenden nur einige typische, relativ leicht zu erkennende Vertreter wichtiger antarktischer Grobtaxa vorgestellt.

Klasse: Hexactinellida (Glasschwämme)

Sechsstrahlige Nadeln (Hexactine) und Zusammenschluß der meisten Zellen zu Syncytien; Sklere aus SiO_2, organisches Gerüstmaterial nur im Elektronenmikroskop sichtbar; entsprechen keinem der oben genannten Baupläne; rein marin, vorwiegend Tiefsee, in der Antarktis auch in flacheren Bereichen.

Rossellidae

Charakteristisches Taxon der Antarktis; meist kelch-, zylinder- oder sackförmig, nur selten gestielt; wie bei allen **Lyssacina** mit einzeln im Gewebe verstreuten Makroskleren; in der Regel solide am Substrat verankert, oft mit langen Nadel- und Gewebefortsätzen; meist ein Osculum, selten mehrere; häufig ragen lange Sklere über den Körper verteilt aus dem Gewebe heraus; das Genus *Rossella* kommt überwiegend auf der Südhalbkugel, besonders in der Antarktis, vor.

12 *Rossella antarctica* CARTER, 1872.- Weiß, länglich eiförmig bis keulenförmig; maximale Größe unbekannt, mindestens 10 cm hoch; zentrales Osculum an der Spitze; senkrecht aus dem Körper herausragende Sklere, deren Enden oft mit tangential verlaufenden Verzweigungen (a), die wie ein Überzug den Schwamm bedecken; je Nadel mindestens 4 tangentiale Verzweigungen, gelegentlich noch ein senkrechter Dorn (b).- Antarktisch zirkumpolar, Tiefenausdehnung unbekannt. Verwechselungsmöglichkeiten mit **14** *R. racovitzae* und mit *Thetya antarctica* (herausragende Skleren nur dreistrahlig).

13 *Rossella nuda* TOPSENT, 1901.- Weiß, abgerundet subzylindrisch; größter Durchmesser meist im oberen Drittel; größte Exemplare 2 m hoch; ein zentrales Osculum an der Spitze; verankert durch kürzere Fasern aus miteinander verkitteten Skleren; Oberfläche glatt aussehend, wenig rauh bei Berührung; zahlreiche Ostien, bedeckt mit einer sehr dünnen, durchsichtigen Ektosomschicht mit mikroskopisch kleinen Poren; häufig sind viele Jungschwämme um Adulttiere herum (Knospung und/ oder Larven geringer Reichweite?). Auffällig: Sehr große Öffnungen der Ausführkanäle im Innern des Osculums.- Häufig auf Schwammnadelfilz.- Antarktis; 15 - 400 m.

14 *Rossella racovitzae* TOPSENT, 1901 (mit aufsitzendem **Crinoiden**).- Weiß oder hellgrau, subzylindrisch; mindestens 50 cm hoch; sehr großes Osculum an der Spitze; durch lange, feste Ausläufer aus verkitteten Skleren verankert, oder mit einem Teil des Schwammkörpers im Substrat eingebettet. Oberfläche dicht bedeckt mit konischen Erhebungen, aus deren Spitzen sehr lange, im Gegensatz zu **12 *R. antarctica***, unverzweigte Sklere herausragen; von Ektosomhäutchen bedeckte Ostien zwischen den Erhebungen angeordnet; Verwechselungsmöglichkeit mit **15 *Tetilla leptoderma***. Vermehrung durch Knospung.- Antarktis; 30 - 550 m.

Klasse: Demospongiae
Sklere aus SiO_2, verkittet mit Kollagen und Spongin, die gelegentlich allein das Skelett bilden (z.B. *Spongia officinalis*, Badeschwamm); ausschließlich Leucon-Typ; enthält ca. 95% aller Schwämme; marin und Süßwasser.

Unterklasse: Tetractinomorpha
Vierachsige Skelettelemente (Tetraxone), sternförmige Mikrosklere (Aster), kein Spongin, Oviparie. Einen wichtigen Anteil in der Antarktis stellen die Tetillidae (**Astrophorida**, mit radiärer Skelettstruktur und äußerer Cortexschicht), die von massiver, meist globulärer Gestalt sind und eine sehr gut ausgeprägte Cortexschicht besitzen. Charakteristisch sind die "Spinispiren" (10 - 20 µm lange, einstrahlige, mit Widerhaken versehene, s- oder σ-förmig aufgewundene Mikrosklere).

15 *Tetilla leptoderma* SOLLAS, 1886.- Weiß, kugelig bis eiförmig, bis 35 cm hoch; Oberfläche etwas rauh, teils eben, häufig mit zahlreichen niedrigen, konischen Erhöhungen ohne herausragende Skleren; ein großes oder mehrere kleine Oscula; dünne Cortex; mit langen Spiculae verankert oder erhöht auf "Nadelstelzen"; auch als Aufwuchs auf Schwämmen, wie **13 *R. nuda***; häufig geklumpt auftretend.- Antarktis, Falkland Inseln, Kerguelen, La Plata; 18 - 1.080 m.

Gattung: *Cinachyra*
Ostien in kugel- bis flaschenförmigen Vertiefungen (Porocalices) angeordnet.

16 *Cinachyra antarctica* CARTER, 1872 (syn. *C. vertex*).- Weißlich-grau, mehr oder weniger kugelförmig, bis ca. 6 cm Durchmesser; Oberfläche fest, mit spiralig angeordneten konischen Erhebungen, mit langen Sklerenbündeln an der Spitze; diese an der Basis besonders lang, teils zu Gespinsten verdichtet; zwischen den Erhebungen rundlich-ovale Ansammlungen von Ostien, diese jedoch kaum vertieft.- An Steinen oder mit den Spiculaegespinsten im Schwammnadelfilz verankert, gelegentlich darinsteckend.- Antarktis; 18 - 540 m.

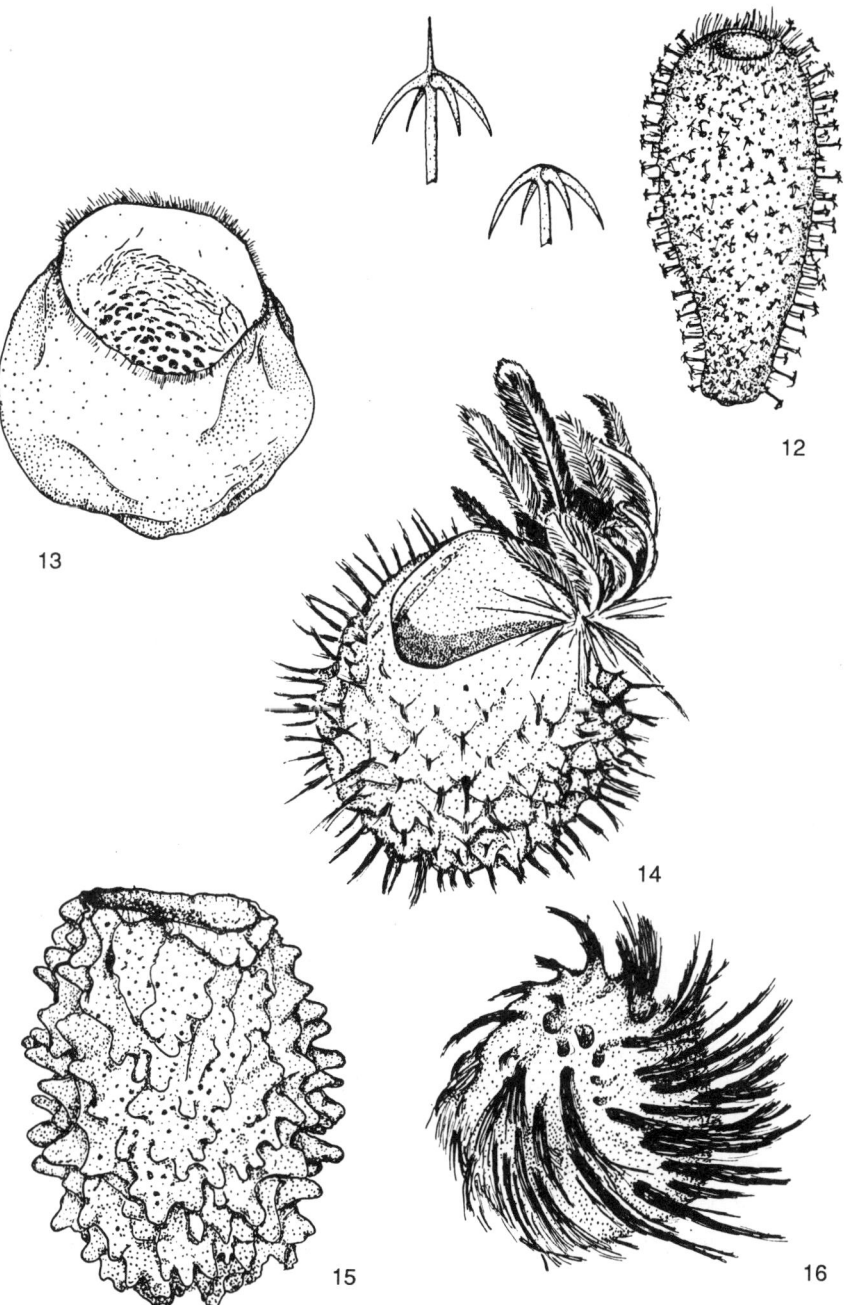

13

12

14

15

16

17 *Cinachyra barbata* SOLLAS, 1886.- Weiß, unregelmäßig rundlich oder kugelförmig, maximal 14 cm Durchmesser; Oberfläche rauh, dicht mit einem Flaum herausragender Spiculae bedeckt; an der Basis ein dichtes Gespinst langer Skelettnadeln zur Verankerung im Substrat; stark entwickelte, durch Sklere verstärkte Cortexschicht. Zahlreiche gut ausgebildete Porocalices von bis zu 7 mm Durchmesser.- Antarktis, Süd Georgien, Kerguelen; 18 - 550 m.

Unterklasse: Ceractinomorpha (= Cornacuspongiae = Monaxonida) Ohne Tetraxone; Makrosklere immer einstrahlig (Monaxone); Mikrosklere keine Aster, sondern Chelae oder Sigmoide; das mehr oder weniger ausgeprägte Spongin verklebt die Silikatnadelstrukturen oder bildet eigenständige Gespinste; Freisetzung von fertigen Parenchymula-Larven.

Ordnung: Poecilosclerida
Durch Sklerencharakteristika definiert.

18 *Mycale acerata* KIRKPATRICK, 1907 (Mycalidae).- Weiß, ältere Exemplare auch bräunlich; bildet massive, kissenartige Überzüge; Oscula an der Spitze großer, konusförmiger Erhebungen; Höhe bis ca. 1 m; Oberfläche mit warzenartigen Papillen bedeckt; Oscula-Erhebungen in jüngeren Exemplaren nur schwach ausgebildet; ältere Tiere häufig mit sessiler Epifauna, wie Hydrozoen, etc.; in flacheren Bereichen auch Fouling durch benthische Diatomeen; entweder mit Sponginausläufern schwach im Schwammnadelfilz verankert oder als Aufwuchs auf anderen Schwämmen, die zum Teil unbeschadet bleiben oder aufgelöst werden; scheidet bei Irritation große Mengen Schleims ab; wahrscheinlich schnelles Wachstum von bis zu 500% in 10 Jahren.- Antarktis, vermutlich zirkumpolar; 30 - 300 m.

19 *Latrunculia apicalis* RIDLEY & DENDY, 1887 (Latrunculiidae).- Dunkelgrün, Körper massiv, oft rundlich, Durchmesser einige Zentimeter; Oberfläche glatt, mit vielen konischen (Oscula) und kraterförmigen (Ostien) Papillen bedeckt; Ostialpapillen mit siebartiger Membran bedeckt; Cortex gut entwickelt, gut vom inneren Gewebe zu trennen; basales Skelett aus verkitteten Spiculaebündeln und Sponginfasern.- Auf Fels und Steinen.- Antarktis, Falkland Inseln; 80 - 700 m.

20 *Kirkpatrickia coulmani* KIRKPATRICK, 1907 (Myxillidae).- Gelb, aufrechtstehender Fächer, z.T. mit lappigen, fingerförmigen Fortsätzen, bis ca. 40 cm hoch, 1 - 2 cm dick; Oberfläche uneben, mit unregelmäßig verteilten Konuli; mehrere, unauffällige Oscula; basales Skelett aus einem dichten Geflecht senkrechter und querverlaufender Sponginfasern und Spiculaebündeln oder aus isolierten Spiculae.- Locker auf Schwammnadelfilz.- Antarktis, Süd Georgien; 30 - 200 m.

Ordnung: Halichondrida
Keinerlei Mikroskleren, völlig unregelmäßiger Aufbau des Gesamtskeletts.

21 *Halichondria panicea* PALLAS, 1766.- Hellgelb, orange, bräunlich, im Flachen durch Algen auch oberflächlich grün; Form sehr variabel, von flach inkrustierend

(Brandungszone) über klumpig/ massiv bis astartig verzweigt (bei geringer Wasserströmung); Größe sehr variabel, kann Kissen bis 20 cm Höhe bilden; Oscula entweder eben oder als konusförmige Erhöhungen, Durchmesser bis 4 mm; Oberfläche glatt, Cortex gut ausgebildet und leicht vom Innengewebe abzulösen, häufig retikuläre Strukturen, aus durch Spongin verkitteten, tangential zur Oberfläche ausgerichteten Nadeln; nur monaxone, an beiden Enden zugespitzte Spiculae; meist mit reicher Infauna.- Auf Hartsubstraten und Großalgen, Tunikaten etc.- Weltweit an den Küsten; 0 - 150 m, in 385 m an der Wilhelm-II-Küste.

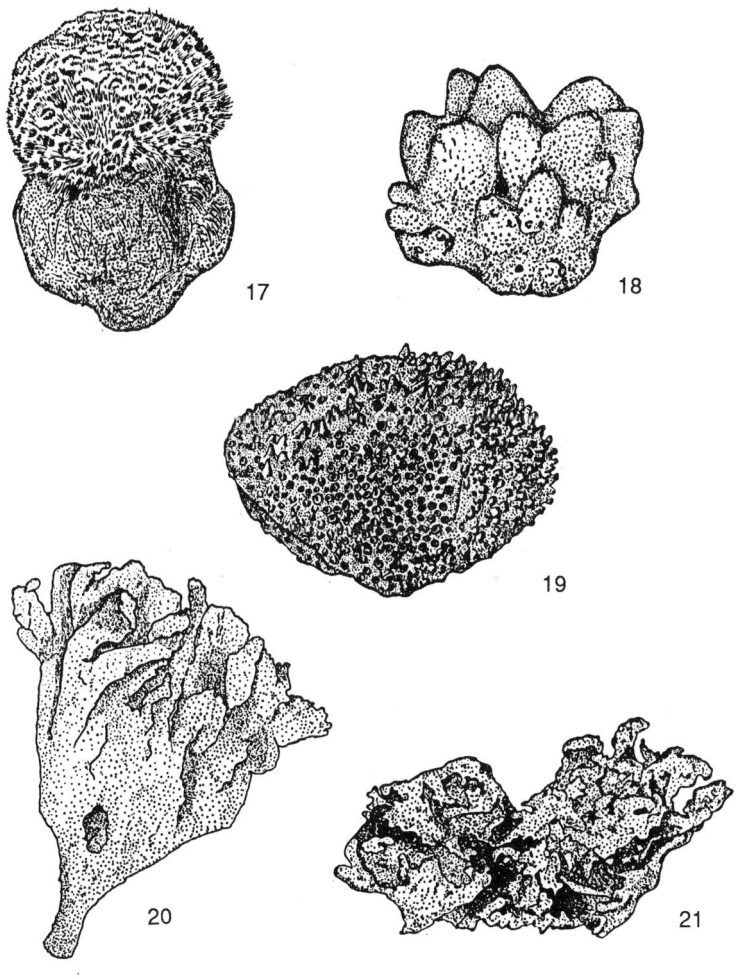

Cnidaria (Nesseltiere)

Durch Häufigkeit und Artenanzahl spielen die Nesseltiere im Benthos wie im Plankton aller Meere eine wichtige Rolle. Vom oberen Litoral bis zur Tiefsee siedeln die festsitzenden Polypen und Polypenkolonien, im freien Wasser treten Medusen (= Quallen), durch Fortpflanzungszyklen bedingt, in Schwärmen auf. Die Polypen, z.T. vom Periderm (Hautabscheidungen) umgeben, sind in etwa zylindrisch; sie sitzen mit einem Ende, der "Fußscheibe", fest, am oberen Ende stehen Tentakel um die einzige Körperöffnung, den Mund. Die dünne Wandung (als eigentliche Körpermasse) umschließt einen wassergefüllten Raum, der gleichzeitig hydraulischer Druckraum und Verdauungsraum ist. Diese Körperwand besteht aus einer bindegewebig verspannten Gallertschicht ("Mesogloea") und aufliegenden Zelldeckschichten (Epithelien: außen Epidermis, innen Gastrodermis). Die Muskelzellkörper mit dem Kern befinden sich in den Epithelschichten ("Epithelmuskelzellen"); ihre kontraktilen Fasern liegen der Mesogloea auf und vermögen deswegen das gallertige Bindegewebsgitter sehr stark zu verfalten. Daraus resultiert die beträchtliche Kontraktilität des Körpers.

Die Medusen sind (auch stammesgeschichtlich) als abgeschnürte und verselbständigte Polypen-Mundscheiben zu verstehen. Sie werden von den Polypen durch Querteilung oder in seitlichen Knospen abgetrennt, wachsen heran, produzieren Eier und Spermien. Aus den befruchteten Eiern entwickeln sich Larven, die sich festsetzen und zu Polypen werden. Der Medusenschirm wird von ringförmig verlaufenden Muskelbändern rhythmisch verengt (Rückstoßschwimmen); er springt nach jeder Kontraktion wegen der Festigkeit der bindegewebigen Gallertmasse in seine Ausgangslage zurück. Die Tentakel am Schirmrand, das zentrale Mundrohr, bei manchen Formen auch Gonadentaschen, hängen unter diesem einfachen Bewegungsapparat und werden nachgeschleppt.

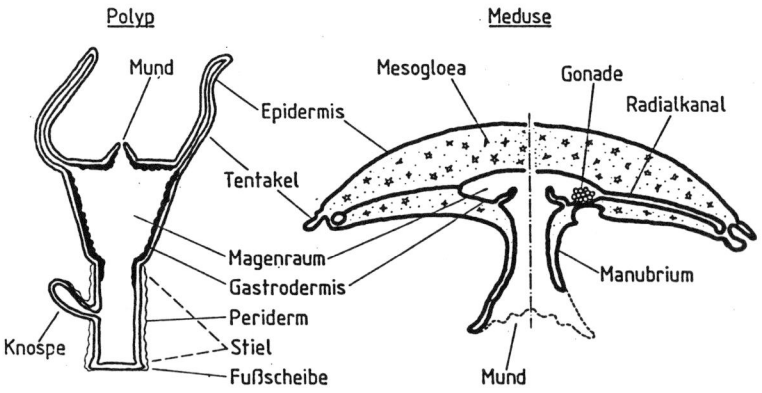

*Abb. 2: Baupläne der **Cnidaria**, Polyp und Meduse (Scyphomeduse)*

Die Nesselzellen ("Cniden"), die bei mechanischem Außenreiz einen giftigen Faden ausschleudern und damit auf Angreifer und Beutetiere eine heftige Nesselwirkung ausüben, die oft zu Lähmung und Tod führt, stehen überwiegend auf den Tentakeln. Man unterscheidet etwa 25 Bautypen, die in unterschiedlicher Kombination vorhanden sind.

Außer den hier behandelten **Anthozoa** und **Hydrozoa** werden den Nesseltieren noch die **Scyphozoa** (große Quallen, die durch Querdurchschnürung der dünnen Polypen entstehen) sowie die **Cubozoa** (winzige Polypen; die Medusen sind etwa vierkantig; Name: Würfelquallen) zugeordnet.

Hydrozoa

Stockbildende Cnidaria mit Generationswechsel, Gastralraum der Polypen ohne Septen, Mesogloea zellfrei.

Die antarktischen Arten der Ordnung **Hydroida** zeigen eine auffällige Reduktion der Medusengeneration zugunsten sessiler Medusenknospen in Gonangien. Hier wird die Unterordnung **Thecaphora** (Theca = den Polypen umgebendes Periderm) behandelt, die über 80% der etwa 200 beschriebenen Arten enthält. Die Verbreitung zeigt eine leichte Affinität zu den jeweils nächstgelegenen Kontinenten. Zahlreiche Endemiten; die bisherigen Funde stammen aus 20 bis über 1.000 m Wassertiefe, das Litoral ist nicht untersucht.

22 *Hydrodendron* (Haleciidae).- Buschige Kolonien bis 250 mm Höhe, mit dikkem, mehrröhrigem Stamm, unregelmäßig verzweigt; Hydrotheken nicht mit der Sproßachse verwachsen, bei regenerierten Exemplaren Verlängerung des Randes durch mehrere ineinandergeschachtelte Ringe; Nematotheken kelchförmig, leicht abbrechend; gelegentlich Riesennematotheken, bis 5* Größe; ankerförmige Go-

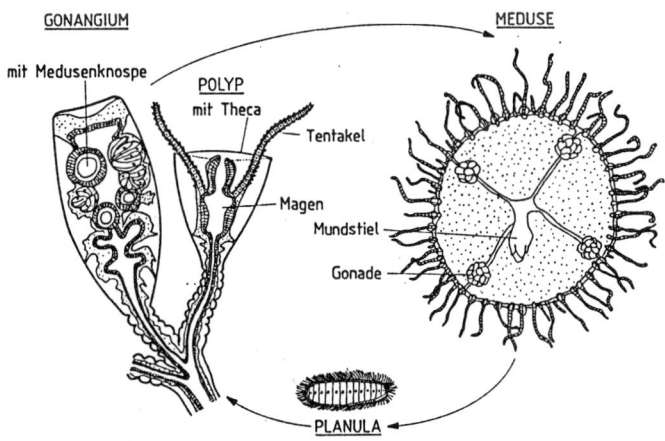

*Abb. 3: Bauplan und Generationswechsel der **Hydroida***

notheken zu einem fädigen Knäuel von 15 - 25 mm Durchmesser in Koloniemitte angehäuft, mit Sperma, Eiern oder Planulae; mehrere Arten [Beispiel: *Hydrodendron arboreum* (ALLMAN, 1883)].- Antarktisch weit verbreitet; bis 900 m.

23 *Tulpa* (Campanulariidae).- Aufrechte, unregelmäßig verzweigte Stöcke bis 100 mm Höhe; auf Fels und epizoisch auf Wurmröhren, manchmal freitreibend; Stamm unsegmentiert, monosiphon, gelegentlich durch hochrankende Stolonen polysiphon aussehend; ungewöhnlich große Hydrotheken (über 3 mm), zart längsgestreift, auf langen, dünnen Stielen; Mündungssaum gewellt, auswärts gebogen, gelegentlich mit Regenerationsmarken; Gonophoren auf kurzem Stiel, oval, mit terminaler Öffnung. 2 Arten [Beispiel: *Tulpa diverticulata* TOTTON, 1930].- Hauptsächlich subantarktisch; bis 4.500 m.

24 *Staurotheca* (Synthetiidae).-Hartboden, stoloniale Haftplatte; die 100 - 150 mm großen, steifen Fächer mit polysiphonem Stamm und Ästen verzweigen sich subdichotom; Äste häufig miteinander verwachsen, netzförmiges Aussehen; Hydrothekenwand fast völlig mit der Sproßachse verwachsen; männliche und weibliche Gonotheken auf getrennten Stöcken (diöcisch); mehrere Arten [Beispiel: *Staurotheca dichotoma* ALLMAN, 1983].- Antarktisch weit verbreitet; 50 - 300 m.

25 *Symplectoscyphus* (Sertulariidae).- Auf Fels und epizoisch auf anderen Hydroiden; Stamm mit hydrothekenbesetzten, durch Einschnürungen getrennten Segmenten, monosiphon; Seitenzweige sprossen distal der Hydrotheken schräg frontal; Zweige von jeder Seite liegen je in einer Ebene, die einen spitzen Winkel zueinander einnehmen; Kolonien buschig, mit erkennbarer Vorder- und Rückseite; Hydrotheken etwa halb mit dem Internodium verschmolzen, Mündung mit 3 gleichgroßen Zähnen; Gonotheken glatt, eiförmig, mit enger terminaler Öffnung, sowohl auf Stamm als auch an Seitenzweigen; viele ähnliche Arten [Beispiel: *Symplectoscyphus glacialis* (JÄDERHOLM, 1904)].- Antarktisch; 15 - 700 m.

26 *Schizotricha* (Plumulariidae).-Verfilzte Rhizome im Schlamm verankert, Stämme polysiphon, steif, meist verzweigt, bis 180 mm Höhe; Hydrokladien beiderseits des Stammes, bilden federförmigen Fächer; Hydrokladien nahe der Basis 1 - 3fach gegabelt; Kladien bestehen aus sich wiederholenden Gruppen von je einer Hydrothek und drei Nematotheken (Kormidien). Gonotheken birnförmig, diöcisch, Männchen mit schräger distaler, Weibchen mit runder, terminaler Öffnung, 2 - 4 Nematotheken an der Basis; mehrere Arten [Beispiel: *Schizotricha unifurcata* ALLMAN, 1883].- Antarktisch und subantarktisch; 20 - 600 m.

27 *Plumularia* (Plumulariidae).- Verfilzte Stolonen im Schlamm verankert, mehrere, bis 1 m hohe Stämme; Stamm und Seitenzweige polysiphon, letztere nach allen Seiten abgehend, unregelmäßig in Internodien geschnürt; Kladien alternierend, aus Kormidien mit je einer Hydrothek und drei Nematotheken bestehend; sporadisch Intersegmente mit je 1 medianen Nematothek; Gonotheken ungestielt, an der Basis der Kladien abgehend, mit schräger, distaler Öffnung; mehrere Arten [Beispiel: *Plumularia insignis* ALLMAN, 1883].- Subantarktisch; 150 - 700 m.

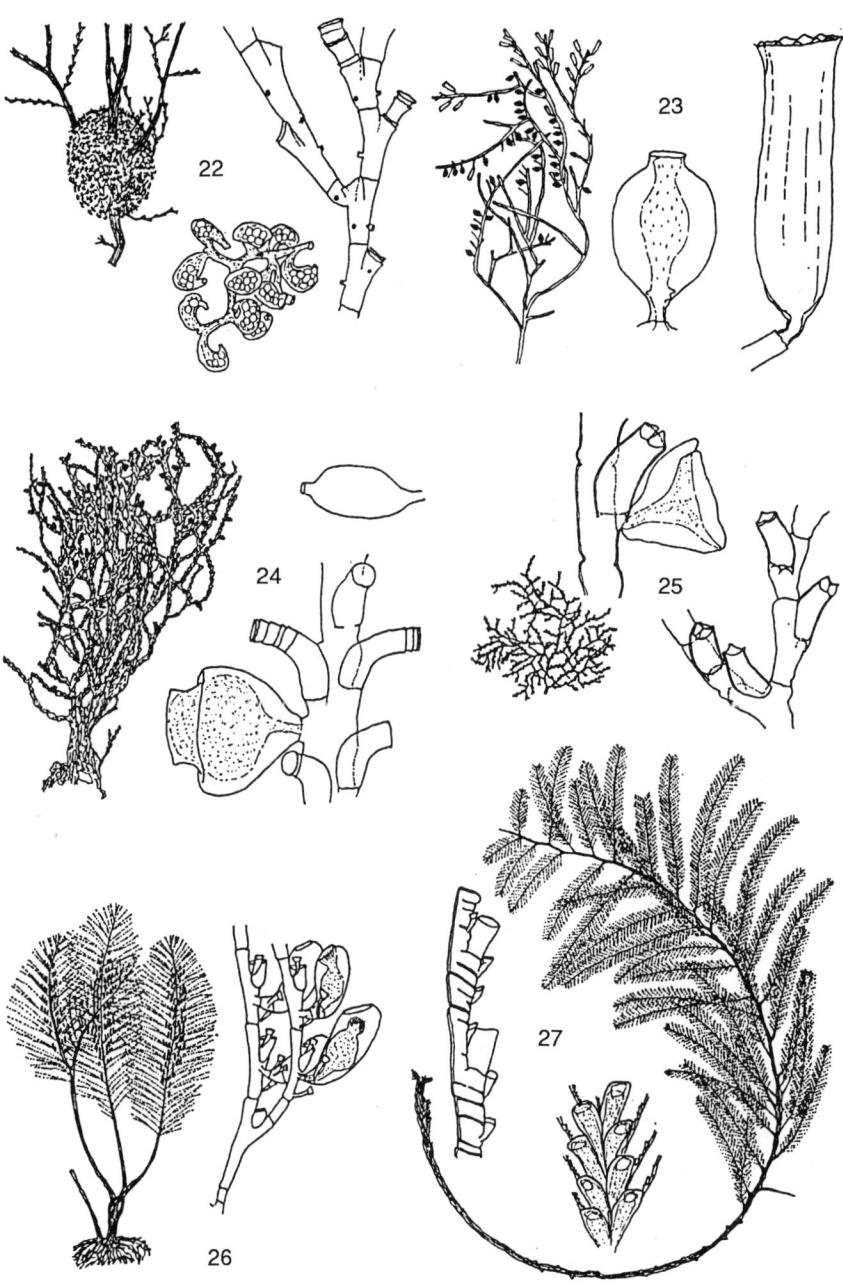

Anthozoa (Blumentiere)

Bei den Anthozoen fehlt die Medusengeneration. Unter den sessilen Cnidaria stellen sie die Großtiere; die einzelnen Polypen haben im allgemeinen Durchmesser von Zentimetern und Dezimetern, abgesehen von meterhohen Polypenkolonien (Korallen). Sie sind deswegen mit Schwämmen und großen Hydrozoen-Stöcken auffällige sessile Benthonten. Die Größe der Anthozoen ist konstruktionsbedingt, denn die Polypen sind im Innern durch radial gestellte Gewebsfahnen, die "Mesenterien", in alle Raumrichtungen verspannt. In die hohlen Tentakel setzt sich das Lumen des Innenraums fort, und vom Mund zieht ein Schlundrohr nach innen, von Mesenterien gehalten. Die Wandung setzt die Wasserfüllung unter Druck und hält sich damit gespannt; durch diese Anordnung wird der Polyp in seiner Form gehalten, er kann aufrecht stehen und koordinierte Bewegungen durchführen. Beim Dickenwachstum müssen zusätzliche Mesenterien eingezogen werden; sie gehen nicht vom Schlundrohr aus ("unvollständige" Mesenterien). Das Schlundrohr ist seitlich kompress und wirkt als Druckventil. Die Tätigkeit der Cilien - sie stehen, außer bei den Steinkorallen, auf einer rinnenförmigen Längsbahn, der "Siphonoglyphe" - bewerkstelligt Wasserzirkulation und Wassernachschub und Wiederfüllung nach jeder totalen Kontraktion. Die Rückziehmuskulatur bildet Längswülste auf den Mesenterien, deren Anordnung die Gruppen charakterisiert. Die Kanten der Mesenterien sind verdickt zu "Filamenten", an ihnen erfolgt die Verdauung von Nahrungspartikeln, die keineswegs durch den gesamten Innenraum verteilt werden.

Die Gonaden reifen an den Mesenterien. Die Tiere sind meist getrenntgeschlechtlich; Eier und Spermien werden ins freie Wasser entlassen, wo die Befruchtung erfolgt (seltener entwickeln sich die Eier nach Befruchtung durch von außen aufgenommene Spermien im Gastralraum); die einige Zeit frei schwimmenden Larven sind 0,1 - 0,5 mm klein, bei Ceriantharia und einigen Actiniaria erreichen sie cm-Größe.

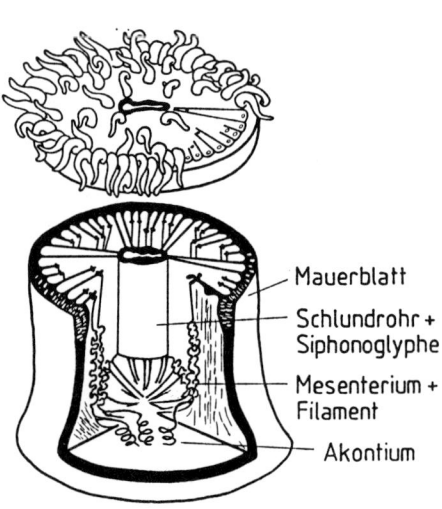

Mauerblatt

Schlundrohr + Siphonoglyphe

Mesenterium + Filament

Akontium

Abb. 4: Schematischer Aufbau
Anthozoa

Hexacorallia (Sechsstrahlige Korallen)

Solitäre und stockbildende Anthozoa; die Polypen besitzen meist 6 Mesenterien-
paare oder ein ganzzahliges Vielfaches davon (es treten aber auch 5-, 8-, 10- oder
vielzähligen Mesenterien auf); nackt oder mit Exo- bzw. Endoskelett aus Kalk
bzw. Hornsubstanz; Tentakel in der Regel einfach; Gonaden immer flächig auf
den Mesenterien angeordnet (nie traubenförmig wie bei den **Octocorallia**).
Ein wichtiges Bestimmungsmerkmal stellt die Zahl der Mesenterien bzw.
Sklerosepten dar. Diejenigen, die beim Wachstum zuerst angelegt werden, bilden
den "1. Zyklus" und sind mit dem Schlundrohr verbunden bzw. erreichen die
Mitte der Basalplatte (Abb. 5A). Die den Siphonoglyhen zugeordneten Taschen
des Gastralraumes werden als Richtungsfächer bezeichnet, die übrigen als Zwi-
schenfächer. Spätere Septen werden (Zyklen 2, 3, 4, etc.) in den Zwischenfächern
angelegt, sind kürzer und erreichen das Schlundrohr bzw. die Mitte der Basalplatte nicht (Abb. 5B). Dementsprechend sind die jüngsten Septen am kleinsten.
Bei den Steinkorallen liegt in der Mitte eine zentrale Erhebung, die Columella.

Neben den hier näher behandelten Seeanemonen und Steinkorallen sind noch
zu nennen: Die **Ceriantharia** (große solitäre Polypen, in Wohnröhren in Weichböden), die **Zoantharia** (kleinere Polypen, koloniebildend, inkrustierend oft auch
auf Schwämmen und Korallenachsen, "Krustenanemonen"), und die **Antipatharia**
(kleine helle Polypen mit sechs Tentakeln, Kolonien auf schwarzen Hornachsen
mit feinen Dörnchen, "Schwarze Korallen", "Dörnchenkorallen").

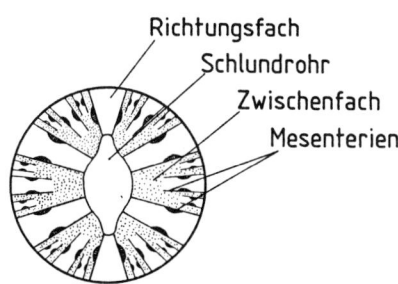

Abb. 5: Entstehung der Mesenterien (Septen) bei den **Hexacorallia**

Ordnung: Ptychodactiaria

Solitäre Hexacorallia ohne Skelett mit von Seeanemonen abweichenden Merkmalen des Cnidoms und der inneren Organe [3 Arten in 3 Familien].

28 *Dactylanthus antarcticus* (CLUB, 1908).- Fäßchenförmig, blaßgelb, 2 - 4 cm hoch und 2 - 3 cm im Durchmesser; Körperwand mit zahlreichen fingerförmigen, hohlen Fortsätzen, die den 24 strahlenförmig um den Mund angeordneten Tentakeln in Länge und Aussehen gleichen; vermutlich eine häufige und weitverbreitete antarktische Art, sieht nicht wie eine Seeanemone aus und wird deshalb häufig einer falschen Tiergruppe zugeordnet (Schwämmen, Ascidien, Holuthurien).- Toniger Feinsand.- Vermutlich zirkumpolar (Ross-Meer, Weddellmeer, Antarktische Halbinsel), Spitze von Feuerland; 50 - 610 m.

Ordnung: Actiniaria (Seeanemonen)

Solitäre Formen ohne Skelett, sessil bzw. hemisessil, ausnahmsweise pelagisch; Schlundrohr mit meist 2 Siphonoglyphen. Für die Bestimmung der oft stark kontrahierten Tiere muß man oft das Cnidom einzeler Organe untersuchen. In der Antarktis mehrere brutpflegende Arten mit juvenilen Stadien im Gastralraum.

29 *Edwardsia* spp.- Wurmförmig, 1 - 3 cm lang und nur 2 - 3 mm Durchmesser; Tentakel bei gestörten Tieren kontrahiert; größter Teil des Körpers mit borkiger Oberfläche (Periderm) und 8 Längsfurchen; graubraun bis ockerfarben, oft kleine Fremdpartikel angeheftet; der Fuß ist eine nackte, durchscheinende, farblose Blase (Physa).- Grabend in Schlick, Feinsand, Grobsand, Schwammnadeln.- Edwardsien sind vermutlich in entsprechenden Sedimenten zirkumpolar verbreitet und können in enormer Dichte auftreten (bis 23.500 Tiere pro m^2; der seltene Nachweis der wurmförmigen Seeanemonen liegt wohl darin begründet, daß zu grobes Fanggerät verwendet wird und/oder, daß die Tiere vom Sammler nicht als solche erkannt werden.- *E. meridionalis* WILLIAMS, 1981: Ostantarktis, 5 - 500 m. *E. intermedia* sensu CARLGREN 1927 (hierunter verbergen sich vermutlich mehrere Arten): Westantarktis, Chile, Feuerland; 1 - 200 m.

30 *Isosicyonis alba* (STUDER, 1878).- Mittelgroß (Durchmesser 2 - 5 cm), obligatorisch auf dem Gehäuse der lebenden Schnecke *Provocator corderoi* (CARCELLES, 1947) [syn. *Harpovoluta charcoti* (LAMY, 1910)]; es bedeckt immer nur eine Seeanemone in typischer Weise fast das ganze Gehäuse; auch die Schnecke tritt offenbar niemals ohne die Seeanemone auf.- Ross-Meer, Weddellmeer, Antarktische Halbinsel, Argentinischer Schelfhang; verschiedene Böden; 35 - 900 m.

31 *Bolocera tuediae kerguelensis* (STUDER, 1879).- Mittelgroß bis groß (Durchmesser mit Tentakeln 5 - 10 cm); die relativ langen Tentakel nicht in den Körper zurückziehbar; blaßrot bis ockerfarben, seltener dunkel rotbraun; in Dredgefängen wird *Bolocera tuediae* häufig stark beschädigt, die Tentakel können dabei auf der Mundscheibe an einer "Sollbruchstelle" restlos abreißen, so daß manchmal nur der "Rumpf" gesammelt wird, die an der Abrißstelle kontrahierten Tentakel

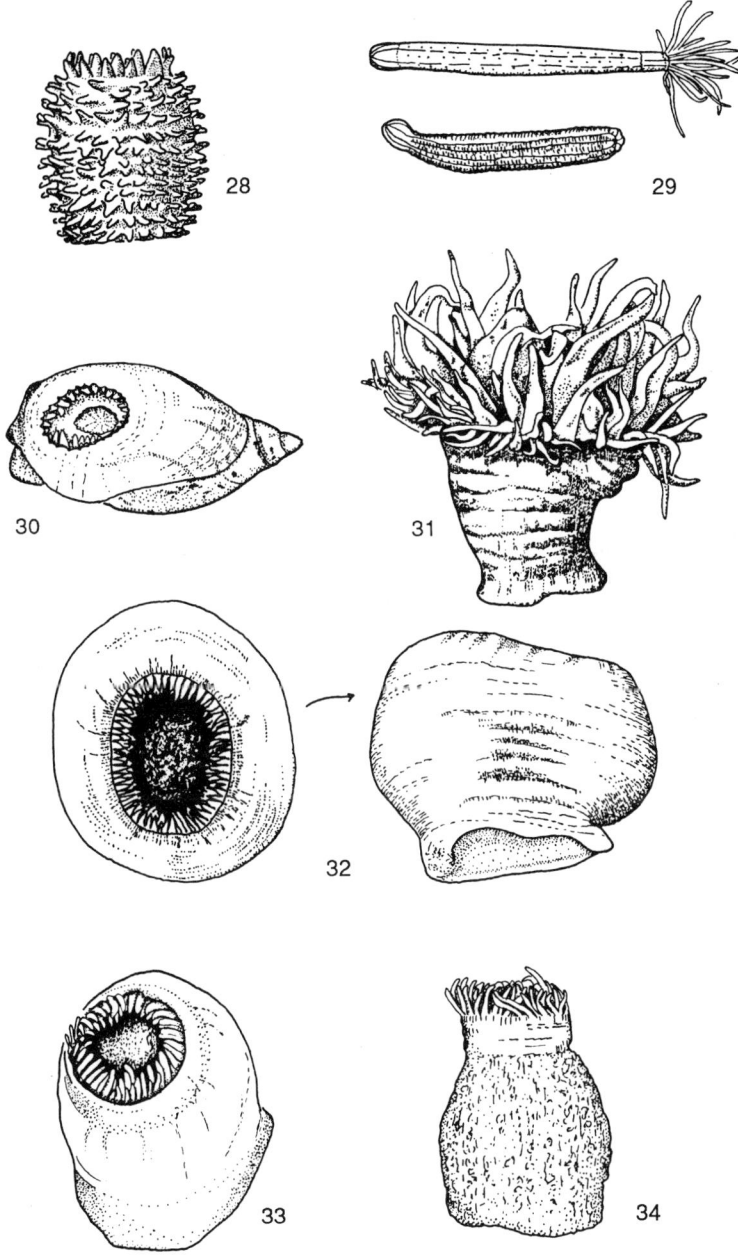

werden aber wurmförmigen Taxa zugeordnet werden. Eine große, stabförmige Nesselkapsel an den Tentakelspitzen ist artspezifisch (80 - 100 μm lang und etwa 4 μm breit).- Ross-Meer, Weddellmeer, Antarktische Halbinsel, Scotia-Meer, Argentinischer Schelf und Schelfhang; 45 - 3.500 m, meist 100 - 1.000 m.

32 *Glyphoperidium bursa* ROULE, 1909.- Auffälligste und größte antarktische Seeanemone; faßförmig, bis 12 cm lang und 10 cm Durchmesser. Mundscheibe und Tentakel werden nur wenig kontrahiert, immer gut sichtbar; lebende Tiere orange, rot oder weiß, konservierte Tiere dagegen grau bis schwarzbraun; Mauerblatt mit feinen Runzeln und (bei größeren Tieren) mit Querfurchen, oberster Abschnitt bildet einen "Kragen" um die Mundscheibe; Tentakel klein, sehr zahlreich (über 500), etwas heller.- Vermutlich zirkumpolar, Ross-Meer, Scotia-Meer, Antarktische Halbinsel, Weddellmeer; 18 - 1.210 m, meist 100 - 400 m.

33 *Hormosoma scotti* STEPHENSON, 1918.- Mittelgroße bis große Art, meist etwa 5 cm hoch bei 7 cm Durchmesser; stets stark kontrahiert, häufig sind die 96 Tentakel und Teile des Pharynx in der Körperöffnung sichtbar; Außenlinie der Fußscheibe kreisrund, mit rotbraunem Ektoderm; am Mauerblatt ist das ebenfalls rotbraune Ektoderm nur noch stellenweise vorhanden (z.B. direkt über der Fußscheibe und an der Basis des "Kragens").- Der Typus-Fundort liegt im McMurdo Sund/Ross-Meer; alle anderen Fundorte in der Westantarktis (Antarktische Halbinsel, Scotia-Meer, Weddellmeer), wo die Art zum Teil in großer Individuendichte vorkommt; 16 - 770 m, häufig zwischen 200 - 450 m.

34 *Hormathia lacunifera* (STEPHENSON, 1918).- Mittelgroße bis große Art, bis 10 cm lang, meist ca. 6 cm lang bei 3 - 4 cm Durchmesser; Körper zylindrisch, meist nur wenig kontrahiert, mit sichtbaren Tentakeln und zwei unterschiedlichen Körperabschnitten: Der kürzere, obere Teil (Scapulus) ist glatt, gelblich gefärbt und etwas verjüngt; der untere, längere Teil (Scapus) hat eine borkige Oberfläche, mit flachen Tuberkeln; Ektoderm des Scapus in der Regel rostbraun, zusätzlich mit dunkler Kutikula überzogen, die Fremdpartikel (Schwammnadeln, Bryozoen) enthalten kann.- Eine in der Westantarktis und im Ross-Meer häufige Seeanemone, vermutlich zirkumpolar; 33 - 3.000 m, meist jedoch in 100 - 1.000 m.

Ordnung: Scleractinia (Steinkorallen)

Stets mit massivem basalem Kalkskelett (Aragonit), auf dem als dünne lebende Schicht die Polypen sitzen. In der Antarktis leben diese Tiere meist einzeln (solitär). Lebende Polypen sieht man nur in situ oder in Aquarien. Durch Ansiedlung von Larven auf Polypen der gleichen Art entstehen manchmal Pseudokolonien; wenige Arten bilden echte Polypenstöcke (**35**).

Bestimmung der Arten über die Form der Skelette. Diese etwas variabel, abhängig vom Alter und von den Umweltbedingungen, unter denen die Tiere wuchsen. Aufmerksamkeit ist der Gestalt der Fußscheibe mit den feinen Septen zu widmen, die ein artspezifisches Aussehen hat.

Die radiären Sklerosepten dienen dem Polypen als breite Anheftungsbasis und als Schutz, wenn sich das Tier bei Gefahr flach auf die Fußscheibe (Basalplatte) zurückzieht und die Tentakel zwischen den Septen einzieht.

35 *Bathelia candida* MOSELEY, 1881.- Bildet verzweigte Kolonien, durch extratentakuläre Knospung wachsend; Polypen alternierend auf dem gemeinsamen Stämmchen angeordnet; Kelche 6 - 10 mm im Durchmesser, mehrere Millimeter schräg zum Stämmchen abstehend; Septen hexamer in 4 Zyklen angeordnet, Zyklen 1 und 2 gleich groß, bis zur Columella ragend; Septen dünn, über Kelchrand als flache Rippen laufend, mit variabler Körnung; Columella aus 5 - 15 hohen, schlanken, irregulär angeordneten Papillen.- Zwischen Rio Grande (Brasilien) und der antarktischen Konvergenz; in 500 - 1.250 m. [Formen ähnlichen Wuchses dringen bis zur Subantarktis vor, fehlen jedoch in der Hochantarktis.]

36 *Caryophyllia squiresi* CAIRNS, 1982.- Solitär; langes, kelchförmiges Skelett (Corallum), manchmal zylindrisch, meist leicht gebogen; mit der kleinen, ca. 3 mm großen Basis festgewachsen, bis über 30 mm hoch; Septen hexamer in 4 Zyklen angeordnet, 1. und 2. gleich groß, 3. und 4. kürzer; Septen mit dünnen, stumpfen Granula; vor denen des 3. Zyklus sind zum Zentrum des Polypen hin kleine Zusatzlamellen (Pali) vorhanden, diese hoch und schmal. Columella aus 3 - 10 einzelnen Rippen.- Feuerland, Süd Georgien und Südatlantik; 400 - 600 m Tiefe.

37 *Caryophyllia profunda* MOSELEY, 1881.- Skelett zylindrisch, distal verbreitert, meist gerade, mit breiter Basis festgewachsen, bis zu 50 mm hoch. Manchmal Pseudokolonien bildend. Kelch elliptisch, porzellanartig, oft bräunlich gefärbt. Septen hexamer, in 5 Zyklen angeordnet, Zyklen 1 und 2 hoch und flach, gleich groß, andere Septen kürzer; Septen über den Kelchrand auf der Außenseite in deutlichen Rippen auslaufend. Schmale Pali innen vor den Septen des 4. Zyklus ausgebildet. Columella variabel, aus gebogenen Rippen bestehend, z. T. eine verwachsene Masse bildend.- Zirkumpolar in der Subantarktis und in südborealen Meeren. [Andere Arten der Gattung auch auf dem antarktischen Schelf].

38 *Stephanocyathus platypus* (MOSELEY, 1876).- Nicht festgewachsene Skelette, Durchmesser bis zu 75 mm, Höhe bis zu 30 mm, schüsselförmig, mit ca. 12 äußeren Rippen; Septen hexamer in 5 Zyklen (seltener 6) angeordnet, die des 1. und 2. Zyklus am Kelchrand in Spitzen auslaufend, Kelchrand daher mit 12 Einbuchtungen. 1. Zyklus medial verwachsen, ohne deutlich ausgeprägte Columella, 2. Zyklus bis zur Mitte reichend. Verwechslungsgefahr mit *Flabellum apertum* (**41**)! - Südlicher Indopazifik, erreicht nicht die antarktische Konvergenz.

39 *Flabellum impensum* SQUIRES, 1962.- Form variabel, breit abgeflacht bis fast konisch, bis zu 130 mm breit und 80 mm hoch; kleine Tiere an Steinen oder auf Molluskenschalen wachsend, größere Exemplare abgelöst; Anheftungspunkt (Pedicel) dann erodiert; Pedicel rund, Durchmesser 3,5 - 6,0 mm; Septen hexamer (96 bis über 300), in bis zu 7 Zyklen, dünn, ohne Übergänge zu den Rippen der

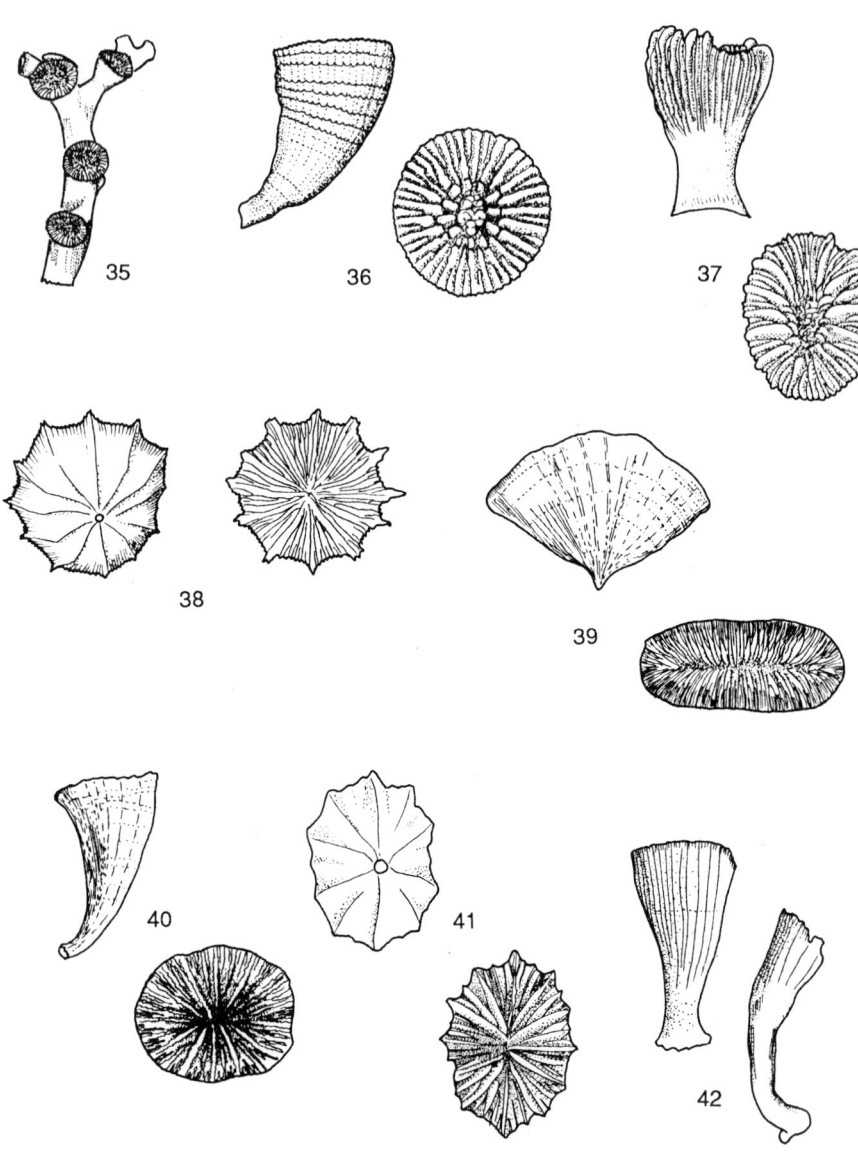

Skelettaußenseite, zur Mitte des Kelches eine Schulter bildend, ehe sie vertikal in der Fossa (zentrale Grube) enden, diese tief, bei abgeflachten Wuchsformen langgestreckt.- Zirkumpolar, Schelf und subantarktischen Inseln (Süd Shetlands, Süd Orkneys, Süd Sandwich) sowie bei den Antipoden; 40 - 2.260 m.

40 *Flabellum flexuosum* CAIRNS, 1982.- Skelett hoch, oft gerade oder leicht gekrümmt, im Querschnitt rund bis leicht elliptisch, nicht abgeflacht wie bei der vorhergehenden Art; meist festgewachsen; bis 70 mm hoch, 24 mm breit; Septen hexamer in 5 Zyklen, kleine Tiere mit weniger; 5. Zyklus rudimentär; Septen nicht glatt, Oberfläche gewellt und faltig, mit kleinen Granula; Innenränder des 1. und 2. Zyklus verwachsen, eine rudimentäre Columella bildend.- Wahrscheinlich zirkumpolar; Antarktische Halbinsel, Süd Shetlands, Süd Orkneys, Süd Georgien, Enderby Land, Weddellmeer, Ross See, Bellinghausen See; 100 - 660 m.

41 *Flabellum apertum* MOSELEY, 1876.- Skelett flach glockenförmig, Pedicel kurz zylindrisch, Durchmesser 0,2 - 2,5 mm; Jungtiere angewachsen, größere frei auf dem Substrat liegend; bis zu 37 mm hoch, 40 - 57 mm breit; außen 6 deutliche, vom Pedicel zum Kelchrand verlaufende Rippen; Septen hexamer, 4 Zyklen sowie Rudimente eines 5. 1. und 2. Zyklus sowie, in geringerem Maße, auch der 3. am Kelchrand in Spitzen auslaufend; Septenzahl niedrig, bei großen Individuen 68. Zyklen 1 und 2 im Zentrum verwachsen, eine Columella bildend.- Zirkumsubantarktisch, sowie Prince Edward Inseln, Macquarie Ridge, Patagonien, Falkland Inseln, südlich Neu Seelands, vor Südbrasilien; 220 - 1.500 m.

42 *Javania antarctica* (GRAVIER, 1914).- Langgestrecktes, distal breiter werdendes Skelett, gerade oder leicht gekrümmt, relativ breite Anheftungsfläche, Pediceldurchmesser ca. 6 - 12,5 mm. Bis 65 mm hoch, mit einem Kelchdurchmesser von ca. 40 mm. Äußere Oberfläche mit (der Septenzahl entsprechenden) Längsfurchen. Kelch elliptisch. Septen hexamer, in 5 Zyklen, sehr dünn, zerbrechlich. Columella rudimentär, in tiefer zentraler Furche (Fossa).- Antarktische Halbinsel (Scotia Bogen von den Süd Shetlands bis Süd Georgien), Weddellmeer.

Octocorallia (Achtstrahlige Korallen)

Die Polypen besitzen acht Mesenterien und acht gefiederte Tentakel. Kolonien (es gibt nur eine oder zwei solitäre Arten) entstehen durch Knospung neuer Polypen in einem sich ausdehnenden gallertigem Gewebe, dem "Coenenchym". Es stellt anatomisch eine stark verdickte Mesogloea dar, die viele Zellen enthält und von Kanälen durchzogen wird, die vom Innenraum der Polypen ausgehen und dementsprechend mit cilienbesetztem Epithel ausgekleidet sind. Im Coenenchym und in der Polypenwand werden Kalk-Sklerite (Calcit) vielfältiger Form gebildet, die in lockerer Anordnung stehen oder auch zu ausgedehnten festen Strukturen zusammentreten können. Aus dicht gelagerten oder verbackenen Skleriten können für die Kolonie stützende Achsen entstehen; zudem bauen die **Gorgonaria** äußere Achsen aus hornähnlicher Substanz und Kalk.

Stolonifera

Das Coenenchym breitet sich flächig oder in Bändern ("Stolonen") auf Unterlagen aus. Es handelt sich meist um inkrustierende Formen.

43 Pachyclavularia cylindrica (WRIGHT & STUDER, 1889).- Auf Steinen oder Achsen von **Gorgonarien** und **Antipatharien** inkrustierend; das membranöse Coenenchym kann brückenartige Stolonen und Stockwerke bilden, die Hohlräume unter sich einschließen; Polypen bis ca. 15 mm hoch; Sklerite als dicht gepackte, stark mit Warzen besetzte Nadeln.- Süd Georgien, Antarktische Halbinsel, Adelieland; ca. 50 - 250 m.- Ähnlich: *P. frankliniana* (ROULE, 1902), Polypen bis 30 mm hoch, Ross-See, Franklin-Insel, Flachwasser; und die subantarktische *P. rosea* (STUDER, 1879) mit dicken kurzen Skleriten.

Alcyonaria (Weichkorallen)

Das Coenenchym bildet eine gallertige Masse, auf der die Polypen nebeneinander stehen.

44 Bellonella clavata (PFEFFER, 1888).- Kolonie stumpf bis länglich zapfenförmig, basaler Teil ohne Polypen.- Süd Georgien; ca. 150 - 250 m.- Ähnlich sind *Alcyonium antarcticum* WRIGHT & STUDER 1889, die Krusten bilden, von denen sich Loben erheben, und *A. paessleri* MAY 1889, mit mehreren Loben.

Pennatularia (Seefedern)

An der Wandung eines sehr großen Polypen ("Primärpolyp") breitet sich das Coenenchym mit den kleinen Polypen aus ("Sekundärpolypen"), daraus entstehen vollständige "Autozooide" und solche mit reduzierten Tentakeln, die nur zur Wasseraufnahme tätig sind, "Siphonozooide").

45 Umbellula pallida LINDAHL, 1874 (syn.: *U. lindahli* KÖLLIKER, 1875) (Umbellulidae - Schopfseefedern).- Mit langem dünnen Stiel, Polypen in einem terminalen Bündel stehend; Stielachse vierkantig, Sklerite fehlen.- Alle Ozeane, bathyal bis abyssal; zirkumpolar häufig.- Ähnlich ist *U. durissima*, jedoch mit runder Achse und vielen Skleriten.

46 Umbellula magniflora KÖLLIKER, 1880 (Umbellulidae).- Polypenschopf breit, Polypenkörper bis 5 cm lang, mit Tentakeln 30 - 40 cm Gesamtdurchmesser erreichend; Primärpolyp deutlich abgesetzt von den randständigen Sekundärpolypen. Stiel mit vierkantiger Achse, bei < 2 mm Stärke unterhalb des Schopfes ca. 3,50 m lang!- Antarktis, Crozet-Insel.

Gorgonaria (Hornkorallen)

Die Kolonien mit Achse aus hornähnlicher Substanz, in die Kalk eingelagert werden kann; das Coenenchym mit den kurzen Polypen bildet darauf einen Überzug.

Isididae

Achse gegliedert in hornige Nodien und kalkige Internodien. Mehrere Gattungen und Arten in antarktischen Gewässern.

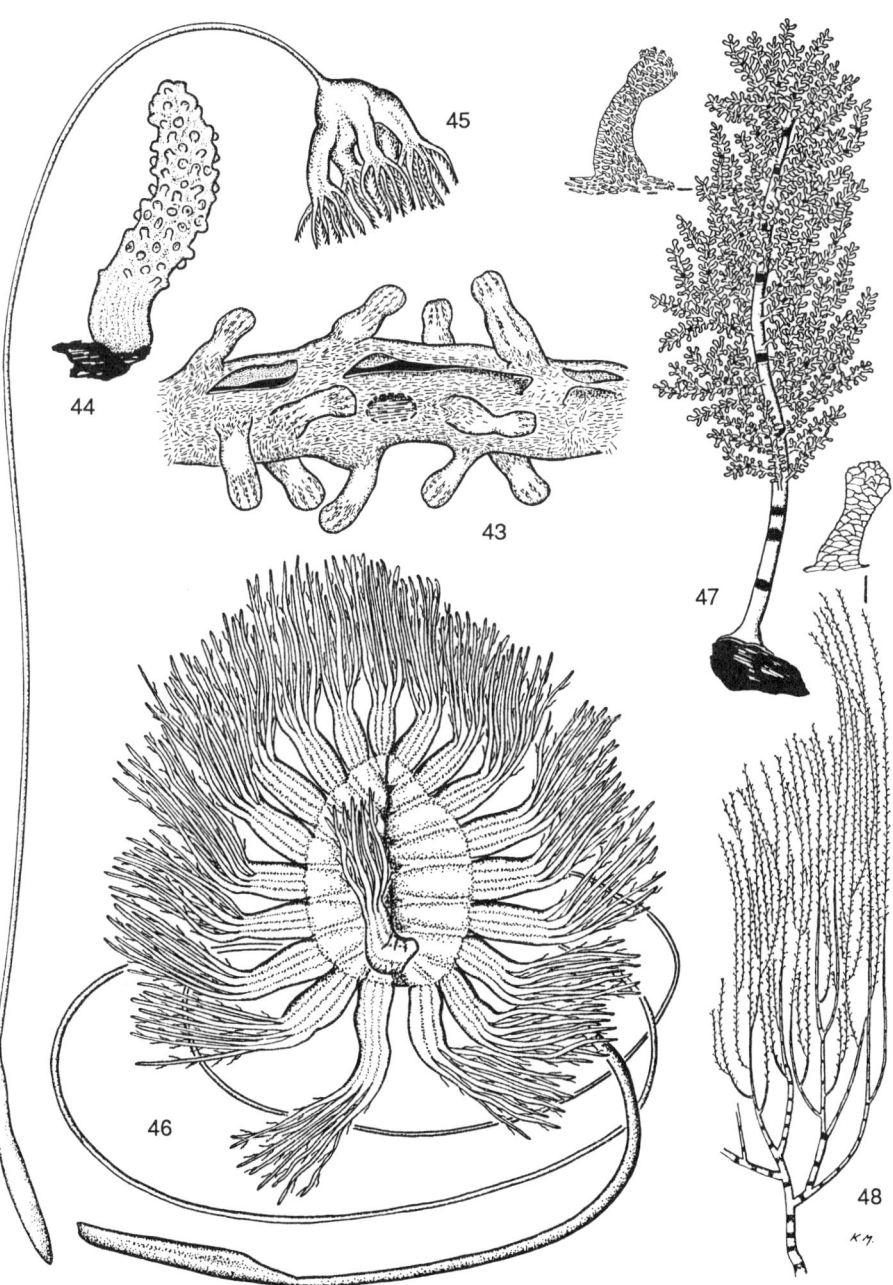

47 Primnoisis STUDER, 1887.- Von den Internodien des Hauptstammes gehen jeweils mehrere kürzere Seitenzweige ab: Flaschenbürsten-Form; Polypensklerite als quer liegende kleine Schuppen.

48 Mopsea elongata ROULE, 1908.- Verzweigung etwa in einer Ebene, Zweige sehr dünn und lang; Polypen mit quer liegenden Schuppen.- Zirkumpolar; 100 - 300 m.

Primnoidae

Achse durch starke Kalkeinlagerung sehr hart; Sklerite als Schuppen; die apikalen Polypenschuppen schließen sich über den eingezogenen Tentakeln wie ein Deckel ("Operculum"); die darunter stehenden "Rand"-Schuppen oft auffällig groß und mit langem Stachel; durch Häufigkeit und Artenanzahl (mit den **Isididae**) wichtigste Gorgonarien-Familie der antarktischen Gewässer.

49 Ainigmaptilon DEAN, 1926.- Unverzweigt, Coenenchym dick, fleischig, mit nur wenigen Skleriten, Polypen klein, zu vielen auf blattartigen Polypenträgern vereint (wie bei Seefedern!).- Mehrere Arten, rein antarktisch.

50 Primnoella GRAY, 1858.- Unverzweigt, lang, schlank; Polypen in Wirteln, dicht an den Stamm geschmiegt, adaxiale Schuppenreihen reduziert.- Viele antarktische und subantarktische Arten.

51 Ascolepis splendens THOMSON & RENNET, 1931.- Dichotom verzweigt; Polypen in Wirteln, die oft schräg stehen (Spiralen), zur Achse eingekrümmt, adaxiale Schuppenreihen reduziert; Randschuppen mit mehr oder weniger vorragenden Fortsätzen; Schuppen mit Quer-Kiel, oberhalb davon glatt; bei anderen Arten der Gattung stärker skulpturiert.- Antarktisch; 100 - 500 m.

52 Armadillogorgia cyathella BAYER, 1980.- Unverzweigt, dick; Polypen in Wirteln, mit einer Seite am Stamm verwachsen; adaxiale Seite mit zwei Reihen grosser, dicht übereinanderliegender sichelförmiger Schuppen.- Süd Georgien; 680 m.

53 Callozostron WRIGHT, 1885.- Unverzweigt; Polypen basal verwachsen, in dichten Wirteln, senkrecht vom Stamm abstehend; Randschuppen spitz oder zu langen Stacheln auslaufend.- Mehrere Arten, antarktisch und subantarktisch.

54 Thouarella GRAY, 1870.- Hauptstamm mit rundrum stehenden Kurzzweigen, Flaschenbürsten-Form; Polypen abstehend, nur wenig eingekrümmt, mit acht Randschuppen zu je vier in zwei Ringen, stumpf oder mit kurzem Stachel.- Alle Ozeane, viele antarktische und subantarktische Arten.

55 Dasystenella VERSLUYS, 1906.- Kolonien in Flaschenbürsten-Form; Polypen mit nur fünf, langstacheligen Randschuppen.- Mehrere antarktische und subantarktische Arten.

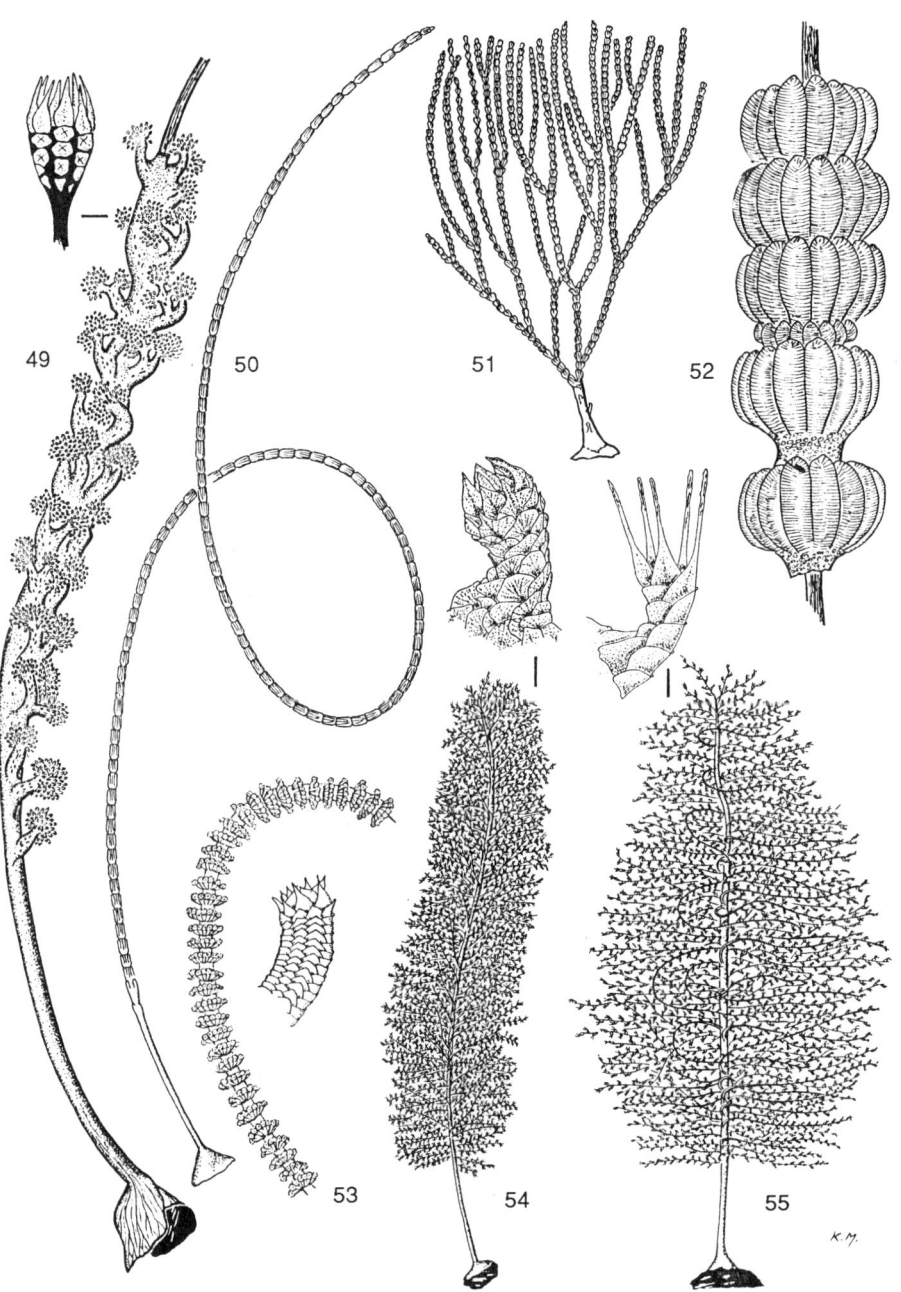

49 50 51 52

53 54 55

Tentaculata (Tentakelträger)

Meist festsitzende oder halbfestsitzende Meeresbewohner, deren Vorderende
einen komplizierten Tentakelkranz (Lophophor) trägt. Darm als V-förmiges
Rohr ausgebildet, so daß Mund und After am Vorderende des Körpers liegen.
Der Tentakelkranz umgibt den Mund, nicht aber den After. Körpersegmentie-
rung wahrscheinlich trimer (präorales Epistom mit Protocöl, Mesosoma und
Metasoma).

Von den drei Klassen erweisen sich die **Phoronida** und **Brachiopoda** in vielen
Merkmalen als ursprünglich, während die **Bryozoa** durch Reduktion der Körper-
größe als sekundär vereinfacht betrachtet werden müssen.

Brachiopoda (Armfüßler)

Dorsoventral abgeflachte Tiere, deren Körper und Tentakelapparat in einer
dorsalen und einer ventralen kalkhaltigen Schale verborgen ist. Sie ähneln deshalb äußerlich den Muscheln, bei denen aber die Schalenklappen links bzw.
rechts liegen. Das Schalenschloß befindet sich bei ihnen dementsprechend auf
dem Rücken und nicht am Körperende, wie bei den Brachiopoda.

Die Festheftung erfolgt mittels eines vom Hinterkörper ausgehenden Stieles
für den bei den **Articulata** eine Öffnung in der meist größeren, ventralen Klappe
ausgebildet ist. Ein Armskelett kann vorhanden sein oder fehlen.

Der Strudelapparat wird vom Lophophor gebildet. Mitteldarmdrüsen sind
immer vorhanden, während der After fehlen kann.

Die Bestimmung der Brachiopoda bietet dann Schwierigkeiten, wenn man
sich ausschließlich auf Formmerkmale der äußeren Schale stützt. Als ergänzende
Merkmale können herangezogen werden: Fehlen oder Vorhandensein eines
Armskelettes sowie dessen Form, Feinbau der Schale (Poren pro Flächeneinheit)
und Mosaikzeichnung der Schaleninnenseite.

Diese Klasse, die aus dem Paläozoikum in ungeheurer Arten- und Individuenzahl bekannt ist, ist rezent mit nur noch ca. 340 Arten vertreten. In der Antarktis
treten lediglich 16 Arten auf, von denen wahrscheinlich 11 endemisch sind.

Unterklasse: Inarticulata (Ecardines)
Schale ohne Schloß, nur durch Muskeln und Gewebe des Rumpfes zusammenge-
halten; ventrale Klappe ohne Öffnung für den Stiel; Arme ohne Kalkskelett;
After vorhanden.

56 *Crania lecointei* JOUBIN, 1902 (Craniidae).- Umriß und in der Wölbung etwas
unregelmäßig rundlich, meist ockergelb bis hellbraun; kleinere Form von ca.
6 mm Länge und 7,5 mm Breite. Dorsalseite flach, mit zahlreichen (ca. 50 Anwachsstreifen, die teilweise stark vorspringen und ihr deshalb ein blättriges Aussehen geben.- Westantarktis; 430 - 500 m.

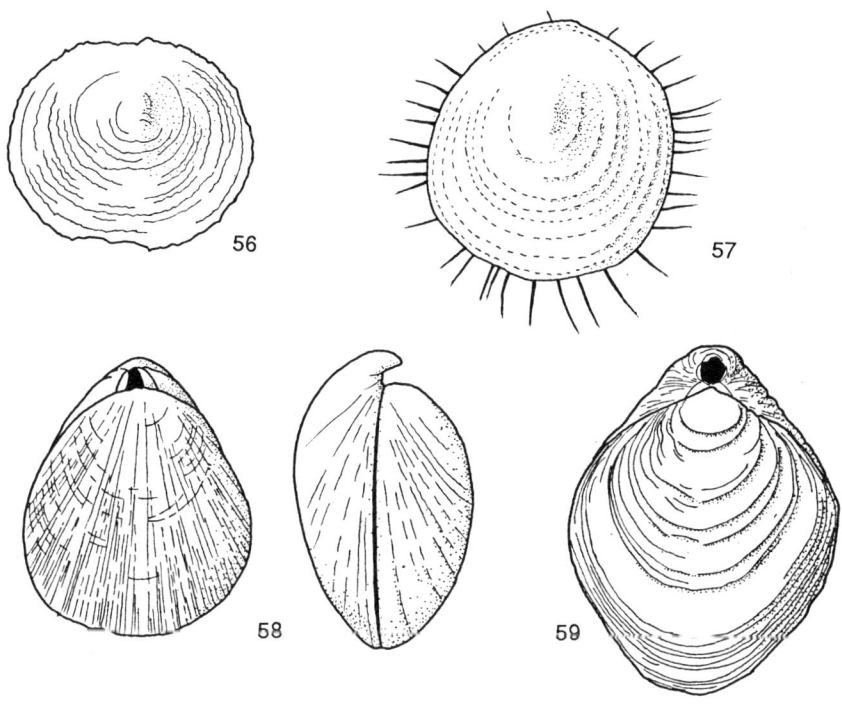

57 *Pelagodiscus atlanticus* KING, 1868 (Disumidae).- Umriß unregelmäßig rundlich, meist gelblich bis braun; kleinere Form von 4 - 7 mm Breite und 3,5 - 6 mm
Länge; Schalen dünn, leicht durchscheinend, mit vielen dichtgedrängten, wenig
ausgeprägten Wachstumsstreifen.- Tiefenwasserform, die polare Emergenz zeigt;
Ostantarktis; 360 - 5.500 m.

Unterklasse: Articulata (Testicardines)
Schalen mit Schloß, das aus zahnähnlichen Strukturen und Vorsprüngen gebildet
wird; die meist größere ventrale Klappe mit einer Austrittsöffnung für den Stiel;
Arme mit Kalkskelett; ohne After.

58 *Composothyris racovitzae* JOUBIN, 1902 (Frieleiidae).- Umriß birnenförmig,
von hinten nach vorn stark erweiternd, Seitenränder gleichmäßig gerundet und in
den ebenfalls gerundeten Vorderrand übergehend; Schnabel an den Seiten leicht
gekielt, mit sehr kleinem Loch; Schalen durchscheinend, mit undeutlichen Anwachsstreifen, sehr fein längsgestreift.- Zirkumpolar, endemisch; 320 - 2.600 m.

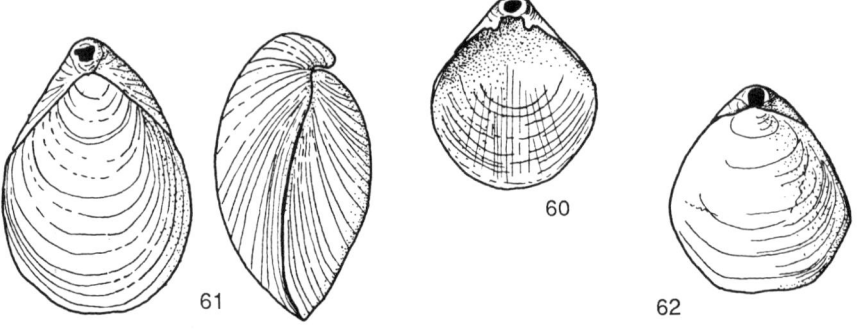

59 Magellania joubini BLOCHMANN, 1906 (Terebrantellidae).- Schalen dünn, milchig weiß durchscheinend, bei jungen Exemplaren glasartig durchsichtig; Umriß oval, Vorderrand gerundet, ohne Ecken in die Seitenränder übergehend, mit sehr deutlichen, etwas gewulsteten Anwachsstreifen; ventrale Schale tiefer als dorsale; mittelgroß, 15 mm lang und 12,5 mm breit bei 7,5 mm Dicke; Schnabel mit gerundeten Seiten; Loch groß.- Wahrscheinlich zirkumpolar; 110 - 930 m.

60 Liothyrella antarctica BLOCHMANN, 1906 (Terebrantellidae).- Schalen dünn, weißlich durchscheinend; Umriß meist breit eiförmig, größte Breite etwas vor der Mitte, von dort gehen die Seitenränder gleichmäßig gerundet in den ebenfalls gerundeten Vorderrand über; mittelgroß, 12,5 mm lang und 10 mm breit bei einer Dicke von 6,5 mm. Beide Schalen dünn, gleich tief, gleichmäßig gewölbt; weißlich durchscheinend; Anwachsstreifen deutlich.- Ostantarktis; 75 - 2.300 m.

61 Liothyrella uva BRODERIP, 1833 (Terebrantellidae).- Ähnlich *L. antarctica*, aber Umriß mehr birnenförmig, mit der größten Breite hinter der Mitte, die gerundeten Seitenränder gehen gleichmäßig in den ebenfalls gerundeten Vorderrand über; adulte Tiere zwischen 10 - 15,5 mm lang und 8 - 13 mm breit, milchigweiß; Schalen dicker.- Westantarktis, Magellan Region; 0 - 2.150 m.

62 Macandrevia vanhoeffeni BLOCHMANN, 1906 (Terebrantellidae).- Schmutziggrau; Umriß breit eiförmig, Vorderende etwas abgestumpft, größte Breite etwa in der Mitte, nur wenig länger als breit; Seitenränder von der Mitte nur vorn leicht gebogen, durch gerundete Ecken in den flach gebogenen Vorderrand übergehend; beide Schalen gleichtief und stark gewölbt; Schnabel mit gerundeten Seiten und schief nach hinten abgestutzt; Loch groß; mittelgroß; 22 mm lang und 19 mm breit bei einer Dicke von 11 mm.- Ostantarktis; 385 - 930 m.

Bryozoa (Moostiere)

Bryozoa sind mit wenigen Ausnahmen sessil lebende, koloniebildende Organismen. Die meist unter 0,5 mm großen Einzeltiere (Zooide) bestehen aus dem gehäusebildenden Cystid und dem tentakeltragenden Polypid. Aus der meist nur wenige Stunden freischwimmenden Larve entsteht durch eine durchgreifende Metamorphose das erste Zooid der Kolonie, die Ancestrula. Durch ungeschlechtliche Knospung wächst daraus eine Kolonie, das Zoarium. Dabei wird Krustenbildung auf festem Substrat bevorzugt. Viele Arten sind jedoch in der Lage, unilaminare oder bilaminare, aufrechte ästige, blättrige oder netzartig durchbrochene Kolonien zu bilden. In der Regel werden die Bryozoenkolonien nur wenige cm² groß. Bei ausreichender Wachstumsdauer können allerdings auch Größen von 20 - 30 cm² erreicht werden. Das Gehäuse, Zooecium, ist meist verkalkt und starr. Die Kolonien einiger Familien, z.b. der **Bugulidae**, sind in der Regel nur schwach verkalkt und daher biegsam. Die Farbe der Kolonien ist häufig weiß bis metallig grau, seltener gelb, orange, braun und violett.

Das Polypid setzt sich aus der ausstülpbaren Tentakelkrone, dem U-förmig gebogenen Darm, den Gonaden und der Muskulatur zusammen. Der Mund liegt im Tentakelkranz, der Anus (A) außerhalb ("Ectoprocta"). Das Cystid besteht im wesentlichen aus dem skelettausscheidenden Gewebe, dem Skelett und der Kutikula.

Der generelle Bauplan und die äußeren Merkmale des Cystids bilden die Grundlage der Systematik der **Cheilostomata**, der weitaus wichtigsten Ordnung der rezenten Bryozoa.

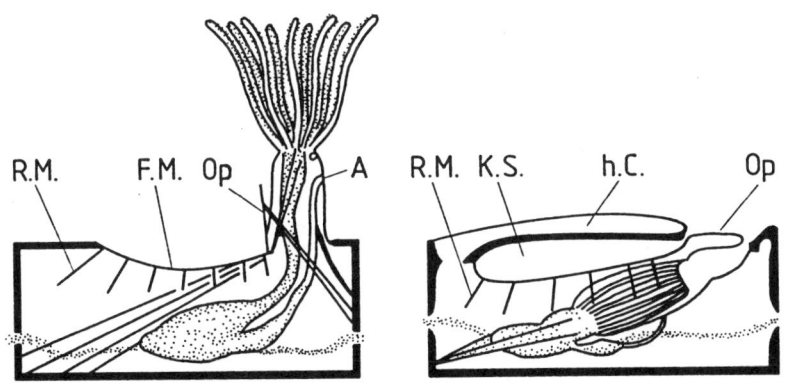

Abb. 6: Baupläne der **Cheilostomata:** *A,* **Anasca;** *B,* **Ascophora**
[A, After; F.M., Frontalmembran; h.C., hypostegales Coelom; K.S., Kompensationssack; Op, Operculum; R.M., Retraktormuskel]

Charakteristisch für die Cheilostomata ist ein ausgesprochener Polymorphismus der Zooide. Avicularien und Vibracularien sind Heterozooide, die nicht zur Nahrungsaufnahme fähig sind und vermutlich zur Reinigung der Kolonieoberfläche dienen. Der distale Teil der Frontalmembran der Avicularien wird als Mandibel bezeichnet. Ovicellen, rundliche Kapseln, dienen zur Aufnahme von befruchteten Eiern.

Bei den **Anasca** ist die Frontalwand der Zooide nicht oder nur randlich verkalkt und wird daher als Frontalmembran (F.M.) bezeichnet. Eine meist halbkreisförmige Öffnung in der Frontalmembran, das Orificium, dient als Durchtrittsstelle für die Tentakelkrone. Es wird durch das Operculum (Op) verschlossen. Das Ausstülpen der Tentakelkrone wird durch Herunterziehen der Frontalmembran mit Hilfe von Retraktormuskeln (R.M.) erreicht. Bei höher entwickelten Anasca kann unter der Frontalmembran eine kalkige Zwischenlamelle, die Cryptocyste, ausgebildet werden.

Die **Ascophora** sind gekennzeichnet durch den Besitz eines Kompensationssackes (K.S.) unter der kalkigen Frontalwand. Seine Funktion entspricht der der Frontalmembran bei den Anasca. Häufig ist bei den Ascophora über der kalkigen Frontalwand ein weiterer Körperhohlraum, das sog. hypostegale Coelom (h.C.) ausgebildet. Das Orificium der Ascophora ist mit seiner unterschiedlichen Ausbildung des kalkigen Randes von großer taxonomischer Bedeutung. Der hintere Rand kann einen Sinus, einen zungenförmigen Vorsprung, die Lyrula, oder seitliche Vorsprünge, Cardellen, aufweisen. Häufig wächst der kalkige Rand in die Höhe und bildet ein Peristom mit einem sog. sekundären Orificium.

Etwa 4.500 rezente Bryozoenarten wurden bisher beschrieben. Mit wenigen Ausnahmen sind es marine Organismen. Bevorzugter Lebensraum sind die Schelfbereiche. Aus der Antarktis sind bisher etwa 350 Arten bekannt.

Ordnung: Cheilostomata

Bryozoa mit subterminalem bis frontalem Orificium, das in der Regel von einem Operculum verschlossen wird; Zooide häufig kästchenförmig; Polymorphismus der Zooide weit verbreitet (Avicularien, Ovicellen); beinahe ausschließlich marin.

Unterordnung: Anasca

Cheilostomata mit einer ganz oder zumindest teilweise unverkalkten, häutigen Frontalwand; diese Frontalmembran kann bei höher entwickelten Vertretern von einer kalkigen Cryptocyste unterlagert werden.

63 *Nematoflustra flagellata* WATERS, 1904 (Flustridae).- Kolonie schwach verkalkt, biegsam; aus mehr oder weniger breiten, unilaminaren, dichotom verzweigten Blättern bestehend; Zooecien länglich, in Reihen alternierend angeordnet; am distalen Ende eines jeden Zooeciums ist ein kleines, mehr oder weniger viereckiges Vibracularium mit einer langen, peitschenförmigen Mandibel ausgebildet; Anheftung der bis zu 20 cm hohen Kolonien an Findlingen, etc. durch Rhizoide.

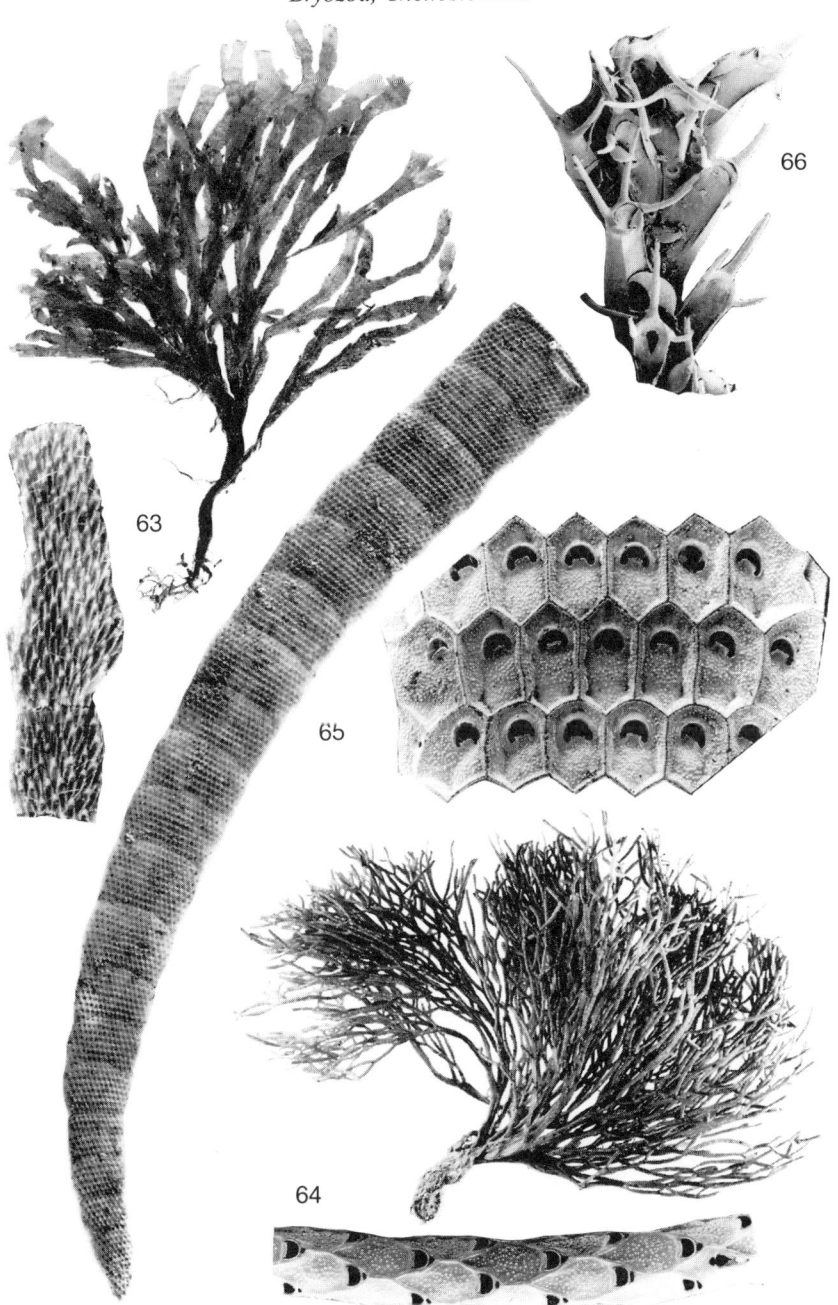

63

65

66

64

64 *Cellaria diversa* LIVINGSTONE, 1928 (Cellariidae).- Kolonie strauchförmig, aus dichotom verzweigten, stark verkalkten zylindrischen Ästen bestehend; unverkalkte Internodien an den Gabelungsstellen sorgen für eine ausreichende Flexibilität der Kolonie gegenüber der Strömung; Zooecien rhombisch, in Reihen alternierend angeordnet; Orificium halbkreisförmig, am distalen Rand des Zooeciums gelegen; Avicularien interzooecial, etwa gleich groß wie ein Autozooecium; Mandibel groß, dreieckig; bis zu 10 cm hoch, Anheftung durch Rhizoide.

65 *Melicerita obliqua* THORNELY, 1924 (Cellariidae).- Kolonie bilaminar, unverzweigt, langgestreckt, scheidenförmig; Zooecien stark verkalkt, mit regelmäßigem hexagonalem Umriß; Orificium sichelförmig; die bis zu 15 cm langen Kolonien bilden Rhizoide zur Anheftung, z.B. an Findlingen, aus.

66 *Camptoplites tricornis* WATERS, 1904 (Bugulidae).- Kolonie schwach verkalkt, biegsam; aus mehr oder weniger breiten, unregelmäßig verzweigten Ästen bestehend; die einzelnen Äste durch zahlreiche quer verlaufende Rhizoide verbunden; jeder Ast besteht aus alternierend angeordneten, halb aufgerichteten Zooecien; distaler Rand der Zooecien mit drei kräftige Dornen; jedem Zooecium ist meist ein (selten zwei) gestieltes Avicularium vom Vogelschnabeltyp zugeordnet.

Unterordnung: Ascophora
Mit Kompensationssack; Frontalwand der Zooide mit Ausnahme des Orificiums vollständig verkalkt; Grenzen zwischen den einzelnen Zooecien werden mit zunehmender Dicke der Frontalwände undeutlich; polyphyletische Gruppe, da der Kompensationssack auf unterschiedlichen Wegen entwickelt wird.

67 *Cellarinella njegovannae* ROGICK, 1956 (Cellarinellidae).- Kolonie mit dichotom verzweigten Ästen, diese zylindrisch bis abgeplattet, mit deutlichen Einschnürungen; Außenwände gleichmäßig von Poren bedeckt; Grenzen der einzelnen Zooecien verwischt; sekundäres Orificium sichelförmig, mit ein bis zwei äußeren Avicularien an seinem proximalen Rand; Anheftung der bis zu 6 cm großen Kolonien, z.B. an Findlingen, durch Rhizoide.

68 *Systenopora contracta* WATERS, 1904 (Cellarinellidae).- Kolonie mit dichotom verzweigten Ästen von ovalem Querschnitt; Einschnürungen undeutlich; Außenwände von Porenreihen bedeckt, die sich um die sekundären Orificia anordnen; Grenzen der einzelnen Zooecien auf der Außenseite der Kolonien nicht zu erkennen; sekundäre Orificia schlitzförmig in der Längsachse der Äste; äußerlich ist in der Regel am Orificiumrand ein Avicularium ausgebildet.

69 *Polirhabdotos inclusum* WATERS, 1904 (Metrarabdotosidae).- Kolonie aus zylindrischen, schlanken Ästen bestehend, die sich dichotom verzweigen; Zooecien alternierend angeordnet; sekundäres Orificium queroval, in der Nähe des distalen Randes liegend; Poren der Frontalwand nur parallel zu den Zooeciumrändern ausgebildet; häufig mit oralem Avicularium; Art der Anheftung der Kolonien am Substrat unbekannt.

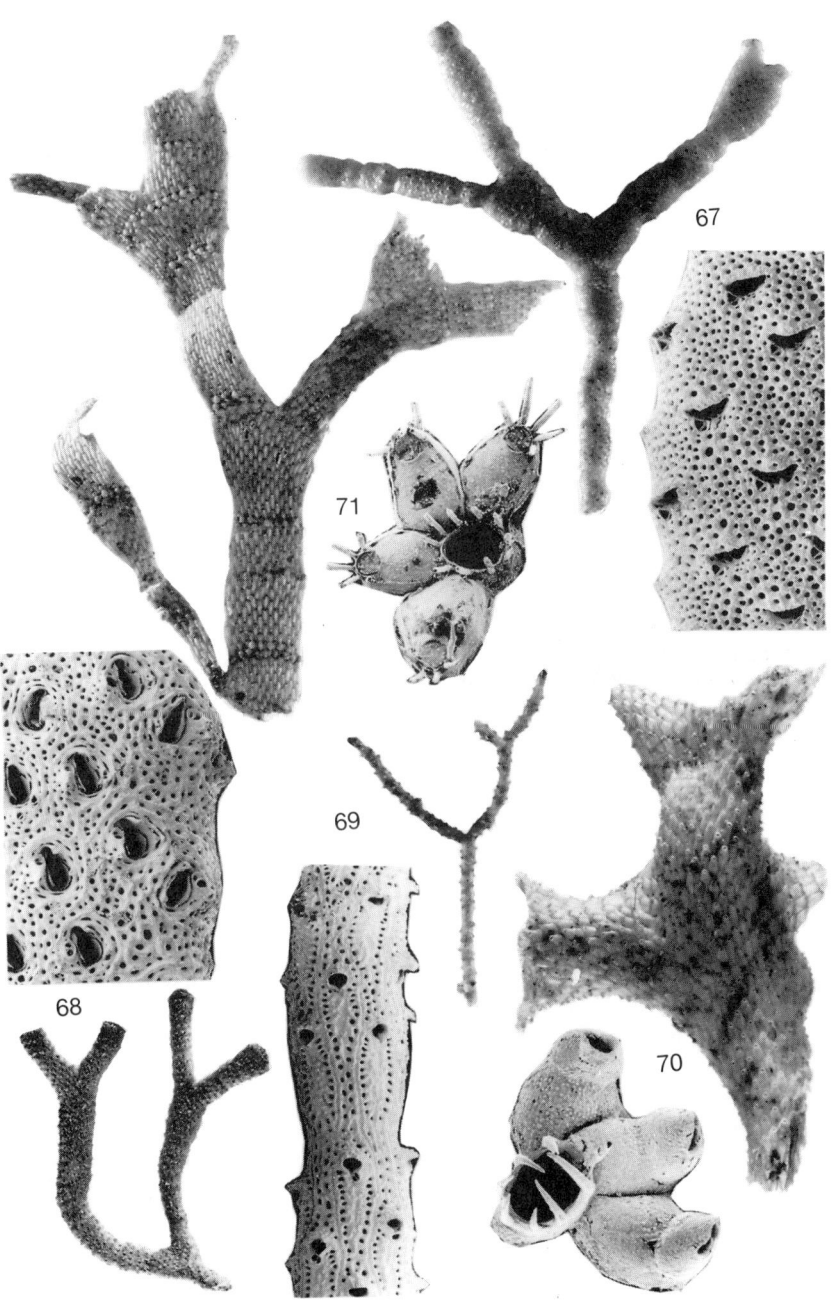

70 Lageneschara lyrulata CALVET, 1909.- Kolonie unilaminar, inkrustierend oder aufgerichtet; Tendenz zur Bildung von trichterförmigen oder zylindrischen Hohlformen; Zooecien abgerundet hexagonal, durch tiefe Furchen voneinander getrennt; Frontalwand der Zooecien mit mehreren randlichen Porenreihen; Orificium mit breiter Lyrula und zylindrischem, breitem Peristom. Ancestrula mit 9 einfachen Randdornen.

71 Kymella polaris WATERS, 1904 (Cyclicoporidae).- Kolonie inkrustierend mit einem oder mehreren dichotom verzweigten, aufrechten, bilaminaren, breitblättrigen Ästen; Zooecien schwach verkalkt, biegsam; Frontalwand der Zooecien mit einer randlichen Porenreihe; Orificium mit breitem, proximalem Sinus; Ancestrula mit 11 Randstacheln.

72 Porella malouinensis JULLIEN 1888 (Smittinidae).- Kolonie unilaminar, inkrustierend oder aufgerichtet; Tendenz zur Bildung von trichterförmigen Hohlformen mit gewellten Wänden; ungewöhnlich groß; Zooecien längsoval mit mehr oder weniger gleichmäßig durchlöcherter Frontalwand, Orificium am distalen Rand des Zooeciums; Peristom niedrig; sekundäres Orificium kreisrund mit schmalem proximalem Sinus; primäres Orificium mit Lyrula und zwei nur schwach ausgebildeten Cardellen.

73 Smittina oblongata ROGICK, 1956 (Smittinidae).- Kolonie zunächst inkrustierend; später aufrechte, bilaminare, sich unregelmäßig aufspaltende Blätter bildend; Zooecien länglich, mehr oder weniger rechteckig; Frontwand der Zooecien unregelmäßig mit Poren besetzt; Orificium randständig; Peristom niedrig, mit relativ weitem Sinus; primäres Orificium mit breiter Lyrula und kräftigen Cardellen; die meisten Zooecien mit einem langgezogenen, suboralen Avicularium.

74 Sertella antarctica WATERS, 1904 (Sertellidae).- Kolonie retikulär und trichterförmig gefaltet; Fenster ca. 1 mm breit; Äste unilaminar, aus 5 - 7 Reihen von alternierend angeordneten Zooecien bestehend; Zooecien rhomboedrisch; Frontalwand granulär, mit ein bis zwei Poren im proximalen Teil; sekundäres Orificium kurz, durch zwei laterale Lappen charakterisiert; Operculum zungenförmig bis proximal stark erweitert; die bis zu 10 cm großen Kolonien wachsen auf Findlingen, großen Schwammnadeln oder anderen Bryozoenkolonien.

75 Orthoporidra compacta WATERS, 1904 (Lekythoporidae).- Aus zunächst inkrustierenden, knolligen Kolonien entwickeln sich dicke Äste mit unregelmäßiger Verzweigung; typisch für die Lekythoporidae sind Ovicellen, die auf der proximalen Seite des Orificiums ausgebildet sind; kennzeichnend für **Orthoporidra compacta** sind porzellanartige Zooecien, die an der distalen Seite des Orificiums langgestielte Avicularien ausbilden.

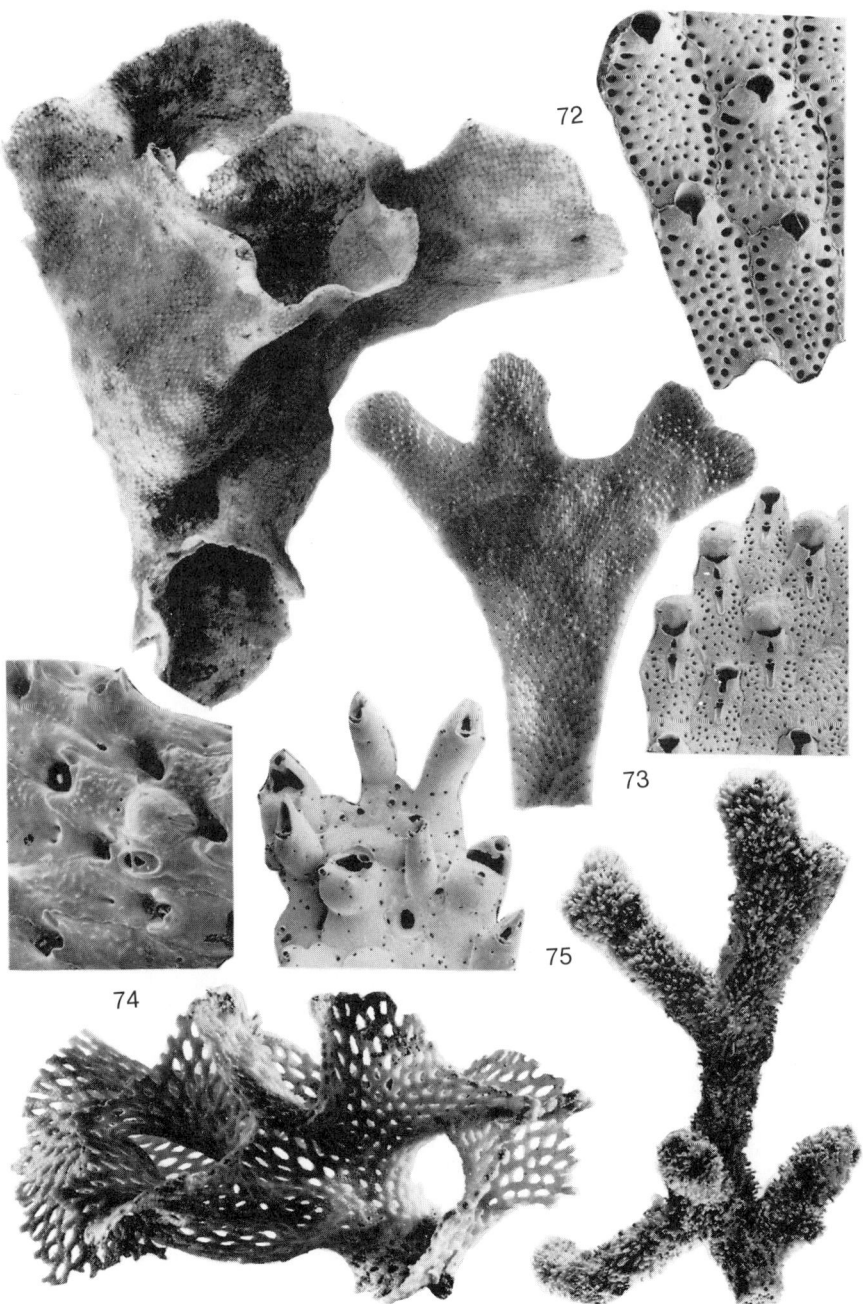

72

73

74

75

Phoronida (Hufeisenwürmer)

Durchschnittlich 10 - 50 mm lange Tiere von wurmförmiger Gestalt mit einer zierlichen Krone bewimperter Tentakel am vorderen Körperende; ausschließlich Meeresbewohner. Sie sind farblos oder orange-braunrot gefärbt und leben frei beweglich in selbstgebauten, häufig sandinkrustierten Chitinröhren, entweder in Weichböden eingegraben, auch in Kalkstein oder Muschelschalen bohrend (**63** *Phoronis ovalis*), oder mitunter auch in dichten Röhrenkonvoluten auf Muschelschalen und Steinen festgeheftet. Gewöhnlich wird die Röhre nicht verlassen, sondern nur der Vorderkörper mit der entfalteten Tentakelkrone aus der Wohnröhre herausgestreckt und bei Störung blitzschnell in diese zurückgezogen.

Sie ähneln sedentären Polychaeten, aber anders als bei jenen umstehen ihre Tentakel die Mundöffnung in Form eines nach dorsal geöffneten Hufeisens (Lophophor), gewöhnlich in zwei Reihen, zwischen denen der Mund liegt. Dieser wird von einer dorsalen Epithelfalte (Epistom) deckelartig überdacht. Der drehrunde Rumpf ist bis auf eine oberflächliche Ringelung und eine charakteristische flaschenförmige Anschwellung am Hinterende (Ampulle) ungegliedert. Phoroniden bewohnen zerstreut aber regelmäßig Litoral und Sublitoral vorzugsweise der wärmeren und gemäßigten Meere bis in Tiefen von etwa 400 m.

Von insgesamt 18 bekannten Arten in zwei Gattungen (**Phoronis, Phoronopsis**) wurde bis jetzt einzig die sehr kleine (ca. 10 mm), in Muschelschalen bohrende und zu asexueller Fortpflanzung durch Knospung am Metasoma fähige, **76** *Phoronis ovalis* mit einer nur einreihigen Tentakelkrone aus 16 - 20 Tentakeln im subantarktischen Raum gefunden.

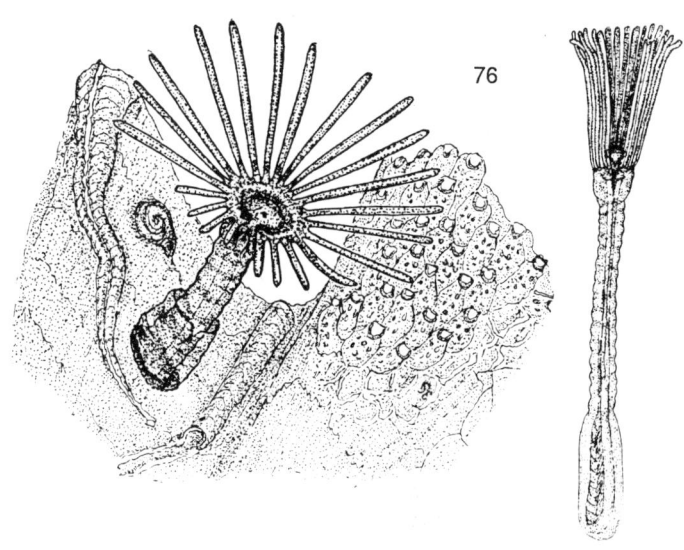

76

Plathelminthomorpha

Bilatcricr mit primärer Leibeshöhle, die ursprünglich durch eine schwache Entwicklung der Gewebszellen und großen Spalträumen gekennzeichnet ist; der Blastoporus wird zum Mund, an den sich ein stabförmiger, epithelialer Darm ohne After anschließt; schwach entwickelter Hautmuskelschlauch mit bewimperter Epidermis, inneren Längsmuskeln und äußeren Ringmuskeln; Nervensystem mit gehirnartigem Zentrum und peripherem, intraepidermalen Nervenplexus; ein Blutgefäßsystem fehlt; Hermaphroditen mit innerer Befruchtung, Spermien mit langem Kopfteil, zylindrischem Mittelstück und langem Schwanzteil (ursprünglich 9 + 2-Muster).

Diese Gruppe untergliedert sich in die **Gnathostomulida** und **Plathelminthes.** Die Bestimmung ist durchweg schwierig und meist nicht ohne Kenntnis der inneren Morphologie möglich. Eine ausführliche Darstellung einzelner Art ist an dieser Stelle wenig sinnvoll.

Gnathostomulida (Kiefermündchen)

Formen mit einer Leibeshöhle, die fast frei von jeglichem Parenchym ist; der Hautmuskelschlauch besteht aus einer dünnen Ring- und einer etwas stärkeren Längsmuskelschicht, die Zellen der Epidermis besitzen jeweils nur eine Geißel; Verdauungstrakt mit Pharynx, der ein Paar zangenartige, skleritisierte Haken und

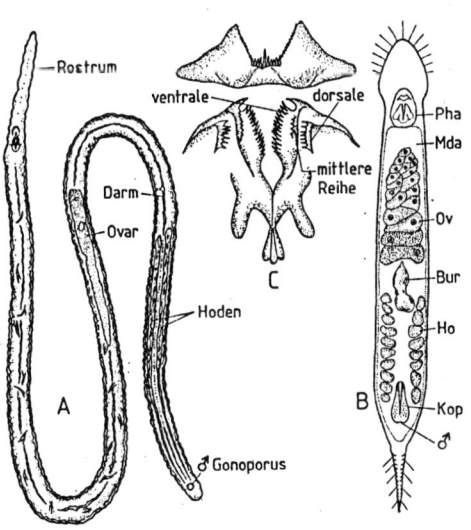

Abb. 7: Baupläne der Gnathostomulida
[A, **Filospermoida**; B, **Bursovaginoida**; C, Kieferapparat (A, C nach STERRER, 1981; B nach AX, 1960; leicht verändert)]

eine unpaare Basalplatte (Abb. 7C) enthält, sowie Darmblindsack; Nervensystem aus epidermalen Plexus bestehend, das ein Oberschlundganglion ausbildet; meist zusätzlich noch mit Sinneshaaren am Vorder- und Hinterende (Abb. 7B), Blutgefäßsystem und Atmungsorgane fehlen; Zwitter, oft mit Kopulationsorgan.

Die gut 80 bekannten Arten erreichen eine Größe von 0,3 - 3,5 mm und sind "weltweit" verbreitet; in der Antarktis sind die Gnathostomulida noch nicht nachgewiesen, aber mit ihrem Vorkommen ist zu rechnen. Es werden zwei Gruppen unterschieden, die **Filospermoida** (mit fadenförmigen Spermien und Vagina) und die **Bursovaginoida** (mit Spermien vom "Zwerg"-Typ und Bursa sowie Vagina).

Plathelminthes (Plattwürmer)

Bilateral symmetrische, primär bewimperte, ungegliederte Formen; Hautmuskelschlauch mit Ring- und Längsmuskeln, Epidermiszellen mit mehreren Cilien; Leibeshöhle mit Parenchym angefüllt, das nicht nur als Stütz- und Füllgewebe dient, sondern auch beim Stoffwechsel eine wichtige Rolle spielt; die Parenchymlücken (Schizocoel) mit Flüssigkeit, die wohl die Aufgaben des Blutes bzw. der Lymphe erfüllt; als Exkretionsorgane fungieren Protonephridien, die mindestens 2 Cilien besitzen und deren Terminalzelle reduziert ist.

Die Gliederung des Taxons hat in den zurückliegenden Jahren erhebliche Veränderungen erfahren. Dies betrifft insbesondere die "**Turbellaria**", die als paraphyletisch erkannt und deshalb aufgelöst wurden. Die **Trematoda** und **Cestoda** blieben als untergeordnete Taxa der **Euplathelminthes** bestehen, wenn auch der Umfang der Trematoda eingegrenzt wurde. Da beide Gruppen parasitisch leben, werden sie hier nicht weiter behandelt.

Freilebende Plathelminthes werden gelegentlich in antarktischen Gewässern aufgefunden. Sie gehören alle zu den **Euplathelminthes**, **Acoelomorpha** wurden noch nicht nachgewiesen. Eine sichere Bestimmung nach äußeren Merkmalen ist fast ausgeschlossen.

Euplathelminthes

Meist zwischen 0,4 - 5 mm große langgestreckte, wurm-, blatt- oder bandförmige dorsoventral abgeplattete Arten; Epidermiszellen mit deutlich vermehrter Zahl von Cilien; ursprünglich mit Frontalorgan (einem spezifischen Komplex aus Drüsen- und Sinneszellen).

Alle bis jetzt in der Antarktis nachgewiesenen Formen gehören zu den **Rhabditophora**, die durch die sogenannten Lamellen-Rhabditen, stabförmigen Sekreten in der Epidermis oder in subepidermalen Drüsenzellen, gekennzeichnet sind. Hinzu kommt bei freilebenden Formen noch ein "Zwei-Drüsen-Haftorgan".

Durch die jüngsten taxonomischen Änderungen ist das System stark durcheinander geraten, so daß in fast jedem Werk eine abweichende Klassifikation verwendet wird. Da eine sichere Bestimmung erst mit Hilfe der Anatomie möglich ist, seien hier nur einige Gruppen kurz genannt. Nachgewiesen wurden bisher Vertreter der **Polycladida** (Darm abgewandelt zu einem Gastrovaskularsystem mit lateralen Divertikeln; z.B. Arten der **Laidlawiidae** mit mehreren monotypischen Genera) und **Tricladida** (z.B. *Procerodes*) aus der Gruppe der **Neoophora** (dreischenkliger Darm sowie Trennung des Ovars in Keimstock und Dotterstock).

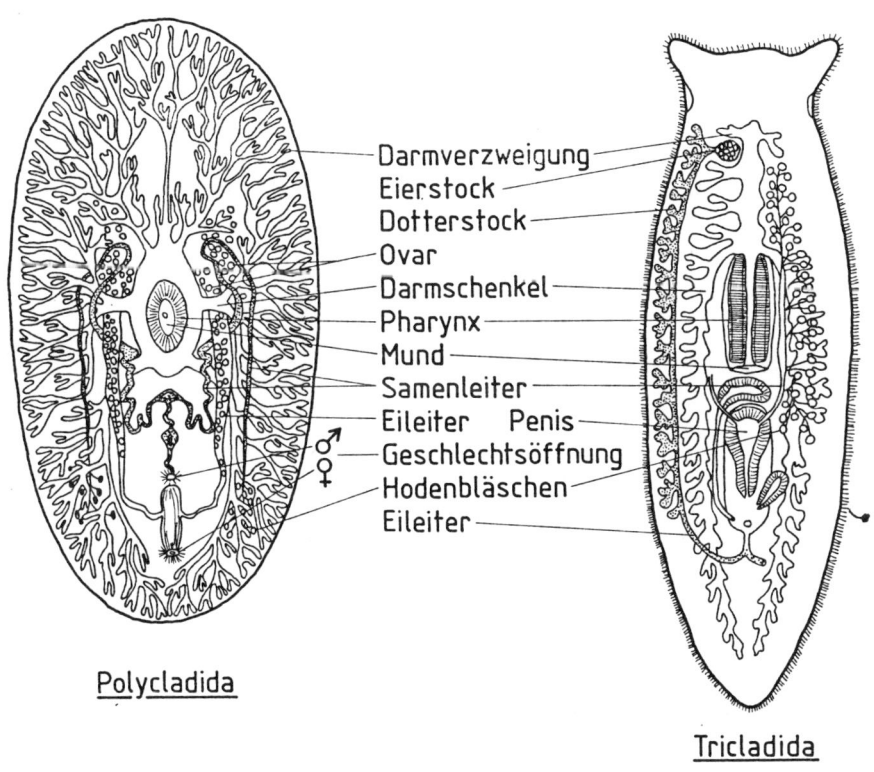

Darmverzweigung
Eierstock
Dotterstock
Ovar
Darmschenkel
Pharynx
Mund
Samenleiter
Eileiter   Penis
Geschlechtsöffnung
Hodenbläschen
Eileiter

Polycladida

Tricladida

*Abb. 8: Baupläne der **Euplathelminthes***
[A, **Polycladida**; B, **Tricladida**]

Nemertini (Schnurwürmer)

Lange, weiche, kontraktionsfähige, bilateral-symmetrische Formen mit bewimperter Epidermis und ohne Anzeichen einer äußeren Segmentierung. Die mit Parenchym angefüllte Leibeshöhle wird von einem Darm, der mit einem Anus endet, durchzogen. Das Blutgefäßsystem und der meist dorsal gelegene körperlange, einziehbare Rüssel sind weitere Charakteristika. Meist getrenntgeschlechtlich; Entwicklung direkt oder über eine Wimperlarve (*Pilidium*). Meist fadenförmig-rund oder dorsoventral abgeflacht. Viele Arten sind ungewöhnlich dünn im Verhältnis zur Körperlänge (manchmal 10 - 70 cm lang und nur 0,1 mm Durchmesser). Sehr variabel gefärbt: Grau, grün, braun, gelb, rosa, orange oder rot; selten mit verschiedenfarbigem Muster.

Alle Arten sind Räuber und ernähren sich von Protozoen, vielerlei "Würmer", kleinen Weichtieren, Krebsen und Larven von Wirbellosen.

Neben den benthischen Arten gibt es in der Unterklasse **Enopla** auch pelagische Vertreter, die hier aber nicht berücksichtigt werden. Die Bestimmung ist äußerst schwierig, da meist nur anatomische Merkmale herangezogen werden. Hinzu kommt, daß die Arten sich beim Fang stark kontraktieren und in viele Bruchstücke zerfallen (autotomieren).

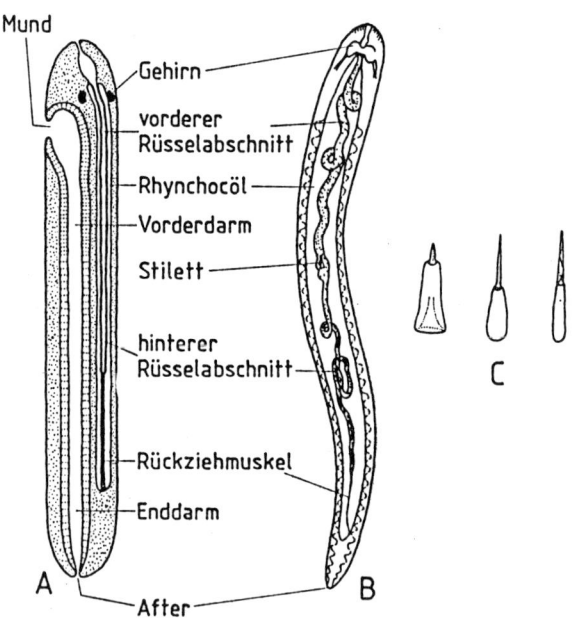

Mund

Gehirn
vorderer Rüsselabschnitt
Rhynchocöl
Vorderdarm
Stilett
hinterer Rüsselabschnitt
Rückziehmuskel
Enddarm
After

A   B   C

Abb. 9: Baupläne der Nemertini
[A, **Heteronemertini**; B, **Hoplonemertini**; C, Stiletformen der **Monostilifera**]

Unterklasse: Anopla

Rüssel (Proboscis) nicht in Abschnitte gegliedert, ohne Giftstachel; Mund und Proboscis mit getrennten Öffnungen, mit der Mundöffnung vor oder hinter dem Cerebralganglion.

Ordnung: Heteronemertini

Hautmuskelschlauch aus drei Schichten bestehend.

77 *Baseodiscus antarcticus* BAYLIS, 1915 (Basiodiscidae).- Relativ große Art von 12 - 15 cm Länge, von hell pink-brauner Färbung; Kopf etwas zugespitzt, Mundöffnung als kleiner Schlitz ausgebildet; mit unregelmäßigen Furchen; Körperende abgeflacht und breit zugespitzt.- Östlich der Falkland Inseln, Palmer Archipel, McMurdo Sound, vor Kemp Land; 20 - 600 m.

78 *Parborlasia corrugata* (MCINTOSH, 1876) (Lineidae).- Wohl die häufigste und verbreiteste Art in der Antarktis; bis 50 cm lang; Körperoberfläche im lebenden Zustand weich und etwas abgeflacht, fixierte Exemplare dagegen mit stark faltiger Haut (Name!); sehr variabel gefärbt: grau, rosa, braun, dunkelrotbraun, olivgrün, grün, hellgelb oder schwarz, Bauchseite meist heller; meist mit einem Paar mehr oder minder deutlichen Vertikalbanden in der Nähe der Kopffurchen; kurzer Mundschlitz.- Süd Georgien, Falkland Inseln, Süd Shetland Inseln, Süd Orkneys, Anvers Insel, Marguarite Bay, Ross Insel; Tidenbereich bis 270 m.

79 *Antarctolineus scotti* (BAYLIS, 1915) (Lineidae).- Die Art ist äußerlich ähnlich *P. corrugata,* ist aber von dieser durch die Haut, die nicht gerunzelt und glatter ist, den stärker abgerundeten Kopf und einem kleineren Mund verschieden.- Subantarktisch sowie McMurdo Sound, Terre Adelie, Inaccessible Insel, Hut Point, Cape Bird; 80 - 460 m.

80 *Lineus longifissus* (HUBRECHT, 1887) (Lineidae).- Langgestreckte Form von 8 - 28 cm Länge, hell rötlich-braun; im unkontrahierten Zustand relativ dünn und mit langem Proboscis (a); kontrahiert treten starke ringförmige Falten auf; der gut 2 cm lange Mundschlitz (b, c) ist auffällig und wie vom Messer geschnitten.- Subantarktisch sowie Signy Insel, Süd Orkney Inseln und Kemp Land; 50 - 350 m.

Unterklasse: Enopla

Rüssel in Abschnitte gegliedert und mit einem Giftstachel versehen, der einen oder mehrere nadelförmige Stilette trägt. Der Vorderdarm mündet meist ins Rynchodaeum und durch diesen vor dem Gehirn nach außen; Hautmuskelschlauch aus zwei Schichten bestehend.

Von den zwei Ordnungen **Hoplonemertini** und **Bdellomorpha** ist nur die erstere in der Antarktis vertreten. Innerhalb der **Hoplonemertini** unterscheidet man die **Polystilifera** (zu denen alle pelagischen Vertreter gehören, Infraorder **Pelagica**) und die **Monostilifera**. Nur letztere stellt eine Vielzahl von benthischen Arten in der Antarktis.

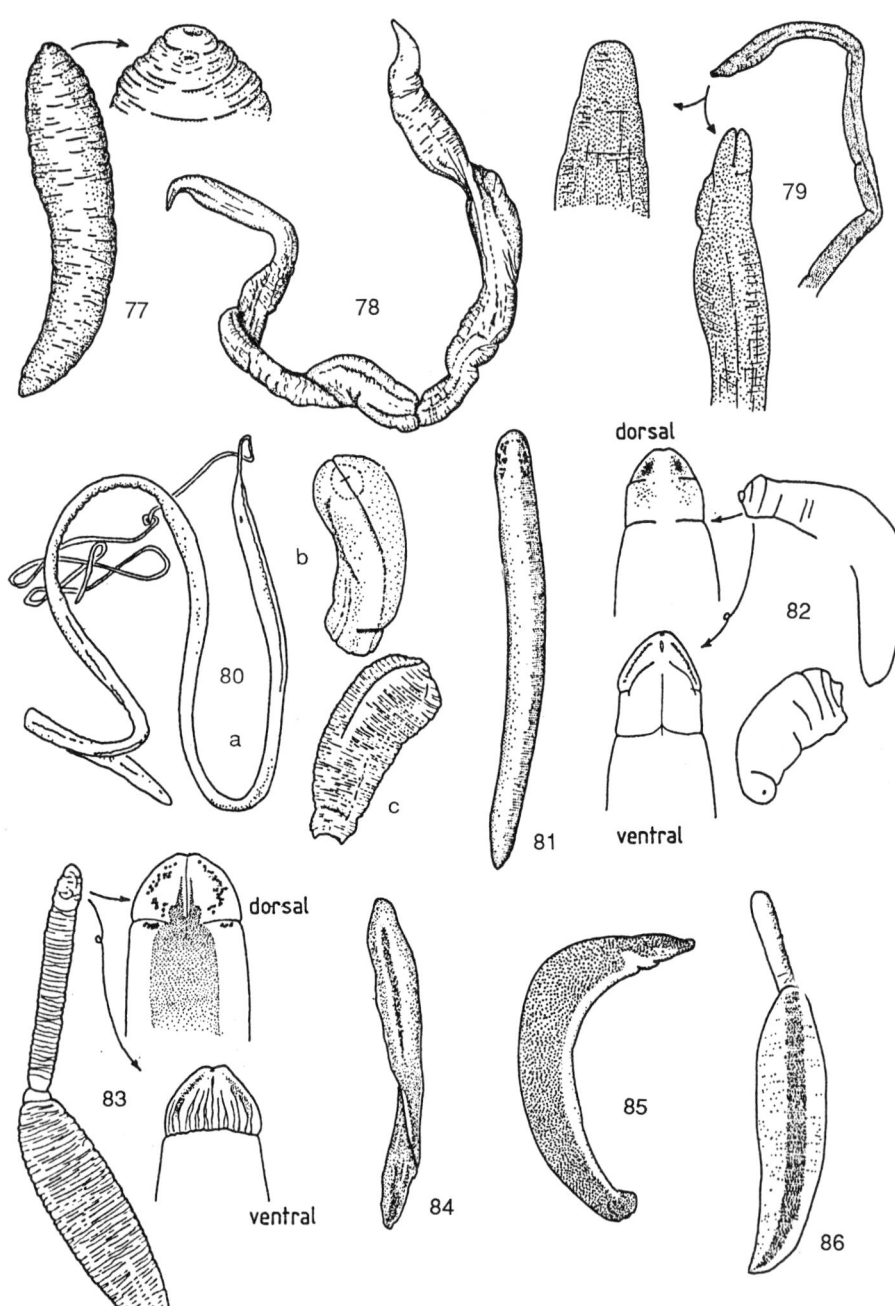

77

78

79

dorsal

80

b

a

c

81

ventral

82

83

dorsal

ventral

84

85

86

Unterordnung: Monostilifera

Fast immer nur mit einer gemeinsamen Öffnung für den Darm und das Rhynchodaeum; mit einem Giftstachel,der nur ein Stilet trägt (Abb. 9).

81 *Amphiporus gerlachi* BÜRGER, 1904 (Amphiporidae).- Relativ schlank, kleine Art, 1,6 - 2,5 cm lang; rosa bis hell rötlich; Kopf beiderseits mit 2 Gruppen großer Ocellen.- Charcot-, Marquerite- und Falkland Inseln; 80 - 500 m.

82 *Amphiporus spinosus* BÜRGER, 1893 (Amphiporidae).- Körper mehr oder minder zylindrisch, klein, bis zu 1,8 cm lang; hell rosa, hell rötlich, kaminrot oder orange; Kopf mit sehr vielen, kleinen Ocellen, die in einem großen Flecken vor dem Gehirn liegen, mit einigen wenigen hinter dem Gehirn.- Wahrscheinlich weit verbreitet; Süd Georgien (in Tangrhizoiden), Marguerite Bay, Cape Adare, McMurdo Sound, Granite Harbour; 35 - 460 m.

83 *Amphiporus lecointei* BÜRGER, 1904 (Amphiporidae).- Ebenfalls eine kleine Art, nur 9 - 15 mm lang; Dorsalseite gelblich-braun, Ventralseite etwas heller weißlich; charakteristisch sind die zwei länglichen Gruben unter der Oberfläche des Kopfes.- Magellan und Scotia Region (Charcot Insel, Süd Georgien, Falkland Inseln, Süd Shetlands); 18 - 570 m.

84 *Amphiporus meseleyi* HUBRECHT, 1887 (Amphiporidae).- Eine der leichter kenntlichen Arten, 10 - 23 mm lang; charakteristisch sind zwei weiße Striche, die vom Kopf seitlich nach hinten laufen (markieren die cerebralen subepithelialen Drüsen); Proboscis grün, Kopf leicht grünlich, mit vielen kleinen, grünen Ocellen.- Wahrscheinlich weit verbreitet in der Antarktis und Subantarktis; 0 - 300 m.

85 *Antarctonemertes validum* (BÜRGER, 1893) (Prosorhochmidae).- Kurz, kräftig, 2 - 20 mm lang; Dorsalseite gerundet, Ventralseite abgeflacht; Kopf spitz, vom Körper durch ein Paar seitliche Querfurchen getrennt; dorsal meist dunkelbraun, ventral weiß, leicht grau oder gelblich; die hellere Färbung der Unterseite zieht sich bei den Kopffurchen nach dorsal und wird dort in Form deutlicher weißer Felder erkennbar.- Wahrscheinlich in der Ostantarktis weit verbreitet; 2 - 200 m.

86 *Tetrastemma unilineatum* JOUBIN, 1910 (Tetrastemmatidae).- Relativ kleine Art, bis zu 18 mm Länge; charakteristisch ist das in der Mitte der Rückenseite verlaufende braune Längsband; dorsal buckelig, ventral konkav; zwei Paar von Ocellen.- Ross See (Cape Adare, McMurdo Sound), Cape Denison; 4 - 400 m.

Nematoda (Rund- oder Fadenwürmer)

Freilebende oder parasitische, schlauch-, spindel- oder fadenförmige Tiere. Körper ungegliedert. Hautmuskelschlauch besteht aus einer Epidermis mit einer mehrschichtigen Kutikula und einer Schicht von Längsmuskeln. Darmkanal durchgehend, mit als Saugorgan funktionierendem Oesophagus. Getrenntgeschlechtlich, Gonaden in beiden Geschlechtern schlauchförmig; Männchen mit Kloake, in die der Darm und der Hodenausführgang münden.

Die Nematoden der Antarktis und Subantarktis sind völlig unzureichend bekannt. Momentan sind zwar mehr als 500 Arten aus der Region beschrieben, davon jedoch fast 60% ausschließlich von ALLGEN. Leider basieren viele dieser Arten auf einzelnen Weibchen oder juvenilen Exemplaren. Daneben kommt erschwerend hinzu, daß eine Vielzahl der Abbildungen nach heutigen Anforderungen inadäquat sind. Erst durch eine Nachuntersuchung an neuem Material wird man diese "Arten" eindeutig charakterisieren können. Eine befriedigende Darstellung dieser Gruppe kann hier deshalb nicht gegeben werden.

Um alle zur Determination wichtigen Merkmale deutlich hervortreten zu lassen, sollte man die Tiere in Alkohol mit Baumwollblau anfärben und dann langsam in Glycerin überführen. Die Bestimmung ist auch dann noch nicht ganz einfach. Hinzu kommt, daß die Nomenklatur in den 50er Jahren einer tiefgreifenden Revision unterzogen wurde, so daß die älteren Bestimmungsbücher aus diesen Gründen praktisch unbrauchbar sind.

Zur Bestimmung werden neben der allgemeinen Körpergestalt und Struktur der Kutikula auch hypodermale Drüsen, im Kopfbereich die Seitenorgane (Amphiden), Lippen- und Kopfsensillen sowie im Schwanzbereich die Phasmiden bzw. Schwanzdrüsen, herangezogen. Von besonderer Bedeutung ist der Bau der Lippenregion mit der sich daran anschließenden Mundhöhle sowie die Form des Pharynx. Auch die allgemeine Form der Gonaden kann zur Charakterisierung herangezogen werden. Beim Männchen spielt der Bau des Geschlechtsapparates, deren zentrale Elemente des Spicularapparates darstellen, eine gewichtige Rolle. Als Ergänzung zur Artbeschreibung finden sich meist noch eine Vielzahl von standardisierten Meßwerten.

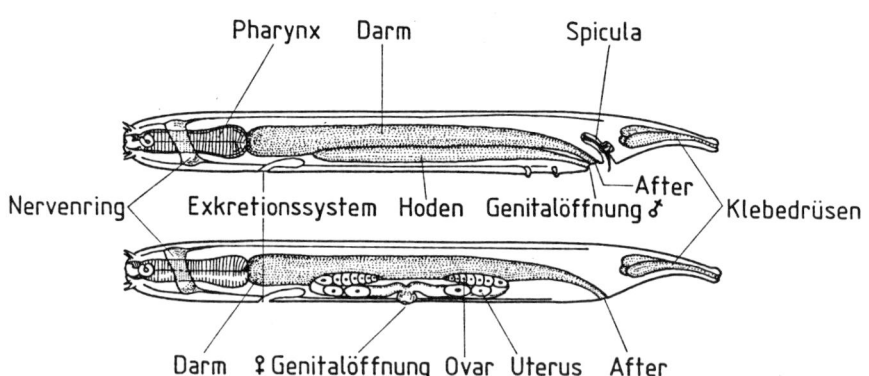

*Abb. 10: Bauplan der **Nematoda** (nach* REMANE, STORCH, WELCH, 1976*)*

Chromadorina

Mit charakteristischen Mundhöhlenzähnen, von denen der dorsale meist am größten ist, die beiden subventralen sind normalerweise deutlich kleiner; Ovarien antidrom umgeschlagen (die gesamte Keim- und Wachstumszone ist gegen den Eileiter umgeschlagen).

87-90 Chromadoridae FILIPJEV, 1917.- Mit geringelter Kutikula; Männchen nur mit einem einzigen, vorderen Hoden; beim Weibchen liegt von den beiden Ovarien das vordere rechts, das hintere links vom Darm. Umfangreiche Familie, die sich in mehrere Unterfamilien aufgliedern läßt. In der Antarktis ist sie mit Taxa aus vier Unterfamilien vertreten: **Chromadorinae** [Beispiel: **87** *Prochromadorella polaris* (COBB, 1914)], **Euchromadorinae** [Beispiel: **88** *Euchromadora meridiana* COBB, 1914], **Hypodontolaiminae** [Beispiel: **89** *Hypodontolaimus septentrionalis* (COBB, 1914)] und den ektoparasitisch auf Polychaeten lebenden **Harpagonchinae** [Beispiel: **90** *Harpagonchus averincevi* PLATONOVA & POTIN, 1972].

91 Microlaimidae MICOLETZKY, 1922.- Kutikula meist geringelt, Lippensensillen meist sehr kurz; Männchen mit zwei entgegengesetzt orientierten Hoden; Ovarien des Weibchens ausgestreckt, das vordere liegt links, das hintere rechts vom Darm [Beispiel: *Cinctonema polare* (COBB, 1914)].

Leptolaimina

Mundhöhle oft röhrenförmig, ohne Zähne; Ovarien antidrom umgeschlagen.

92 Leptolaimidae ÖRLEY, 1880.- Kutikula fast immer geringelt; Lippensensillen winzig, meist nicht erkennbar; die 4 hinteren Kopfsensillen borstenförmig, die 6 vorderen kaum erkennbar; Männchen mit zwei entgegengesetzt orientierten Hoden [Beispiel: *Leptolaimus antarcticus* (COBB, 1914)].

Monhysterida

Mundhöhle ohne Zähne; Ovarien stets ausgestreckt; adultes Männchen ohne präanale Tubuli.

93 Monhysteridae DE MAN, 1876.- Kutikula glatt; beim Männchen nur der vordere Hoden und beim Weibchen nur das vordere Ovarium, das rechts vom Darm liegt, vorhanden [Beispiel: *Monhystera sp.*].- Vorwiegend limnische und terrestrische Vertreter; einige Arten treten auch als Kommensalen oder Ektoparasiten bei malakostraken Krebsen auf.

94-95 Xyalidae CHITWOOD, 1951.- Kutikula geringelt; oft mit zusätzlichen Kopfborsten [Beispiel: **94** *Steineria pilosa* (Cobb, 1914)]; Weibchen mit zwei Ovarien, das vordere liegt links und das hintere rechts vom Darm [Beispiel: **95** *Austronema spirurum* COBB, 1914)].

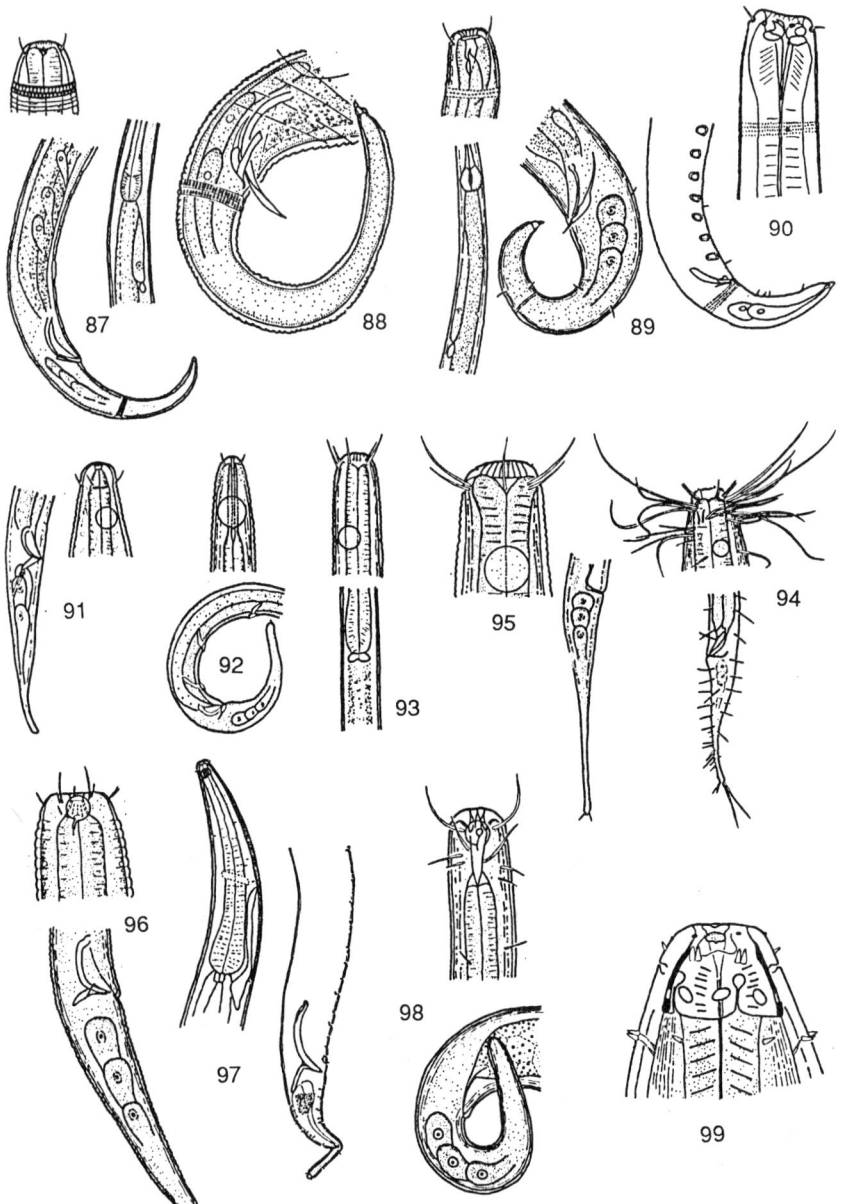

96 Linhomoeidae FILIPJEV, 1922.- Kutikula oft geringelt, selten glatt; Männchen mit zwei entgegengesetzt zueinander orientierten Hoden; Weibchen mit zwei ausgestreckten Ovarien, meist liegt die vordere links und die hintere rechts vom Darm; heterogene Gruppe [Beispiel: *Anticyathus septentrionalis* (COBB, 1914)].

97 Comesomatidae FILIPJEV, 1918.- Kutikula geringelt, Ringe mit Punktierungen versehen; Seitenorgane spiralig, mit 2½ Windungen; adulte Männchen meist mit flach gewölbten Präanalpapillen, zwei entgegengesetzt zueinander orientierte Hoden; Weibchen mit zwei ausgestreckten Ovarien; Schwanz mit zylindrischem Endabschnitt [Beispiel: *Sabatieria kelletti* PLATT, 1983].

98 Axonolaimidae FILIPJEV, 1918.- Kutikula meist glatt; von den Kopfsensillen sind die 4 hinteren größer; Mundhöhle mit 6 zahnartigen Strukturen; Seitenorgane schleifenförmig; Männchen mit zwei Hoden, von denen der hintere zunächst nach vorn verläuft und dann im vordersten Teil umschlägt; Weibchen mit zwei Ovarien [Beispiel: *Axonolaimus polaris* COBB, 1914].

Enoplina

Kutikula meist ungeringelt; Seitenorgane primär ungewunden; Pharynx ohne muskulösen Bulbus; mit Metanemen (Strecksinnesorgane); die Schwanzdrüsen reichen bis weit in die präcaudale Körperregion; Ovarien antidrom umgeschlagen.

99 Leptosomatidae FILIPJEV, 1916.- Lippensenillen meist papillenförmig; Kopfsensillen kurz, die 6 längeren und die 4 kürzeren sind in einem Kreis angeordnet; Seitenorgane taschenförmig; Mundhöle kann zahnartige Strukturen enthalten; adulte Männchen ohne präanale Tubuli, aber häufig mit ventralen Präanalpapillen, zwei entgegengesetzt zueinander orientierte Hoden; Weibchen mit zwei antidrom umgeschlagenen Ovarien [Beispiel: *Deontostoma polare* (COBB, 1914)].

Kamptozoa (Entoprocta) (Kelchwürmer)

Kleine (0,1 - 10 mm) ausnahmslos wasserlebende, sessile, bilateralsymmetrische Strudler mit becherförmigem Körper (Kelch) auf schlankem Stiel und einem Kranz fadenförmiger Tentakel. Mit ungefähr 300 Arten weltweit vom Litoral aller Kontinente bis in größere Tiefen vorkommend.

Man findet sie regelmäßig bei der Durchsicht von Dredgeproben unter dem Stereomikroskop (Auflicht!), allerdings meist nur in unscheinbaren Populationen, epizoisch auf anderen Wirbellosen oder in kleinen Kolonien zusammen mit Hydroiden, Bryozoen und Phoroniden als Aufwuchs auf lebenden (Tunicaten wie Microcosmos) und toten Festsubstraten (Muschelschalen). Meist werden sie wegen ihrer Kleinheit übersehen oder gar mit Hydrozoenpolypen verwechselt. Im Habitus gleichen sie diesen in der Tat sehr, unterscheiden sich in der lebenden Probe selbst bei schwacher Vergrößerung auf den ersten Blick von jenen durch

durch ihre auf Reize hin ausgelösten lebhaften Nick- und Pendelbewegungen (Name: Kamptozoa = Nicktiere); dabei rollen sie, anders als Hydroiden oder auch Bryozoen, ihre Flimmertentakeln über dem Kelch zusammen. Der muskulöse Stiel, primär Haftorgan, ist bei koloniebildenden Formen zur Kelchregeneration fähig und Überdauerungsorgan. Kelch mit U-förmigem Darmtrakt und - in seiner Krümmung - mit einem einfachen Ganglion (Unterschlundganglion), einem Protonephridienpaar und paarigen sackförmigen Gonaden, die wie Mund und After innerhalb des Tentakelkranzes nach außen münden (Name: Entoprocta; vgl. Ectoprocta - Bryozoa). Ein Coelom wird nicht ausgebildet. Die Körperoberfläche ist bis auf das Atrium und die atrialen Tentakelseiten von einer teils zäh-flexiblen teils starrspröden Kutikula geschützt, die von Poren ("Chloridzellen") durchbrochen ist oder Dornen und Stacheln tragen kann. Büschel von Sinnescilien stehen an den Tentakelspitzen und manchmal an den Kelchflanken. Bei koloniebildenden Formen sind Stiel- und Kelchmuskulatur durch ein Querseptum aus sternförmigen Muskelzellen im Kelchhals voneinander getrennt. Eier entwickeln sich in atrialem Brutsack über Spiralfurchung zu abgewandelten Trochophoralarven. Loxosomatiden sind i. d. R. proterandrisch, Pedicelliniden simultane Zwitter, während die Barentsiiden bei phänotypischer Geschlechtsbestimmung Zooide beiderlei Geschlechts innerhalb einer Kolonie ausbilden. Nahrung: Kleinplankton, das durch die Tentakelreuse abgefiltert und beiderseits über adorale Wimpernrinnen zum Mund befördert wird.

Ursprüngliche, solitäre Formen (Fam. **Loxosomatidae**) leben überwiegend epizoisch auf wirbellosen Organismen (Polychaeten, Sipunculiden, Schwämmen, Echiuriden, Ophiuriden), zuweilen in dichten durch asexuelle Knospung erzeugten Populationen. Knospen wachsen beidseits an der vorderen Kelchwand des Muttertieres aus und setzen sich nach Ablösen mit Hilfe einer meist später degenerierenden Klebdrüse am Stielende irreversibel auf dem Wirtstier fest.

Höher entwickelte Formen (Fam. **Pedicellinidae** und **Barentsiidae**) bilden Kolonien, die Knospungszone ist auf die Stielbasis verlagert, und die Tochterindividuen (Zooide, Größe 1 - 10 mm) bleiben zeitlebens über einen Stolo mit dem Erzeugertier verbunden, so daß flächige, seltener durch Rückbildung der Stolone aufrecht verzweigte Kolonien entstehen. Sie besiedeln jegliche Art von Festsubstraten, auf denen sie strömungsexponiert und zugleich geschützt sind.

100 *Loxosomella antarctica* FRANZEN, 1973 (Loxosomatidae).-Einzelindividuen bis 1,2 mm groß, etwa kochlöffelförmig, Kelch oro-anal abgeplattet mit steil nach vorn geneigter Tentakelkrone (8 - 12 Tentakel); Stiel zylindrisch, überaus kontraktil; in kontrahiertem Zustand plump, faltig geringelt, etwa 1 ½ Kelchlängen; expandiert lang schlank, zur Basis nicht verjüngt, etwa 5mal so lang wie Kelch; Kelch ohne laterale Sinnespapillen.- Weddellmeer, Antarktische Halbinsel, Süd Shetlands. Häufig auf der Mundscheibe von *Ophiurolepis gelida* (100a, b).

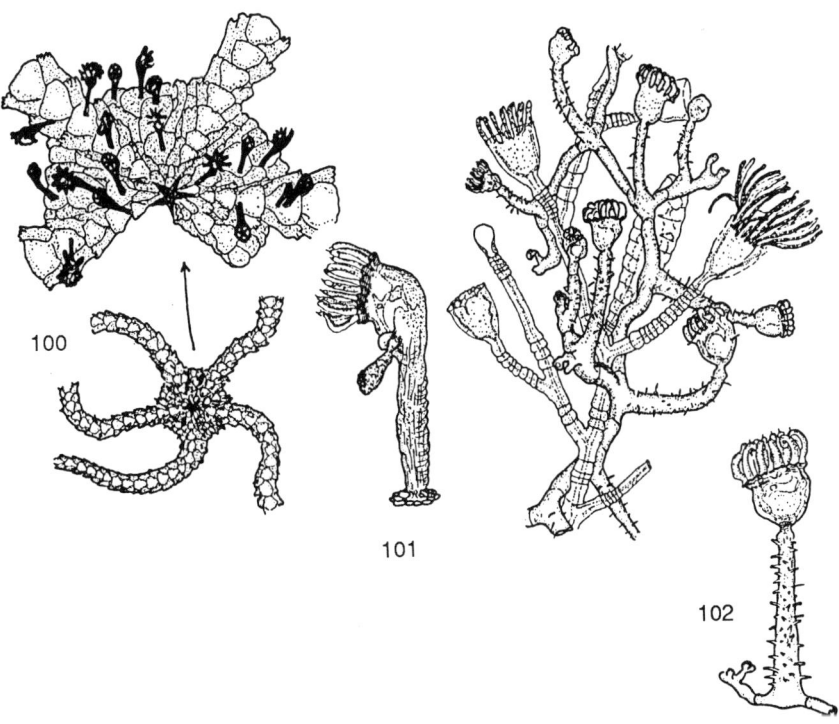

100

101

102

101 Loxosomella compressa NIELSEN & RYLAND, 1961 (Loxosomatidae).- Bis 0,9 mm groß, mit schlankem, nach basal konisch verjüngtem Stiel von bis zu 3facher Kelchlänge; Kelch beidseits zusammengedrückt, Knospen sitzen typischerweise oralseitig fast median am Kelch; Tentakelkrone (8 - 9 Tentakel) leicht nach oral geneigt.- Antarktische Halbinsel, Falkland Inseln, Süd Georgien. Auf Cirren und Parapodienborsten von Polychaeten (*Harmothoe spinosa, H. antarctica*).

102 Pedicellina cernua PALLAS, 1774 (Pedicellinidae).- Kräftige, untersetzte Zooide, 1 - 3,5 mm lang; Stiele gewöhnlich nach oben leicht verjüngt, 2 - 5mal so lang wie Kelch, glatt oder mit feinen Stacheln besetzt; Kelch hoch weinglasförmig, Tentakelkrone waagerecht mit 12 - 20 Tentakeln.- Zirkumpolar, vor allem subantarktisch. Vornehmlich auf Hydroidenstämmchen.

103 Pedicellina australis RIDLEY, 1881 (Pedicellinidae).- Mittelgroße Art; Zooide 1 - 2,5 mm lang mit unverhältnismäßig großem Kelch (bis 1 mm) auf einem dünnen, zylindrischen Stiel von zuweilen weniger als Kelchlänge; Kutikula ohne Poren oder Stacheln; Tentakelkrone waagerecht mit 12 - 14 (?) langen Tentakeln; Stolospitzen gewöhnlich mit mehreren, dicht gedrängt stehenden Zooidknospen.- Atlantischer Sektor der Antarktis und Subantarktis. Auf Polychaetenröhren, Hydrozoenstämmchen und Steinen.

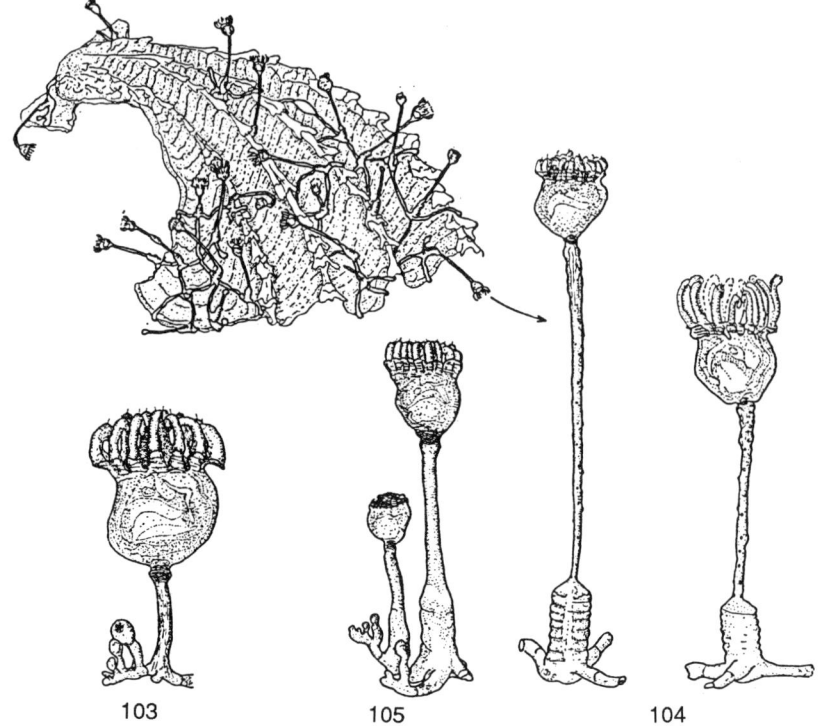

103   105   104

104 *Barentsia discreta* BUSK, 1886 (Barentsiidae).- Schlanke 5 - 10 mm lange Zooide; schmal zylindrischer Muskelsockel mit regelmäßig und fein geringelter Kutikula, scharf abgesetzt von dünnem starrem Stielabschnitt mit gelblich hyaliner Kutikula und zahlreichen Poren; manche Zooide mit 1 - 2 Muskelgelenken im Stiel; Kelch breit becherförmig mit waagerecht stehender Tentakelkrone und 12 bis max. 28 Tentakeln. Zooidproportionen je nach Wuchsbedingungen sehr variabel (b, c).- Zirkumpolar. Häufig auf stark gerippten Muschelschalen (*Pecten, Cardium*) unter anderem Aufwuchs, vor allem geschützt in Furchen zwischen Schalenrippen, auch auf Polychaetenröhren und Phaeophyceenstielen.

105 *Barentsia aggregata* JONSTON & ANGEL, 1940 (Barentsiidae).- Gedrungene, 1 - 3,5 mm lange Zooide; Muskelsockel lang, zuweilen nach oben leicht verjüngt und allmählich in den relativ kurzen, dicken Stiel übergehend; wegen undeutlich abgesetztem Muskelsockel leicht mit *Pedicellina* zu verwechseln; Kutikula farblos, porenlos, überwiegend flexibel; Kelch hoch becherförmig, Tentakelkrone gering nach oral geneigt mit 14 - 18 Tentakeln; Knospen an Stolospitzen gewöhnlich zu mehreren dicht gedrängt.- Zirkumpolar, vor allem im subantarktischen Bereich. Auf Steinen, Polychaetenröhren, Hydrozoen- und Bryozoenstöckchen.

Priapulida

Träge, plump walzenförmige Tiere (zwischen 1 und 200 mm Länge) von pergamentig graubrauner Färbung, die in marinen Weichböden wühlen, bevorzugt in sauerstoffarmen Schlick- und Mud-Böden, und vom Litoral bis in Tiefen von 8.000 m gefunden werden. Ihr Körper ist im Allgemeinen in drei Abschnitte gegliedert, den durch Hautleisten äußerlich geringelten und durch feine kutikuläre Chitindörnchen sandig rauh sich anfühlenden Rumpf, einen birnenförmig aufgetriebenen Rüssel (Introvert, Proboscis) von bis zu 1/3 Körperlänge mit der Mundöffnung an der Spitze und besetzt mit 25 Längsreihen hakenförmiger Dornen, zudem rund um die Mundöffnung bewehrt mit mehreren Kränzen von je 5 derben Chitinzähnen, und - am Körperende neben der Afteröffnung - einen oder zwei wurstförmige oder traubenförmig verästelte Schwanz-anhänge (Appendix) unbekannter Funktion, die bei einigen Arten fehlen.

Priapuliden leben räuberisch von anderen bodenlebenden Wirbellosen bis zu ihrer eigenen Größe, die sie unter ständigem Ein- und Ausstülpen ihres hakenbewehrten Rüssels in sich hineinschlingen. In Dredgefängen oder Bodengreiferproben aus sauerstoffarmen Extrembiotopen findet man sie zuweilen in größerer Individuenzahl. Von den drei Familien (**Priapulidae, Tubiluchidae, Maccabaeidae**) mit ungefähr 8 bekannten Arten wurden bis jetzt in antarktischen und subantarktischen Gewässern nur Vertreter der **Priapulidae** (106 *Priapulus tuberculatospinotus, P. abyssorum* und 107 *Acanthopriapulus horridus*) gefunden.

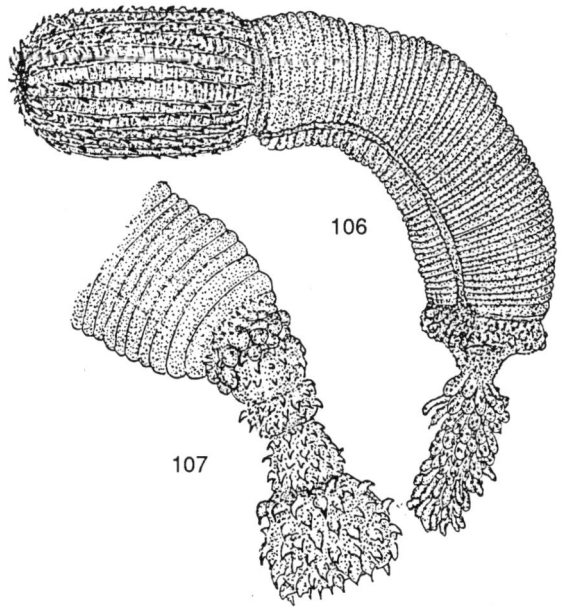

106

107

Mollusca (Weichtiere)

Symmetrische, in Kopf, Eingeweidesack und Fuß unterteilte Bilaterier, deren Rücken gewöhnlich von einer Kalkschale, seltener von einer Cutikula bedeckt ist. Zwischen Eingeweidesack und Fuß eine umlaufende Mantelrinne, die als Respirationsraum (mit Kiemen) dient. Der Vorderdarm trägt eine charakteristische Reibplatte (**Radula**), die zur Nahrungsaufnahme und -weiterleitung dient und nur bei den filtrierenden Muscheln fehlt.

Unterteilung in die Klassen **Polyplacophora** (Käferschnecken), **Aplacophora** (Wurmmollusken), **Monoplacophora**, **Gastropoda** (Schnecken), **Scaphopoda** (Kahnfüßer), **Bivalvia** (Muscheln) und **Cephalopoda** (Kopffüßer).

Mit Ausnahme der Monoplacophoren sind alle Gruppen in unterschiedlichem Maße in den antarktischen Meeren vertreten. Die Gesamtartenzahl liegt bei 870.

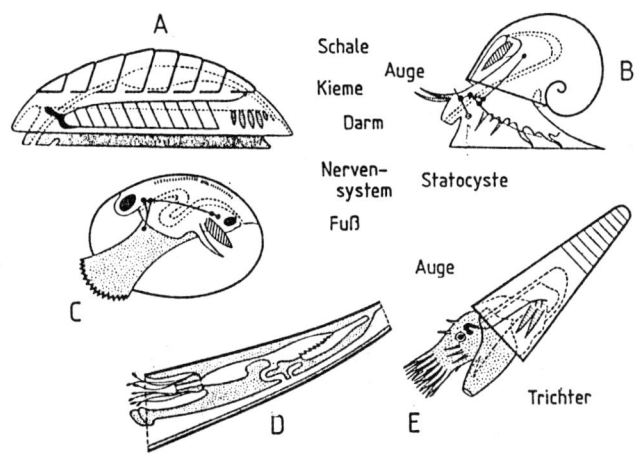

*Abb. 11: Baupläne der **Mollusca***
[A, **Polyplacophora**; B, **Gastropoda**; C, **Bivalvia**; D, **Scaphopoda**; E, **Cephalopoda**]

Polyplacophora (Käferschnecken)

Klasse ausschließlich mariner Mollusca. Die Tiere sind bilateralsymmetrisch und von ovalem oder langgestreckt-ovalem Umriß. Der Rücken wird von 8 Schalenplatten bedeckt; die Platten II - VIII haben meist flügelartige, nach vorn gerichtete Fortsätze (Apophysen), die jeweils unter die vorhergehende Platte greifen. Die Oberfläche der Platten ist gefeldert (Zentral- und jederseits ein Lateralfeld). Die Platten werden von einem oberflächlich glatten, beschuppten und/ oder bestachelten Gewebsstreifen, dem Gürtel (Perinotum), umgeben und sind in diesem durch die seitlichen Insertionsplatten verankert. Letztere werden oft durch spezifische, mediolaterale "Schlitze" unterbrochen. Ausläufer des Mantelepithels können bis zu den (Licht-) Sinnesorganen (Aestheten) an der Plattenoberfläche ziehen. Der Fuß ist meist als breite Kriechsohle ausgebildet, mit deren Hilfe sich die Tiere durch Adhäsion und Ansaugen auf ausreichend großflächigen Hartsubstraten auch in der Brandungszone halten können. Sie weiden den Aufwuchs ab; ihre Radula trägt 17 Zähne in jeder der etwa 50 Querreihen: einen symmetrischen Zentralzahn und auf jeder Seite 5 Lateral- und 3 Marginalzähne. Die Respiration erfolgt über doppelfiedrige, bewimperte Kiemen am Dach der Mantelrinne. Die Hauptteile des Nervensystems sind Markstränge: der Schlundring (selten mit Cerebralganglien) und die von diesem ausgehenden, paarigen Lateral- und Ventralstränge, verbunden durch zahlreiche Kommissuren. Käferschnecken sind getrenntgeschlechtlich. Die zunächst paarigen Anlagen der Gonaden verschmelzen meist zu einem dorsal gelegenen Sack. Die Befruchtung ist eine äußere, die Entwicklung nur von wenigen Arten bekannt. Bei diesen verläßt eine Schwimmlarve das Ei, die schon wenige Stunden nach dem Schlüpfen durch die Anlage der ersten 7 Schalenplatten als Placophorenlarve zu identifizieren ist. Die Juvenilen einiger Arten entwickeln sich in der Kiemenrinne der Mutter.

Die Mehrzahl der Placophora lebt im Gezeitenbereich und im oberen Sublitoral felsiger Meeresküsten. Von den etwa 900 rezenten Arten (Unterklasse Neoloricata) sind in der Antarktis bisher 7 nachgewiesen, mit weiteren ist zu rechnen.

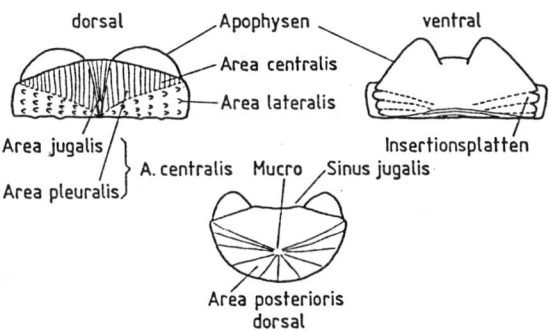

Abb. 12: Morphologische Merkmale der Platten der **Polyplacophora.**

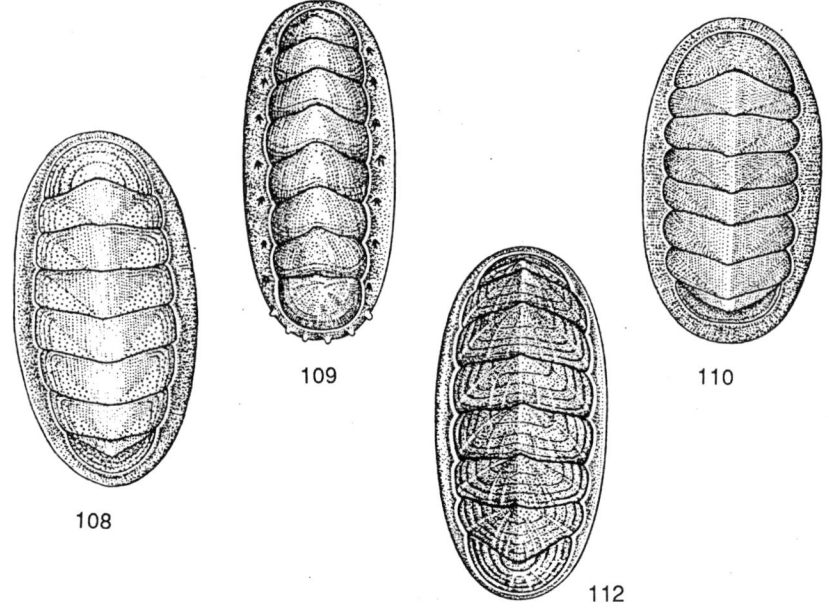

109   110

108

112

108 Leptochiton kerguelensis HADDON, 1886 (Leptochitonidae).- Etwa doppelt so lang wie breit, maximal 5 mm; Platten dünn, weiß; I und VIII von halbkreisförmigem Umriß, Lateralfelder wenig erhoben, Zentralfelder mit 36 - 40 sehr schwachen Furchen; Tegmentum fein granuliert; Apophysen klein, weit auseinanderstehend; Gürtel dorsal mit länglichen, sich nicht überdeckenden Schuppen und Nadeln; 8 - 10 adanale Kiemen jederseits.- Zirkumpolar; in 12 - 125 m Tiefe.

109 Hemiarthrum setulosum CARPENTER, 1876 (Hanleyidae).- Etwa doppelt so lang wie breit, bis 12, maximal 15 mm lang; Platte I halbkreisförmig mit konkavem Hinterrand, II - VII doppelt so breit wie lang; Lateralfelder nicht vom Zentralfeld abgesetzt; Apophysen kräftig, weit getrennt; Platten braun bis schwarz, Gürtel heller, lederig, mit 2 Typen von Nadeln, die in Höhe der Plattengrenzen in Bündeln stehen.- Zirkumpolar; bis 380 m.- Brutpflege in der Mantelrinne.

110 Callochiton gaussi THIELE, 1908 (Ischnochitonidae).- Tier länglich-oval (bis 7 mm); Platten glatt, die meisten weiß, eine oder zwei hellbraun, nach den Seiten schmaler werdend; mit Schalenaugen (Lupe!); Zentralfelder fein längs, Lateralfelder radiär gestreift; Mittelplatten mit 1 Insertionsschlitz jederseits, Endplatten mit 15 - 16 Schlitzen; Apophysen kurz, breit und zusammenhängend; Platte VIII hinten abgestutzt, daher breiter als lang; Gürtel mit sich überdeckenden Schuppen und am Rand mit Nadeln.- Kaiser-Wilhelm-II-Land, Adelie-Land, Shackleton-Eisschelf, Ross-See, Magellanstraße, Süd Georgien; bis zu 570 m Tiefe.

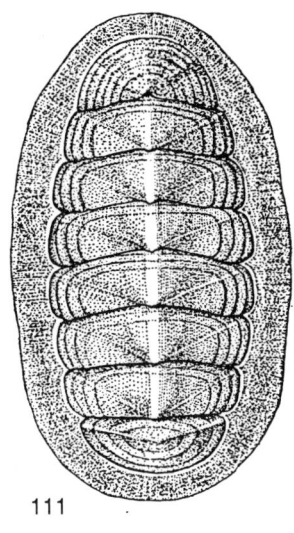

111

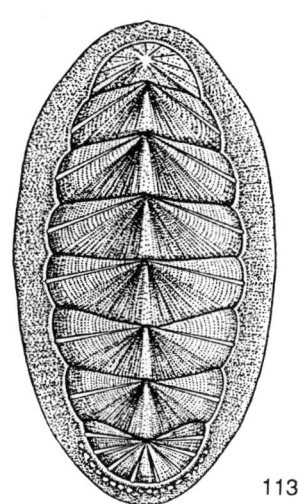

113

111 Callochiton steinenii (PFEFFER, 1886) (Ischnochitonidae).- Ähnlich der vorigen Art, doch größer (bis 26,5 mm); Unterschiede: Platten werden zum Rand nicht deutlich schmäler; Platte VIII länger, hinten gerundet.- Enderby- und Kemp-Land; Süd Georgien, von 24 - 300 m Tiefe.

112 Tonicina zschaui (PFEFFER, 1886) (Ischnochitonidae).- Mehr als doppelt so lang wie breit, bis 13,5 mm; Platten hochgewölbt, schwach gekielt, glänzend, unter der Lupe granulär; Platte I hinten tief ausgekerbt; Lateralfelder der Mittelplatten schwach abgesetzt; Platte VIII doppelt so breit wie lang; Grundfarbe rötlichbraun mit dunkleren Flecken oder konzentrisch gebändert mit helleren, schrägen Streifen; Apophysen klein, weit getrennt; Gürtel mit medianer Furche und Kalkkörperchen sowie kleinen Nadeln; 19 - 28 Kiemen jederseits.- Bellingshausensee, Süd Georgien, Süd-Shetlands; mäßig tief.

113 Nuttallochiton mirandus (THIELE, 1906) (Ischnochitonidae).-Langgestreckt-oval (bis 80 mm), nach hinten schmäler werdend; Platten stark erhoben, II-VIII gekielt (in Seitenansicht erscheint die Rückenlinie gesägt); Platte I mit 8 - 10 kräftigen Rippen; II-VIII: Zentralfelder mit feinen, nach hinten konvergierenden Streifen; Lateralfelder mit 1 radialen Rippe; cremeweiß, einzelne Platten hell bis rötlichbraun; Platte VIII länger als breit; Gürtel lederig, mit Nadeln; 40 - 50 Kiemen jederseits.- Zirkumpolar, ziemlich häufig, von 90 - 640 m; ähnlich ist die kleinere (bis 52 mm) **N. hyadesi** (DE ROCHEBRUNE, 1889) von der Weddellmeer und Feuerland, mit weniger kräftigen Radialrippen, schmutzig-weißer bis leicht bläulicher Färbung, Platte VIII etwas breiter als lang; 29 Kiemen jederseits.

Aplacophora (Wurmmollusken)

Körper langgestreckt, wurmförmig, schalenlos, mit Ausnahme einer engen Bauchfurche oder eines kleinen Schildes hinter der Mundöffnung mit einer stacheligen Kutikula bedeckt. Körperlänge bis max. 12 cm, gewöhnlich kleiner. 2 Unterklassen **Caudofoveata** (Schildfüßer) und **Solenogastres** (Furchenfüßer), nur letztere sind mit ca. 90 Arten aus allen Tiefenhorizonten der Antarktis gemeldet. Lebensweise überwiegend epizooisch auf Nesseltieren, von denen sich die Furchfüßer auch ernähren.

Für die Bestimmung der Solenograstres sind neben der Anordnung der Radulazähne und der Morphologie der kutikulären Kalkstacheln auch die Ausprägung anatomischer Merkmale (ventrale Vorderdarmdrüsen, Sinnesorgane, Genitalhilfsorgane) zu beachten. Aus diesem Grund wurde auf eine Darstellung von einzelnen Arten verzichtet, weitergehende Informationen bietet die umfangreiche monographische Abhandlung der antarktischen Solenogastren von SALVINI-PLAWEN (1978).

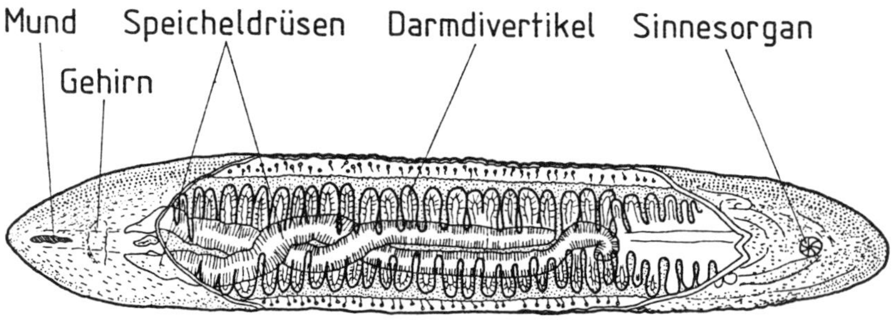

Abb. 13: Habitus der Solenogastres
(verändert nach SALVINI-PLAWEN, 1971)

Gastropoda (Schnecken)

Mollusken mit gut entwickeltem Kopf, der Augen und Fühler trägt, und einem breiten, flachen Kriechfuß. Eingeweidesack sekundär asymmetrisch, spiralig aufgewunden, meist mit einer Schale bedeckt. Unterteilung in 3 Großgruppen, **Prosobranchia** (Vorderkiemer), **Opistho-branchia** (Hinterkiemer) und **Pulmonata** (Lungenschnecken). Letztere beschränken sich auf Süßwasser/Land und fehlen in der Antarktis, während die beiden anderen Gruppen mit ca. 570 Arten vertreten sind.

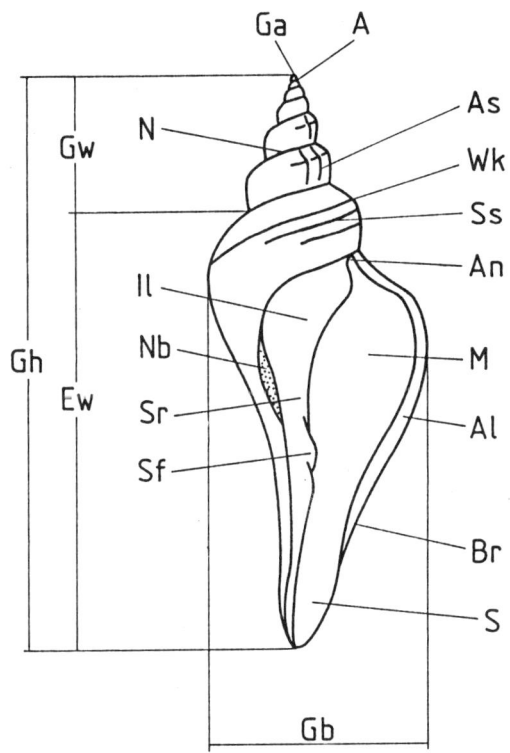

Abb. 14: Morphologische Merkmale der Schneckenschale
[A - Spitze (Apex), Al - Außenlippe, An - Analsinus, As - Achsialskulptur, Br - Basalrand, Ew - Endwindung, Ga - Gehäuseachse, Gb - Gehäusebreite, Gh - Gehäusehöhe, Gw - Gewinde, Il - Innenlippe, M - Mündung, N - Gewindenaht, Na - Nabel, S - Siphonalrinne, Sf - Spindelfalten, Sr - Spindelrand, Ss - Spiralskulptur, Wk - Windungskante]

Prosobranchia (Vorderkiemer)

Gehäuse meist spiralig aufgerollt, nur selten kappen- oder hütchenförmig; die Mündung des Gehäuses kann gewöhnlich von einem Deckel (**Operculum**) des Fußes verschlossen werden.

Die Schalen der antarktischen Schnecken sind meist sehr dünn, klein (selten werden Größen über 20 mm erreicht) und gering skulpturiert (Ausnahme: **Muricidae**). Einige Formen bedecken sie mit Mantelgewebe (**Lamellariidae**) oder ersetzen sie fast vollständig durch ein dickes, filziges organisches Schalenhäutchen (= Periostrakum) (**Trichotropidae**).

Die meisten Arten ernähren sich als unspezifische Weidegänger (**Trochidae**) oder als Räuber bzw. Aasfresser (**Buccinulidae**). Besondere Ernährungweisen besitzen die **Trichotropidae** als sekundär filtrierende Schnecken, die **Eulimidae** als Parasiten an Echinodermen und die **Turridae** mit hochgradig spezialisierten, zu Giftpfeilen umgewandelten Radulazähnen.

Im Gebiet des östlichen Weddellmeeres sind die Prosobranchier über alle Tiefenstufen verbreitet, wobei das fleckenhafte Auftreten mit einer hohen Artenzahl von geringer Individuendichte begleitet wird. Es sind ca. 510 Arten aus subantarktischen und antarktischen Gewässern bekannt, die sich auf viele Familien und Gattungen verteilen.

Die Bestimmung der Taxa wird überwiegend an Gehäusemerkmalen, der Morphologie des Operculums und dem Bau der Radula (Anzahl und Form der Zähne) vorgenommen. Bei den folgenden Artbeschreibungen werden nur makroskopische Merkmale verwendet. Größenangaben beziehen sich auf die jeweils dominierende Achse der Gehäuse.

Scissurellidae

Gehäuse sehr klein, durchscheinend, genabelt; Außenlippe mit offenem Schlitz, der sich von hinten nach vorne schließt und auf den älteren Windungen als Furche (= Schlitzband) abzeichnet.

114 *Schizotrochus euglyptus* (PELSENEER, 1903).- Windungen mit medianem Kiel, auf dem das Schlitzband verläuft; bis ca. 4 mm.- Antarktische Halbinsel, Weddellmeer, Enderby- und Adelie-Land; bis 640 m.

Fissurellidae

Gehäuse kappenförmig mit ovalem Umriß, Vorderrand mit leichtem Einschnitt oder lochartiger Öffnung vor dem Apex.

115 *Parmaphorella mawsoni* POWELL, 1958.- Gehäuse hellbraun, flach, mit deutlichen, konzentrischen Rippen, die hinter dem Apex von feinen, radiären Streifen überlagert werden; vom Apex zieht ein leicht erhöhter Kiel zum vorderen Rand und bildet dort eine Eindellung. *P. mawsoni* ist eine der häufigsten beschalten Schnecken des östlichen Weddellmeeres und lebt auf Bryozoenschill; bis ca. 40 mm.- Enderby- und MacRobertson-Land, östliches Weddellmeer; 190 - 500 m.

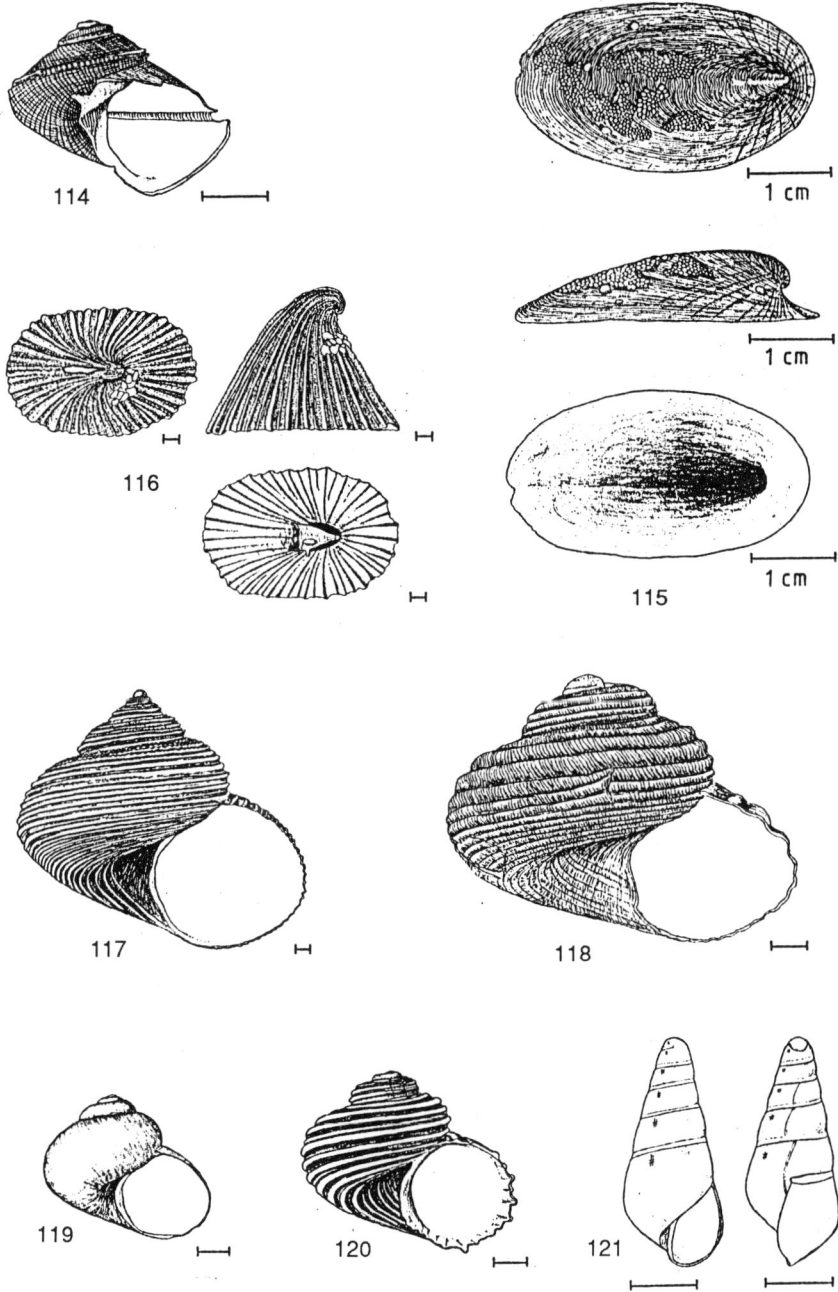

114

116

115

117

118

119

120

121

1 cm

1 cm

1 cm

116 *Puncturella conica* (ORBIGNY, 1841).- Gehäuse hütchenförmig, mit Schlitz vor dem Apex, kleines Septum auf der Innenseite des Gehäuses, kräftige, radiäre Rippen; bis ca. 12 mm.- Zirkumpolar; bis 640 m.

Trochidae
Gehäuse spitzkegelförmig, Mündung rund, innen perlmuttrig glänzend, Operculum hornig. Viele antarktische Arten; sichere Bestimmung nur über die Radula.

117 *Falsimargarita gemma* (SMITH, 1915).- Gehäuse weiß, mit vielen Spiralrippen, die auf der Oberseite der Umgänge kleine Spitzen tragen, Nabel groß; bis ca. 25 mm.- Westantarktis, Süd Shetland Inseln, östliches Weddellmeer; 200 - 400 m.

118 *Antimargarita dulcis* (SMITH, 1907).- Gehäuse weiß, mit Spiralrippen, die in der oberen Hälfte der Umgänge breiter sind als in der unteren Hälfte; feine, schräge Achsiallinien; bis ca. 10 mm.- Zirkumpolar; 200 - 600 m.

119 *Margarella refulgens* (SMITH, 1907).- Gehäuse klein, bauchige, glatte, blaugrün irisierende Umgänge; 6 mm.- Weddell-, Ross-See, Enderby-Land; 0 - 720 m.

Turbinidae
Gehäuseform ähnlich wie **Trochidae**, Operculum jedoch kalkig.

120 *Leptocollonia innocens* (THIELE, 1912).- Gehäuse mit kräftigen Spiralrippen, Mündung kreisrund mit gezacktem Außenrand; bis ca. 7 mm.- Davis-Meer bis Weddellmeer; 200 - 500 m.

Eulimidae
Gehäuse klein, spitzkegelförmig, mit vielen Windungen, glänzende, glatte Umgänge, die kaum voneinander abgesetzt sind; Radula reduziert, räuberisch/parasitische Lebensweise an Echinodermen; mehrere schwer zu bestimmende Arten.

121 *Balcis antarctica* (STREBEL, 1908).- Gehäuse transparent, Weichkörper weiß bis leuchtend orange; ca. 4 mm.- Süd Shetlands, Weddellmeer; 250 - 600 m.

Trichotropidae
Gehäuse mit dickem, haarig/filzigem Periostrakum, das die dünne Kalkschale verdeckt; 7 antarktische Arten; im Weddellmeer typisch für Bryozoenschill.

122 *Trichoconcha mirabilis* SMITH, 1907.- Gehäuse mit spiraligen Umgängen, Apex leicht eingesenkt, große Endwindung mit runder Mündung; Periostrakum mit in schrägen Linien angeordneten, steifen Härchen; bis ca. 35 mm.- Süd Georgien, Weddellmeer bis Ross-Meer; 120 - 900 m.

Capulidae
Gehäuse kappenförmig, nach hinten eingerolltes Anfangsgewinde, trichterförmige Endwindung; nur eine antarktische Art.

123 *Capulus subcompressus* PELSENEER, 1903.- Gehäuse klein, Anfangswindungen mit Spiralkielen, Endwindung glatt; 4 mm.- Weddell-, Ross-See; 190 - 400 m.

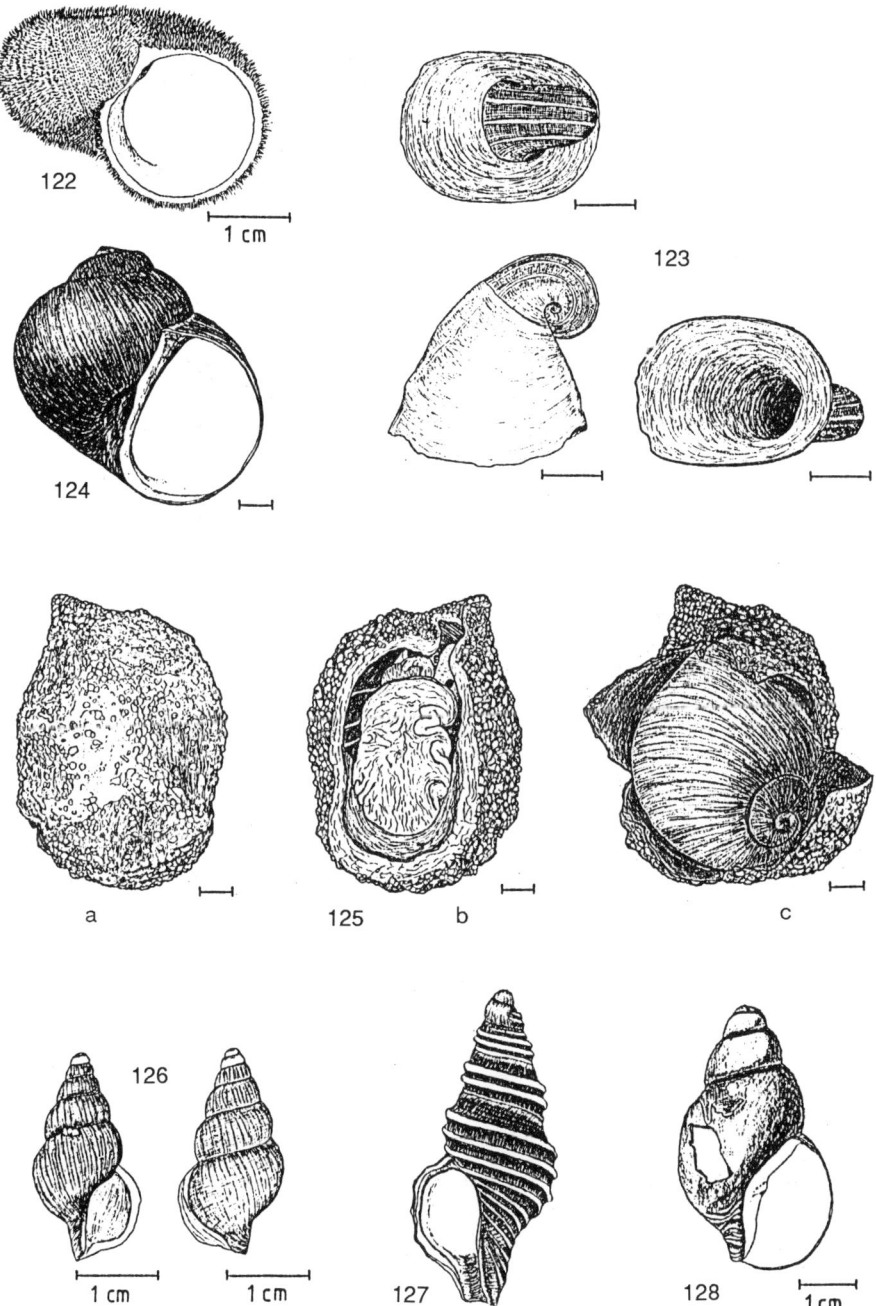

122

1 cm

123

124

a   125   b   c

126

1 cm   1 cm   127   128   1 cm

Naticidae

Gehäuse kugelig, mit wenig erhobenen Anfangswindungen, die häufig stark korrodiert sind, Endwindung groß, Mündung halbkreisförmig, Nabel offen bis fast verdeckt; Bohrschnecken, die sich von Muscheln und Schnecken ernähren; mehrere Gattungen und viele Arten, deren Bestimmung z.T. sehr schwierig ist.

124 *Amauropsis sp.*- Gehäuse mit rötlich-braunem, glänzendem Periostrakum, Nabel halb verdeckt; bis ca. 25 mm.- Östliches Weddellmeer; 200 - 500 m.

Lamellariidae

Gehäuse häufig von Mantelgewebe bedeckt, so daß die dünne, glatte, ungenabelte Schale von außen nicht zu sehen ist, intakte Tiere sind von Nacktschnecken durch den vom Mantel mit einer Furche abgesetzten Fuß zu unterscheiden.

125 *Marseniopsis conica* (SMITH, 1902).- Mantelgewebe dünn, liegt dem Gehäuse eng an, Außenseite rötlich, mit vielen kleinen, warzig-plattigen Erhebungen, die ein wulstiges Muster bilden, Gehäuse in Bezug zur Körperlänge groß; bis ca. 25 mm.- Ross-Meer, Davis-Meer, Weddellmeer; 150 - 590 m.

Buccinulidae

Gehäuse klein bis mittelgroß, kegel- bis spindelförmig, mit Siphonalrinne, Umgänge glatt oder mit groben Spiralrippen; artenreichste Prosobranchia-Familie in der Antarktis; Bestimmung der kleineren Arten häufig nur über die Radula.

126 *Probuccinum tenuistriatum* HEDLEY, 1916.- Gehäuse braun, Umgänge gewölbt, mit feinen achsialen Linien, Sipho gerade, Außenrand der Mündung nach außen geschlagen, z.T. mit 2 hellen, achsialen Wülsten; bis ca. 25 mm.- Adelie-Land bis Enderby-Land, östliches Weddellmeer; 300 - 450 m.

127 *Prosipho contrarius* THIELE, 1912.- Gehäuse linksgewunden, mit groben Spiralrippen; ca. 5 mm.- Ross-Meer bis Enderby-Land, Weddellmeer; 300 - 400 m.

128 *Neobuccinum eatoni* SMITH, 1875.- Gehäuse groß, Umgänge bauchig mit achsialer Streifung, häufig auch bei lebenden Exemplaren stark korrodiert, Sipho mit bogigen, faltig abgesetzten Zuwachsstreifen; bis ca. 60 mm.- Zirkumpolar, Kerguelen, Heard-Inseln; 6 - 600 m.

Muricidae

Gehäuse rundlich eiförmig bis lang-spindelförmig, viele, auffällige, schuppige oder rinnenförmige Schalenfortsätze, Sipho gut ausgeprägt; in der Antarktis mit ca. 25 Arten; die Gattung *Trophon* fällt durch die Größe und Skulptur besonders auf; die hohe Variabilität der Gehäuse erschwert die Artbestimmung.

129 *Trophon shackletoni paucilamellatus* POWELL, 1951.- Gehäuse durch langen Sipho keulenartig, Umgänge mit langen, rinnenartigen Fortsätzen (*T. shackletoni shackletoni* nur mit senkrecht auf den Umgängen stehenden Leisten); bis ca. 70 mm.- Süd Sandwich-Inseln, Süd Georgien, östl. Weddellmeer?; 100 - 350 m.

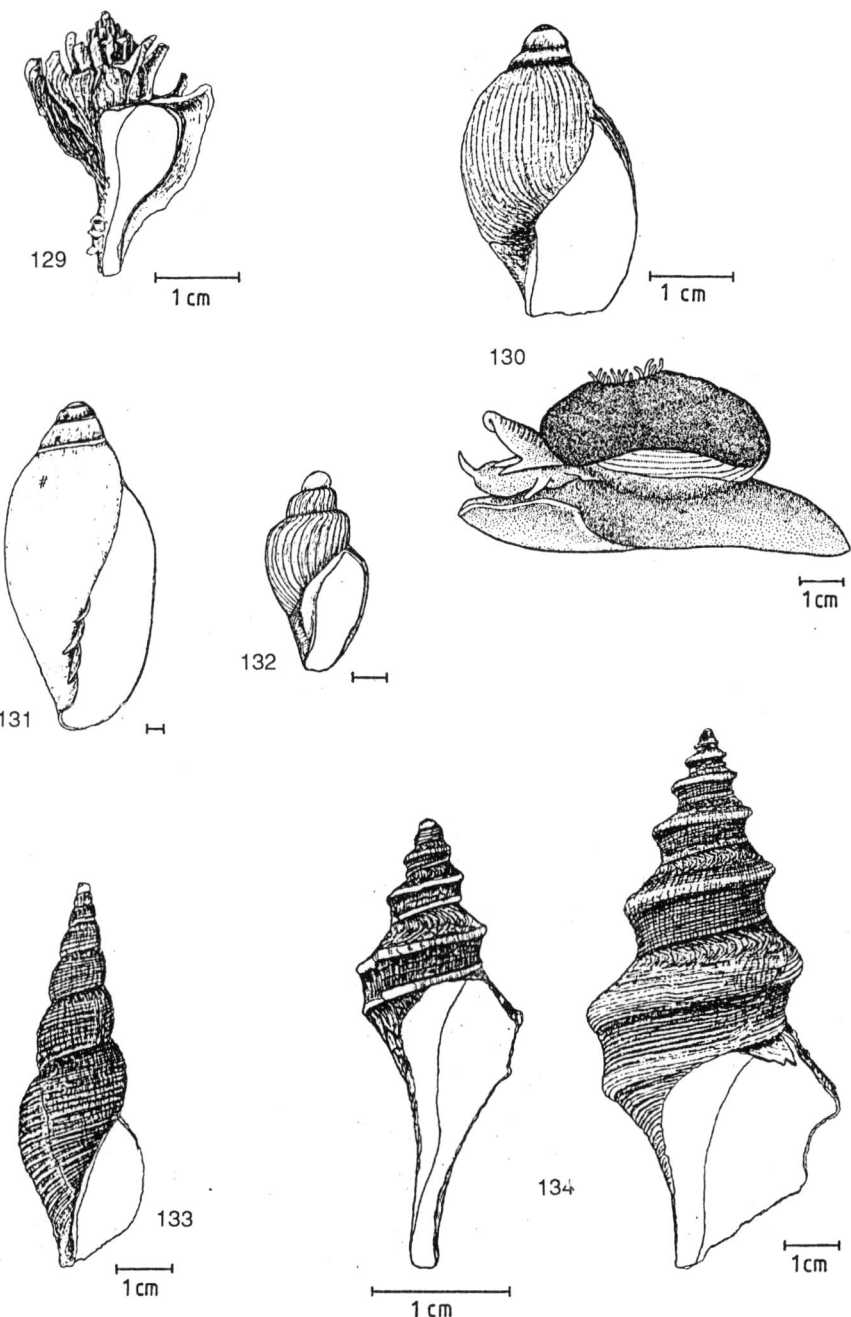

129

1 cm

130

1 cm

131

132

1 cm

133

1 cm

134

1 cm

1cm

Volutidae
Gehäuse eiförmig bis spindelförmig, häufig glatt, zuweilen mit achsialen Rippen, Sipho gut ausgeprägt, Spindel meist mit Falten.

130 *Harpovoluta charcoti* (LAMY, 1910).- Gehäuse groß, oval, sehr dünn, Umgänge kaum voneinander abgesetzt, mit feinen achsialen Streifen, Endwindung voluminös, Mündung unten eingeschnitten, bildet kurzen aber breiten Sipho; wird obligatorisch von der Aktinie **30 *Isosicyonis alba*** besiedelt, die das Gehäuse ganz bedecken kann; Verwechselungsmöglichkeit mit Nacktschnecken und mit der Gattung ***Marsenopsis***; bis ca. 75 mm.- Adelie-Land bis Enderby-Land, antarktische Halbinsel und östliches Weddellmeer; bis 630 m.

Marginellidae
Gehäuse glatt und glänzend, Gewinde kegelförmig, große Endwindung, Mündung schmal, Spindel häufig mit Falten besetzt.

131 *Marginella ealesae* POWELL, 1958.- Gehäuse mittelgroß, transparent, Umgänge kaum abgesetzt, 3 deutliche Spindelfalten; ***M. hyalina*** THIELE, 1912 unterscheidet sich nur durch kleinere Proportionen bei gleicher Windungszahl; bis ca. 20 mm.- Ross-Meer, Enderby-Land, östliches Weddellmeer; bis 470 m.

Turridae
Gehäuse spindelförmig, Windungen kantig oder gerundet, Spindel glatt, Skulptur variabel, charakteristisch jedoch bogenförmige Achsiallinien im oberen Bereich der Umgänge als Folge des Analsinus (= Einkerbung im oberen Bereich der Mündung), Radula zu Giftzähnen umgewandelt; ca. 30 Arten.

132 *Lorabela plicatula* (THIELE, 1912).- Gehäuse klein, glatt, Umgänge leicht geschultert, mit feinen achsialen Linien, die auf dem Siphonalkanal von schwachen diagonalen Rippen überlagert werden; bis ca. 7 mm.- Ross-Meer bis Enderby-Land, östliches Weddellmeer; 220 - 640 m.

133 *Pontiothauma ergata* HEDLEY, 1916.- Gehäuse groß, hoch langgestreckt, weiß, durchscheinend, mit vielen Windungen, Skulptur aus einer Vielzahl von schwach erhobenen Spiralrippen und feiner Achsialstreifung; bis ca. 100 mm.- Davis-Meer bis östliches Weddellmeer; 170 - 470 m.

134 *Aforia magnifica* (STREBEL, 1908).- Größte beschalte Schnecke im östlichen Weddellmeer; Gehäuse spindelförmig, mit langem Siphokanal, Umgänge durch 2 Spiralwülste kantig, unterer Wulst manchmal nur schwach ausgeprägt, zahlreiche Spiralrippen und feine Achsiallinien; bis 150 mm.- Palmer Archipel, Süd Shetlands, Süd Sandwich Inseln; Weddellmeer bis Enderby-Land; 150 - 540 m.

Opisthobranchia (Hinterkiemer)
Gehäuse spiralig bis napfförmig oder ganz reduziert, bei vielen Arten auch nach innen verlagert; Operculum meist fehlend; Kiemen, wenn vorhanden, sowie After und Genitalpapille auf der rechten Körperseite oder z. T. sekundär an das

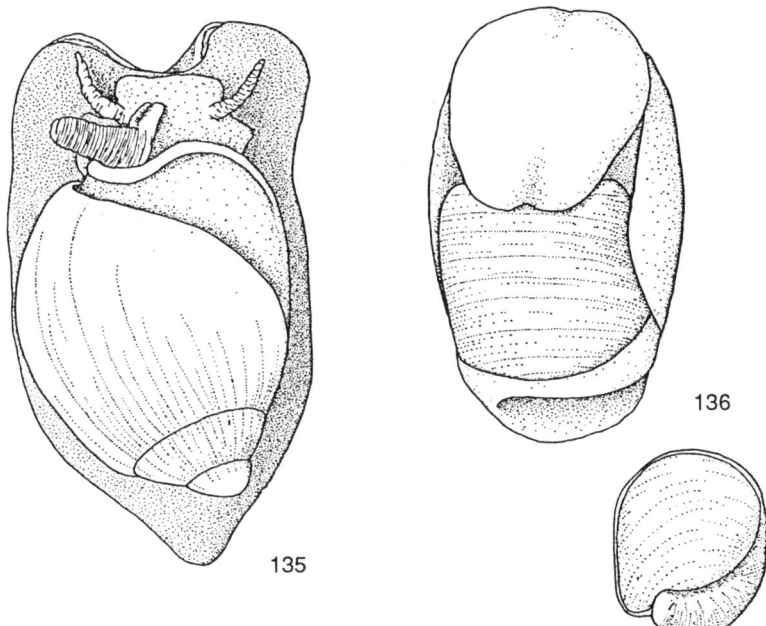

Körpeieude verlagert; meist ein Paar Fühler (**Rhinophoren**), die der Chemorezeption dienen; zwittrig, selten getrenntgeschlechtlich; die Entwicklung bis zum Juvenilstadium erfolgt bei den Kaltwasserformen in der Eihülle. In den südpolaren Gewässern kommen die **Cephalaspidea**, **Notaspidea** und **Nudibranchia** vor, während die pflanzenfressenden **Sacoglossa** und **Anaspidea** fehlen.

Cephalaspidea
Ursprünglichste Gruppe; einige Formen (*Acteon, Toledonia*) ähneln sehr dem Prosobranchia-Habitus; Gehäuse kann vom Mantel verdeckt werden; Kopfbereich schildartig verbreitert; Rhinophoren fehlen; Bestimmung erfolgt häufig nach der Schalenform (siehe Abb. 14: **Prosobranchia**).

135 *Toledonia* (Acteonidae).- Gehäuse konisch, sehr zerbrechlich und dünn, mit sehr feinen Spiralstreifen; Gewinde mit 3 - 4 abgesetzten Umgängen; Farbe weißlich bis grau-braun; Weichkörper kann nicht mehr in die Schale zurückgezogen werden; 5 antarktische und 4 subantarktische Arten bekannt; ihre Unterscheidung ist schwierig und nur über die Radula möglich.- Zirkumpolar; 15 - 640 m.

136 *Philine alata* THIELE, 1912 (Philinidae).- Schale weiß, oval, Gewinde unvollständig eingerollt, tief eingesenkt; letzter Umgang sehr groß, flügelartig erweitert, häufig vom Mantel unvollständig bedeckt; Kopfschild groß, nahezu rechteckig;

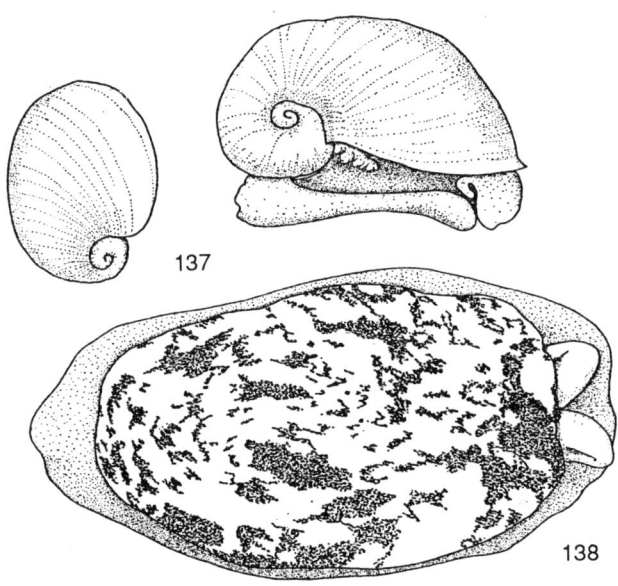

137

138

bis 30 mm lang. Kleinere Tiere milchig-weiß mit Viscera rötlich durchschimmernd.- Verwechslungsmöglichkeit mit *P. gibba* STREBEL, 1908, bei der der letzte Umgang des Gehäuses weniger erweitert ist.- Hochantarktis, Antarktische Halbinsel, Süd Orkney Inseln, Süd Sandwich Inseln; 6 - 385 m.

137 *Newnesia antarctica* E. A. SMITH, 1902 (Diaphanidae).- Gehäuse gelblichweiß, rundlich-oval, dünn und weich, mit sehr feinen Spiralstreifen; die älteren 1-2 Windungen heben sich nicht von der jüngsten, sehr großen Windung ab; Kopfschild breit, seitlich in 2 Fühler übergehend, die beim fixierten Tier meist eingerollt sind; Fuß im lebenden Zustand größer als die Schale und hinten abgerundet.- Shackleton Ice Shelf, Cape Adare, Adelie Land, Paulet Insel, Roosen Kanal, Weddellmeer; 35 - 435 m.

Notaspidea
Schale flach, dünn, bei den antarktischen Formen vom Mantel vollständig bedeckt; Kopf mit 1 Paar gerollter, eng stehender Rhinophoren.

138 *Bathyberthella antarctica* WILLAN & BERTSCH, 1987 (Pleurobranchidae).- Körper sehr groß, massig und hoch, bis 120 mm; Fuß oval und größer als der ovale, weitgehend glatte Mantel; Velum vom Kopf abgesetzt; Rhinophoren eingerollt; rechte Seite hinter der After- und Genitalpapille mit einer federförmigen Kieme; Schale im Innern. Körper cremefarben, Manteloberseite schwarz gefleckt.- Verwechslungsmöglichkeit mit den **Lamellariidae** (Prosobranchia) möglich.- Süd Sandwich Inseln, Antarktische Halbinsel, Weddellmeer; 120 - 490 m.

Nudibranchia (Nacktschnecken)

Mit häufig bizarrer Körperform und ohne Schalenbildungen; in tropischen Meeren meist sehr auffällig durch exotische Färbungen, die den antarktischen Formen fehlen; meist benthisch, vor allem auf ihrer bevorzugten oder ausschließlichen Nahrung; die Größe variiert von wenigen Millimetern bis zu 40 cm; viele der großen Formen in der Antarktis.

Unterteilung in 2 Großgruppen: **Ctenidiacea** mit **Doridacea** (Sternschnecken) und **Gnathodoridacea**, sowie die **Actenidiacea** mit **Dendronotacea** (Bäumchenschnecken), **Aeolidacea** (Fadenschnecken) und **Arminacea**. **Ctenidiacea** sowie die **Dendronotacea** treten in größerer Individuenzahl in der Antarktis auf. Bislang 52 Arten in antarktischen und subantarktischen Gewässern. Die **Arminacea** sind eine sehr heterogene Gruppe, die in der Antarktis mit nur wenigen Arten bekannt ist. Sie wird hier nicht weiter berücksichtigt.

Ctenidiacea

Afterpapille und Kiemen mediodorsal auf dem Rücken. Körperform oval, Rhinophoren meist lamelliert; Schwamm- oder Allesfresser.

139 *Austrodoris kerguelenensis* BERGH, 1884 (Dorididae).- Art weißlich bis zitronengelb, bis 170 mm lang; Körper flach, länglich bis oval; Notum mit Tuberkeln übersät, die flach, halbkugelig oder säulenförmig hoch, und verschieden oder weitgehend gleichgroß sein können; Rhinophoren lamelliert, rückziehbar; Kiemen uni- bis tripinnat, bilden einen nahezu geschlossenen Kreis um den After; Notum bedeckt den Fuß meist ganz. Auf Schwämmen (**Hexactinellidae**), von denen sie sich ernährt.- Hochantarktis, Antarktische Halbinsel, Süd Georgien, Falkland-, Maquarie- und Kerguelen-Inseln, Feuerland; 0 - 800 m.

140 *Aegires albus* THIELE, 1912 (Aegiretidae).- Art weiß, bis 30 mm, Körper lang, hoch, mit vielen großen Tuberkeln; Rhinophoren glatt, 3 - 5 Kiemen vor der Afterpapille, von größeren Tuberkeln verdeckt; Fuß caudal länger als Notum.- Hochantarktis, Antarktische Halbinsel; 100 - 650 m.

141 *Bathydoris clavigera* THIELE, 1912 (Bathydorididae).- Körper rundlich bis länglich und hoch, Fuß meist breiter und etwas länger als der Rücken; bis 170 mm; Notum übersät mit tropfenförmigen oder fingerförmigen Papillen, die sehr leicht abfallen, deren Ansatzstellen dann als kleine, runde Poren erkennbar sind; Rhinophoren lamelliert, nicht in Scheiden rückziehbar; 2 Kiemenbüschel auf dem Rücken, von denen einer vor und der andere rechts oder hinter der schlauchförmigen Afterpapille liegt; Farbe bei kleineren Exemplaren meist ganz weiß, bei größeren Exemplaren sind die Spitzen der Rückenpapillen braun. Omnivor.- Hochantarktis, Antarktische Halbinsel, Süd Georgien, Falkland-Inseln, Argentinisches Tiefseebecken; 150 - 1.200 m.

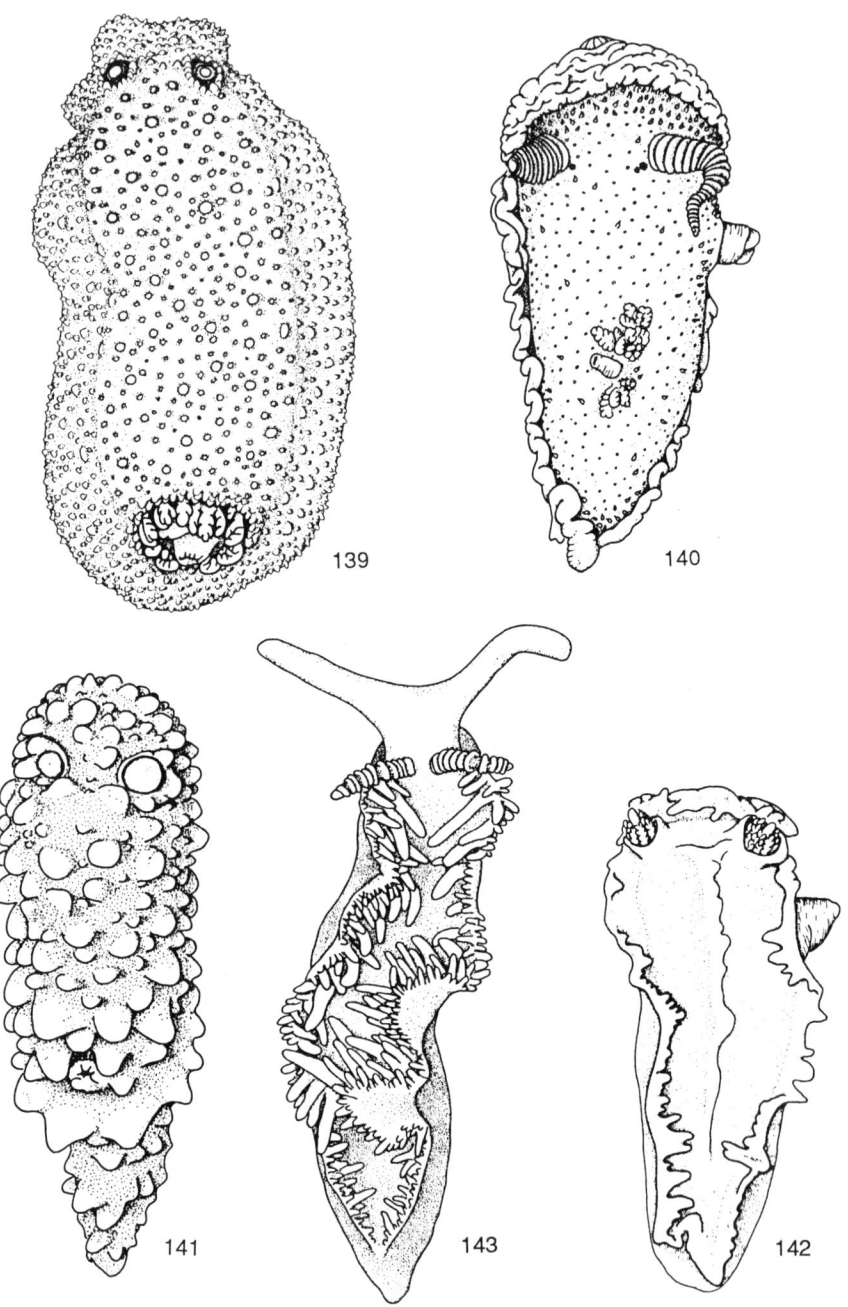

139

140

141

143

142

Actenidiacea

Kiemen fehlen ganz oder werden in der Funktion von dorsalen Anhängen des Notumrandes ersetzt (Sekundärkiemen bei den **Dendronotacea**, Cerata bei den **Aeolidacea**). After auf der rechten Seite zwischen Notumrand und Fuß. Rhinophoren sehr verschieden gestaltet; in die fingerförmigen Cerata der Aeolidacea ragen bräunlich-rötliche Fortsätze der Mitteldarmdrüse; an ihren Enden werden in einem speziellen Nesselsack die Nesselkapseln der gefressenen Cnidarier gespeichert, wo sie als Abwehrwaffen dienen.

142 *Tritoniella belli* ELIOT, 1907 (Tritoniidae).- Weißlich bis hellorange, schmal, bis ca. 80 mm lang; Notum häufig mit flachen Tuberkeln und einer längsverlaufenden, wulstigen Rippe; Notumrand wellig, glatt oder mit zacken- oder fingerförmigen Fortsätzen; Velum mit mehr oder weniger ausgeprägten Fortsätzen, deren Anzahl variiert; in Scheiden rückziehbare Rhinophoren, die aus einem glatten Stab, umgeben von büschelförmigen Fortsätzen, bestehen. Kiemenbüschel fehlen. Verwechselungsmöglichkeit mit *Tritonia*, die sich durch die büschelförmigen Kiemen am Notumrand auszeichnet.- Assoziiert vor allem mit **Synascidien, Bryozoen** und **Cnidariern**.- Hochantarktis, Antarktische Halbinsel, Süd Georgien, Falkland Inseln; 0 - 800 m.

143 *Notaeolidia subgigas* ODHNER, 1944 (Notaeolidiidae).- Körper länglich, bis ca. 60 mm; Kopf mit geringelten, nicht in Scheiden zurückziehbare Rhinophoren und einem längeren, glatten Paar Labialtentakel; Notumrand mit ca. 2 Reihen mäßig langer Cerata; Körper und Labialtentakel weißlich bis transparent; Fortsätze der Mitteldarmdrüse in den Cerata rötlich bis bräunlich durchschimmernd, Cerataspitzen und Rhinophoren weiß pigmentiert.- Weddellmeer, Antarktische Halbinsel, Süd Sandwich Inseln; 40 - 400 m.

Bivalvia (Muscheln)

Schale dorsomedian in eine linke und rechte Klappe geteilt, die dorsal durch ein elastisches Band (**Ligament**) verbunden sind. Unter dem Wirbel der Klappen ist der Schalenrand häufig verdickt (**Schloßleiste**) und trägt eine unterschiedlich große Anzahl von Zähnen, die scharnierartig ineinandergreifen.

Körper gewöhnlich bilateralsymmetrisch, seitlich abgeflacht. Kopf weitgehend reduziert, ohne Radula. Kiemen meist groß, Fuß entweder zu einem starken, beilförmigen Graborgan ausgebildet oder mit der Fähigkeit, Haftfäden (Byssus) abzusondern; wie bei den Prosobranchier machen Dünnschaligkeit, geringe Schalengrößen (ca. 60 % der antarktischen Muschelarten sind < 10 mm) und mehr oder weniger glatte, weiße Schalenoberflächen die Muscheln zu einer unauffälligen Gruppe des antarktischen Benthos.

In dem östlichen Weddellmeer fällt der geringe Prozentsatz der im Sediment eingegrabenen Arten auf, es dominieren Formen mit epibenthischer (auf dem Sediment) oder epizooischer (auf Organismen wie Bryozoen, Echinodermen ect.) Lebensweise, wobei sich die Tiere temporär mit Byssusfäden festheften können.

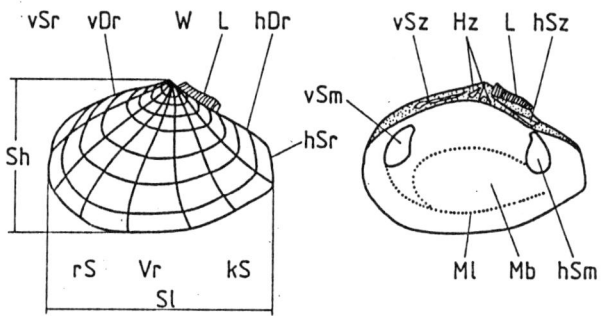

Abb. 15: *Morphologische Merkmale der Muschelschalen*
[A, linke Schale von außen; B, rechte Schale von innen; hDr - hinterer Dorsalrand, hSm - hinterer Schließmuskeleindruck, hSr - hinterer Schalenrand, hSz - hinterer Seitenzahn, Hz - Hauptzahn, kS - konzentrische Skulptur, L - Ligament, Mb - Mantelbucht, Vr - Ventralrand, vSm - vorderer Schließmuskeleindruck, vSr - vorderer Schalenrand, vSz - vorderer Seitenzahn, W - Wirbel]

Die Muscheln sind fleckenhaft mit geringer Individuenzahl pro Fläche verbreitet, nur epizooische Arten können bei geeigneten Besiedlungsorganismen in größeren Abundanzen auftreten. Aus subantarktischen und antarktischen Gewässern sind ca. 200 Arten aus vielen Familien bekannt.

Die wichtigsten morphologischen Merkmale zeigt Abb. 15. Da die Klappenaußenseiten meist strukturarm bzw. innerartlich variabel gestaltet sein können, wurde auf den Tafeln nur die Innenseite der linken Schale dargestellt. Bei den meisten antarktischen Muscheln sind Schließmuskeleindrücke und Mantellinie nicht zu erkennen und wurden nur bei Arten gezeichnet, die diese Merkmale eindeutig zeigen. Von Arten, bei denen die Bezahnung der linken und rechten Klappe unterschiedlich ist, sind beide Klappen abgebildet. Alle Größenangaben beziehen sich auf die jeweils dominierende Achse der Schalen.

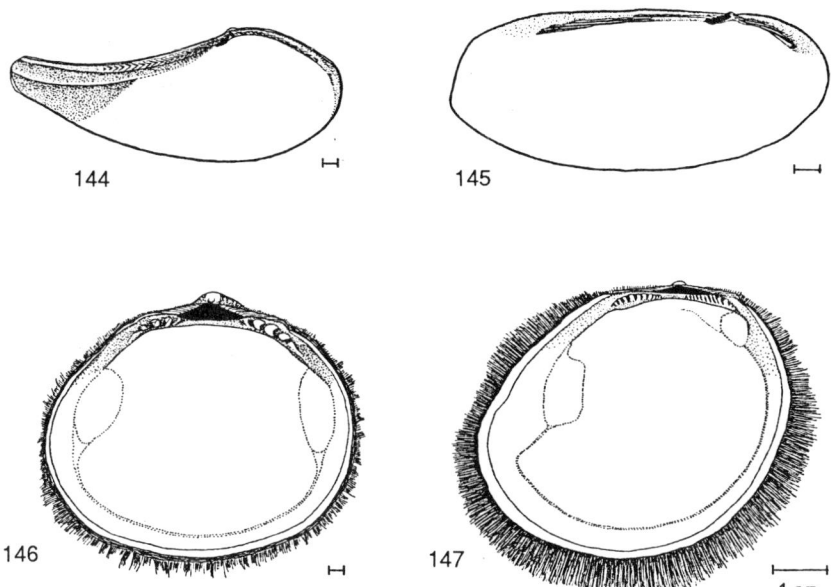

144   145

146   147

1 cm

Nuculanidae
Klappen länglich-oval, nach hinten ausgezogen ("geschnäbelt").

144 *Propeleda longicaudata* (PELSENEER, 1903).- Klappen mittelgroß, keulenförmiger Umriß durch stark bogenförmig ausgezogene hintere Schalenhälfte, vom Wirbel zieht sich eine durch Kanten abgesetzte Fläche nach hinten, leichte konzentrische Riefen; bis ca. 26 mm.- Zirkumpolar; 60 - 1.100 m.

145 *Silicula rouchi* LAMY, 1910.- Klappen lang-oval, hinten schräg abgestutzt, gelblich oliv glänzend, leichte konzentrische Streifung, Wirbel weit nach vorne verlagert, Schloßzähne stark leistenartig ausgezogen; bis ca. 15 mm.- Zirkumpolar; 160 - 830 m.

Limopsidae
Klappen rund bis schräg-oval, Periostrakum mit vielen Härchen, unter dem Wirbel auf der Innenseite dreieckige Ligamentfläche.

146 *Limopsis lillei* SMITH, 1915.- Klappenumriß oval, Periostrakum hellbraun, pelzig, mit kleinen abstehenden Härchen; bis ca. 20 mm.- Zirkumpolar, Süd Georgien, Süd Sandwich Inseln, Bouvet; 30 - 450 m.

147 *Limopsis marionensis* SMITH, 1885.- Klappen sehr groß, flach, Umriß schräg-oval, Periostrakum braun, mit langen anliegenden Härchen; bis 70 mm.- Zirkumpolar, subantarktische Inseln, Magellan-Region; 30 - 1.100 m.

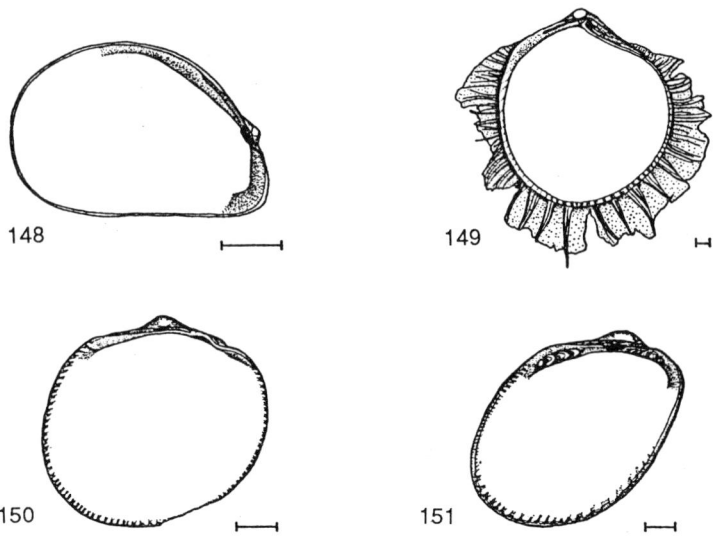

148

149 ⊢————⊣

150 ⊢————⊣

151 ⊢————⊣

Mytilidae
Klappen mit weit nach vorne verlagertem Wirbel, Umriß miesmuschelähnlich, vorderer Schließmuskel viel kleiner als hinterer (nur 1 Art in der Antarktis).

148 *Dacrydium albidum* PELSENEER, 1903.- Klappen klein, schräg-oval, gelblichbraun, transparent, glänzend, mit feiner konzentrischer Streifung; bis ca. 5 mm.- Zirkumpolar; 125 - 4.600 m.

Philobryidae
Klappen meist klein, rundlich-oval bis schräg-oval, glatt, dünnes, z.T. mit Härchen besetztes Periostrakum; sehr schwierig zu bestimmende Gruppe mit vielen Arten.

149 *Philobrya sublaevis* PELSENEER, 1903.- Klappen mit radiären, leicht abstehenden Härchen-Reihen, die untereinander mit konzentrischen, transparenten Periostrakumbändern verbunden sind und weit über den Schalenrand hinausragen; bis ca. 15 mm.- Zirkumpolar und subantarktische Inseln; bis 860 m.

150 *Adacnarca nitens* PELSENEER, 1903.- Klappen glatt oder mit vielen, feinen radiären Rippen, Schaleninnenrand gezähnelt, Periostrakum dünn, graubraun bis prozellanig-weiß; bis 8 mm.- Zirkumpolar und subantarktische Inseln; bis ca. 1.100 m.

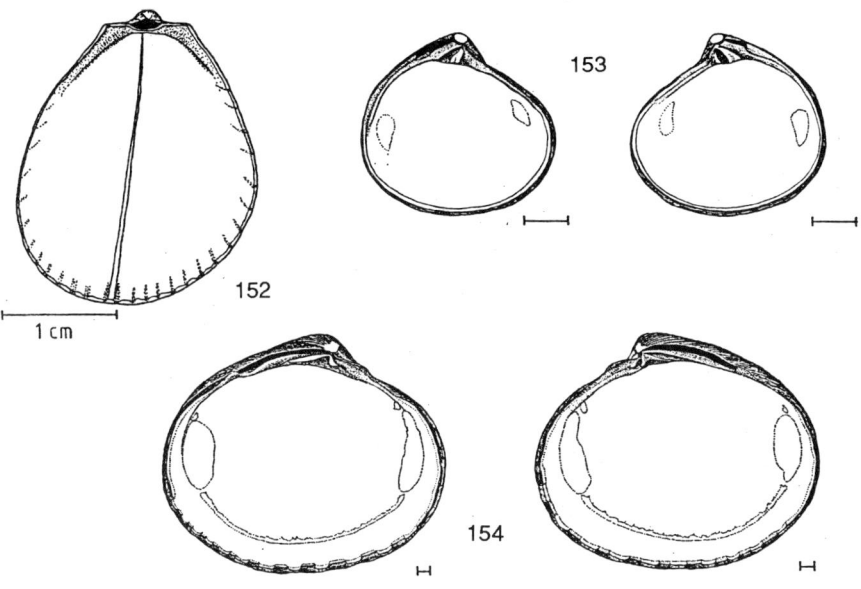

151 *Lissarca notorcadensis* MELVILL & STANDEN, 1907.- Klappen weiß bis graubraun, Umriß trapezförmig (juvenil) bis schräg-oval (adult), leichte radiäre Streifen, Schaleninnenrand zuweilen leicht gezähnt; lebt epizooisch, vor allem an Seeigelstacheln in z.T. sehr hohen Individuenzahlen.- Zirkumpolar, Kerguelen-Inseln; bis 720 m.

Limidae
Klappen schief oval, mit zwei kurzen, dreieckigen Fortsätzen (Ohren) beiderseits des Wirbels; Schloß meist zahnlos.

152 *Limatula hodgsoni* (SMITH, 1907).- Klappen groß, voluminös, weiß, mit schuppigen, radiären Rippen, auf der Innenseite der linken Klappe verläuft ein von scharfen Kanten begrenzter Steg (rechte Klappe = Rinne) zum unteren Schalenrand; bis ca. 40 mm.- Zirkumpolar, Bouvet; bis 750 m.

Astartidae
Klappen gerundet trigonal, Wirbel nach vorne gebogen, Schloß mit gut ausgeprägten Hauptzähnen (nur 1 Art in der Antarktis).

153 *Astarte longirostris* ORBIGNY, 1846.- Klappen gelblich braun, mit konzentrischen Rippen; bis ca. 7 mm.- Zirkumpolar und subantarktisch; bis 650 m.

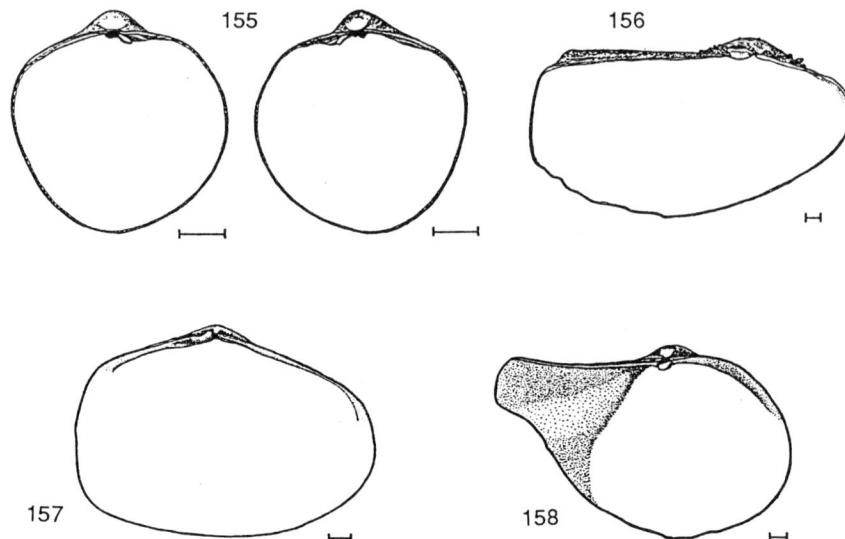

Carditidae

Klappen trapezförmig oder rundlich-oval, Innenrand gezahnt, Schloß mit großen Haupt- und schwachen Seitenzähnen.

154 Cyclocardia astartoides (MARTENS, 1878).- Klappen oval, hellbraun bis fast schwarz, mit kräftigen radiären Rippen, Periostrakum dick, bei größeren Exemplaren ist die Wirbelregion häufig stark erodiert; bis ca. 33 mm.- Zirkumpolar, Kerguelen, Bouvet, Heard-Inseln; bis 830 m.

Cyamiidae

Klappen klein, Umriß rundlich, z.T. gewinkelt, Schloß mit gut ausgeprägten Hauptzähnen.

155 Pseudokellya gradata THIELE, 1912.- Klappen weiß, durchscheinend, auffällige grobe konzentrische Stufen, feine radiäre Rippen, Innenrand fein gezähnt; bis ca. 6 mm.- Ross-Meer, Davis-Meer, östliches Weddellmeer; Süd Shetland Inseln; 400 - 1.100 m.

Lyonsiidae

Klappen dünn, innen perlmuttrig-glänzend, Wirbel weit nach vorne verlagert, Schloß zahnlos mit Ligamentträger.

156 Lyonsia planulata (THIELE, 1912).- Klappen transparent, oberer Rand fast gerade, Hinterende flach, gerade abgestutzt, feine radiäre Rippen und konzentrische Riefen, Außenseite häufig mit Sandkörnchen besetzt; bis ca. 20 mm.- Ross-Meer bis östliches Weddellmeer; 165 - 640 m.

Thraciidae
Klappen glatt, rechte Klappe größer als linke, Schloß zahnlos.

157 *Thracia meridionalis* SMITH, 1885.- Klappen mittelgroß, weiß, leichte konzentrische Riefen, Vorderende gerundet, Hinterende abgestutzt; bis ca. 50 mm.- Zirkumpolar und subantarktisch; bis 750 m.

Cuspidariidae
Klappen rundlich-oval, hinterer Schalenrand stark ausgezogen (Rostrum), Schloß zahnlos.

158 *Cuspidaria infelix* THIELE, 1912.- Klappen weiß bis hellbraun, mit nur leichter konzentrischer Riefung, Klappen ungleich, rechte greift über den oberen Rostrumrand der linken; bis ca. 25 mm.- Zirkumpolar, Süd Georgien, Bouvet; 90 - 550 m.

Scaphopoda (Kahnfüßer)

Schale zu einer an beiden Enden offenen, nach oben verjüngenden Röhre umgewandelt, in der der langgestreckte Fuß und Eingeweidesack untergebracht sind.

Kahnfüßer leben halb im Sediment eingegraben und ernähren sich von Detritus und Einzellern, die mit Hilfe von langen Fangfäden aufgenommen werden. Scaphopoden sind mit ca. 10 Arten in allen Tiefenhorizonten der Antarktis verbreitet. Gehäusegröße bis ca. 75 mm.

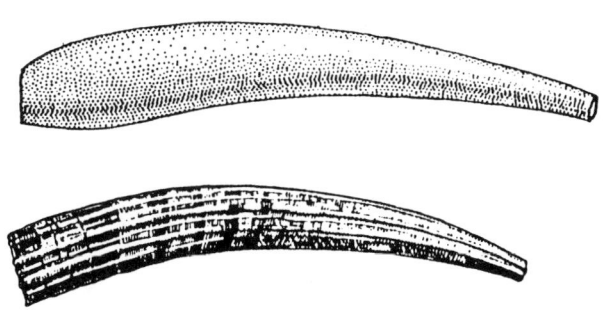

*Abb. 16: Gehäuse von **Scaphopoden***
[*Gattungen **Cadulus** LINNE, 1758 (oben), **Dentalium** PHILIPPI, 1844 (unten)*]

Cephalopoda ("Tintenfische", Kopffüßer)

Mit hochentwickeltem Nervensystem und sehr leistungsfähigen Augen. Der Fuß ist ungebildet: Er trägt die Fangarme, die um den Mund stehen und formt den "Trichter", ein aus der Mantelhöhle führendes Rohr, aus dem ein kräftiger Wasserstrahl ausgestoßen werden kann. Die "Schale" ist ins Körperinnere verlagert und oft völlig rückgebildet. Schwimmende Formen haben Flossensäume. Räuber, die mit Hilfe der Saugnäpfe an den Fangarmen kleine Krebse, Fische, Muscheln und andere Organismen erbeuten können. In der Antarktis sind die Cephalopoden ein wichtiges Glied der Nahrungskette. Sie verzehren große Mengen Krills und dienen ihrerseits Zahnwalen, Robben, Pinguinen und großen Seevögeln als Nahrung. Die nicht am Meeresboden lebenden, pelagischen Arten (**Teuthoidea**) werden nicht berücksichtigt. Diese Teuthoidea haben 10 Arme und Flossen, die benthischen **Octopoda** haben dagegen nur 8 Arme. Für die Bestimmung ist u.a. der **Hectocotylus** wichtig, ein für die Besamung umgebildeter Arm des männlichen Tieres.

159 *Eledone massyae* VOSS, 1964 (Octopodidae).- Kleine Tiere mit einer Mantellänge (vom Auge bis zur "oberen" Spitze des Körpers gemessen) von bis zu 7,5 cm; Körper mit feinen, runden Papillen und mit wenigen, größeren Warzen; Mantel oval, breit, leicht dorsoventral abgeflacht; Kopf breit, ohne Verengung ("Nacken"); über den Augen je 2 - 4 distal gegabelte Cirren; Arme mäßig lang, schlank, distal schmal und spitz; Saugnäpfe in 1 Reihe; beim Männchen Armspitzen ohne Saugnäpfe, mit kleinen Papillen; einzige antarktische Art der Gattung.- Südwestatlantik, vor allem vor Südamerika in 30 - 160 m Tiefe.

160 *Graneledone antarctica* VOSS, 1976 (Octopodidae).- Körper sehr klein, Mantel kurz und breit, mit kleiner Einschnürung am Ansatz des Kopfes, bis zu 4,5 cm; Oberfläche mit vielen Gruppen von Papillen; über den Augen nur kleine Tuberkel; Spitze des Hectocotylus wie **160a.**- Ross See und Prydz Bucht (Ostantarktis).

161 *Graneledone macrotyla* VOSS, 1976 (Octopodidae).- Ähnlich der vorherigen Art (Mantellänge bis 3,4 cm); Einschnürung zwischen Kopf und Eingeweidesack fehlend; mit großen papillösen Tuberkeln.- Subantarktisch (Falkland-Inseln).

162 *Pareledone charcoti* (JOUBIN, 1905) (Octopodidae).- Kleine Art, Mantel bis 7,4 cm lang; Kopf schmaler als Eingeweidesack, Arme alle etwa gleich lang, mit Tuberkeln besetzt; Skulpturierung des Körpers variabel; Saugnäpfe in 1 Reihe, klein, beim Männchen etwas größer; Spitze des Hectocotylus wie **162a.**- Süd Shetlands, Süd Orkneys, Ross See, Ostantarktis, wahrscheinlich zirkumpolar.

163 *Pareledone turqueti* (JOUBIN, 1905) (Octopodidae).- Ähnlich der vorherigen Art, Mantel bis 8,0 cm lang; Kopf nicht schmaler als Eingeweidesack, Körper gleichmäßig breit; Arme alle etwa gleich lang, glatt und spitz zulaufend; Saugnäpfe in 1 Reihe, klein, beim Männchen etwas größer; Hectocotylus wie **163a.**- Atlantischer Sektor des Antarktischen Ozeans, Ross See; 25 - 800 m Tiefe.

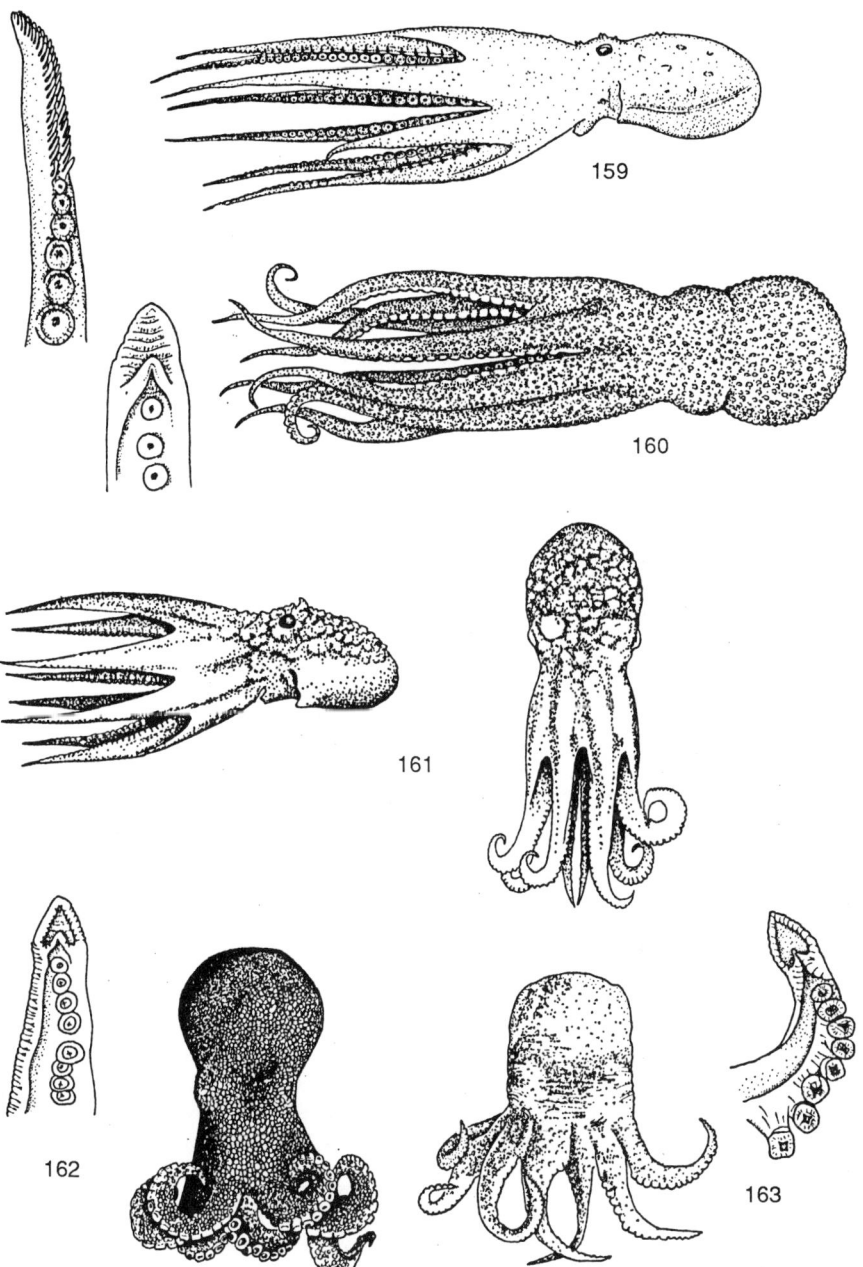

159

160

161

162

163

Sipuncula (Sternwürmer)

Wurmförmige, unsegmentierte marine Schlammbewohner. Körper in zwei Abschnitte gegliedert, einem zylindrischen bzw. kugeligen, sack- oder flaschenförmigen Hinterkörper (Rumpf) sowie einem meist deutlich schlankeren und mehr oder minder stark ausdehnbaren Vorderkörper (Introvert). An der Spitze des Vorderkörpers, der wie ein Handschuhfinger eingestülpt werden kann, liegt der Mund. Dieser ist von ein oder mehreren kurzen, sternförmigen Tentakelringen umstellt. Wimpern und Borsten fehlen, jedoch können Haken und Dornen am Vorderteil des Introvers auftreten. Weit nach vorn verschoben, auf der dorsalen Mittellinie des Rumpfes, liegt der After. In etwa gleicher Höhe liegen auf der Ventralseite die Öffnungen der Ausscheidungsorgane (Nephroporen).

Die etwa 350 Arten werden in vier Familien aufgegliedert. Nur eine, die **Golfingiidae**, ist in der Antarktis mit etwa 15 Arten vertreten.

Familie: Golfingiidae

Tentakel umstehen den Mund ringförmig, dorsal durch das Nuchalorgan (Anhäufung bewimperter Epidermiszellen mit sensorisch-sekretorischer Funktion) unterbrochen. Tentakel finger-, faden-, blattförmig oder verästelt, selten reduziert oder fehlend; zwei Paar Retraktormuskeln, ein Paar Metanephridien.

164 *Golfingia margaritacea margaritacea* (SARS, 1851).- Kompakt, 12 - 110 mm lang, 5 - 35 mm breit, zylindrisch bis wurstförmig; Tentakel kurz, fingerförmig; Introvert ohne Haken, Dornen oder vortretenden Papillen; Rumpf oberflächlich glatt, bei stärkerer Vergrößerung viele kleine, flachgewölbte Papillen variabler Größe; von Süd Georgien ist *G. margaritacea antarctica* (MICHAELSEN, 1889) mit dunklen Papillen beschrieben.- Antarktis/Subantarktis weit verbreitet: Falklands, Süd Georgien, Kap Adare, Ross See, Sabrina Land; bis ca. 1.000 m.

165 *Golfingia anderssoni* (THEEL, 1911).- Langgestreckte, leicht kenntliche Art, 70 - 150 mm lang, bis zu 15 mm breit; charakteristisches Rumpfende, das spitz zuläuft - manchmal erweckt es den Eindruck eines dünnen Anhanges -, davor ein Band von großen, gewölbten oder halbkugelförmigen Papillen; Introvert schlank, mit vielen kleinen Papillen, jedoch ohne Haken oder Dornen; Tentakelkrone mit ca. 20 Tentakeln.- Südshetland Inseln, Ross See, Süd Georgien; 75 - 750 m.

166 *Golfingia ohlini* (THEEL, 1911).- Kleinere Art, 15 - 35 mm lang (Rumpf 8 - 22 mm), 3 - 5 mm breit (Introvert 1,5 mm); weiß oder hellbraun; Rumpf in eine kleine Spitze auslaufend; Introvert mit 14 - 16 Tentaklen und 3 - 5 Reihen nach rückwärts gerichteter Haken.- Antarktisch, subantarktisch (Süd Georgien, Astrolabe Inseln, Falklands, Südshetlands, Kaiser Wilhelm Land, Ross See); 5 - 720 m.

167 *Golfingia mawsoni* (BENHAM, 1922).- Kleine Art, gut 40 mm lang (Rumpf 20 mm), 5 mm breit (Introvert 2 mm), schmutzig weiß; Ende des Rumpfes in einen breit abgerundeten Anhang auslaufend; Introvert mit etwa 30 kurzen Tentakeln; Oberfläche ist durch Furchen, Grate und Papillen rauh.- Antarktis; 45 - 110 m.

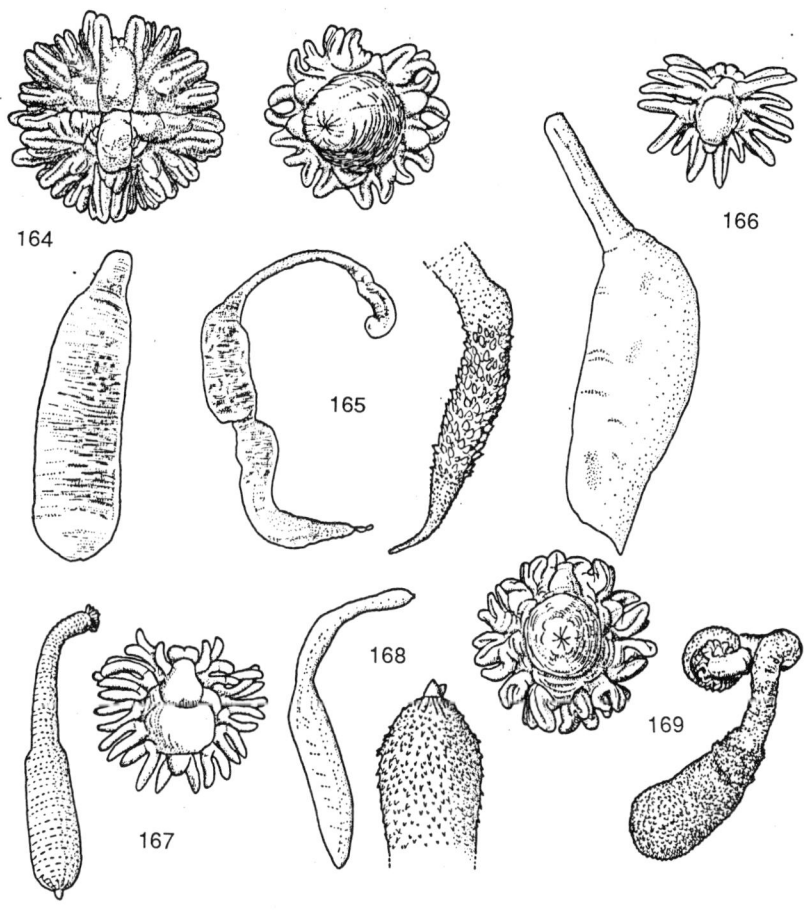

168 *Golfingia nordenskjoeldi* (THEEL, 1911).- Kleine Art von nur ungefähr 10 mm Länge; charakteristisch sind die nur zwei Tentakelausstülpungen; Oberfläche rauh.- Subantarktis (Falkland Inseln, Süd Georgien, Kerguelen); 20 - 300 m.

169 *Phascolion strombi* (MONTAGU, 1804).- Vertreter von *Phascolion* bewohnen oft leere Schnecken- oder Scaphopodengehäuse; ähnlich der Gattung *Golfingia*, aber von dieser durch das Vorhandensein nur eines Metanephridiums unterschieden; langgestreckte Art; Rumpf keulenförmig, mit deutlich hervortretenden Papillen bedeckt.- Weit verbreitet in der nördlichen Hemisphäre (inkl. Arktis); antarktisch und subantarktisch (Chile, Süd Georgien, Shag Rocks, Südshetland Inseln, Clarence Insel); 100 - 350 m.

Echiurida (Igelwürmer)

In der Körperform den **Sipunculida** ähnelnde wurmförmige, bilateralsymmetrische Arten. Der sackartige, unsegmentierte Rumpf ist in einen oftmals recht langen, vor dem Mund gelegenen Rüssel ausgezogen. Von seiner Spitze verläuft eine ventrale Wimperfurche bis zum Mund. Hinter diesem befindet sich gewöhnlich ein Paar kräftige Borsten, desgleichen öfters auch am Hinterende. After am Ende des Rumpfes. Die indirekte Entwicklung erfolgt über eine Larve vom Trochophora-Typ.

Die taxonomische Einteilung erfolgt vor allem nach der Anordnung der Muskulatur, der Anzahl der Metanephridien und der Form des Blutgefäßsystems. Momentan werden die etwa 140 Arten auf drei Ordnungen verteilt. Nur eine, die **Echiuroinea**, ist mit 2 Familien und 3 Arten innerhalb der antarktischen Konvergenz nachgewiesen.

Echiuridae

Ohne Geschlechtsdimorphismus; Rüsselspitze nie gegabelt.

170 *Echiurus antarcticus* SPENGEL, 1912.- Sehr ähnlich der in der nördlichen Hemisphäre vorkommenden *E. echiurus* PALLAS, 1767; Rumpf walzenförmig, nach hinten langsam schmaler werdend; Körper etwa 60 - 110 mm, Rüssel bis zu 40 mm; am Hinterende mit 2 Kränzen von je 5(7) - 9 Borsten; die schwachen Papillenreihen zwischen den kräftigen Papillenreihen sind unvollständig und weisen Lücken unterschiedlicher Größe auf; Rüssel T-förmig, in zwei laterale Fortsätze auslaufend.- Süd Georgien, Südshetland Inseln, Bismarck Straße; 100 - 344 m.

Bonellidae

Mit stark ausgeprägtem Sexualdimorphismus; Weibchen oft mit lang ausstreckbarem Rüssel, dessen Spitze meist gegabelt ist; Männchen häufig noch unbekannt, wohl in der Regel planarienförmig.

171 *Hamingia arctica* KOREN & DANIELSEN 1881.- Kleinere Art, Körper etwa 30 mm und Rüssel 20 mm lang; bei lebenden Exemplaren ist der Körper grasgrün und der Rüssel milchig weiß gefärbt. Körperwand glatt, mit 2 halbrunden Anschwellungen im vorderen Bereich der Ventralseite.- Angeblich bipolar (Nordpolarmeer, Südshetland Inseln), aber wahrscheinlich stellen die antarktischen Tiere eine gesonderte Art dar; 740 m.

172 *Maxmuelleria faex* (SELENKA, 1885).- Körper verdickt, Rüssel verhältnismäßig kurz, nicht geteilt; am Hinterende ohne Borstenkränze.- Angeblich bipolar (Nordatlantik, Südshetland Inseln), wahrscheinlich stellen die antarktischen Individuen ebenfalls eine eigene Art dar; 525 m.

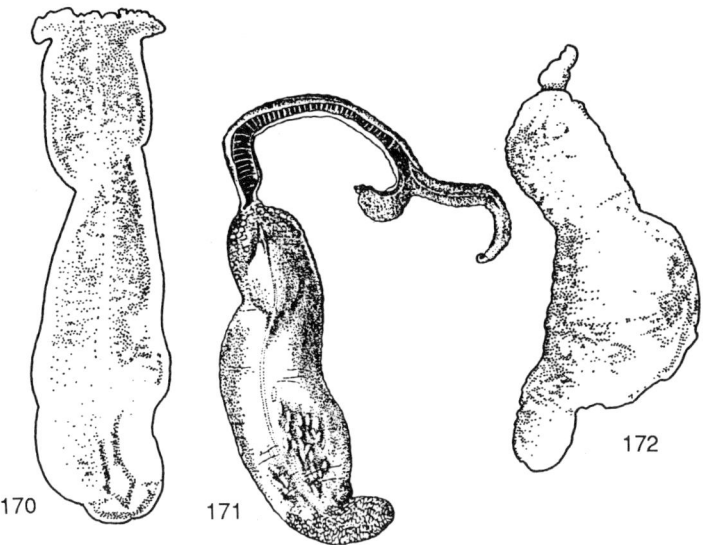

170 171 172

Polychaeta (Borstenwürmer)

Zum Stamm der **Annelida** gehörende Würmer mit zahlreichen, äußerlich sichtbaren Segmenten; diese mit paarigen Extremitäten (Parapodien), die meist viele Chitinborsten tragen (Name!). Am Vorderende ist ein Kopf ausgebildet, der durch Verschmelzung mehrerer Segmente entsteht. Er kann mehrere, als schwarze Flecken erkennbare Augen sowie tentakelartige Anhänge in variierender Zahl tragen. Der Kopfabschnitt vor dem Mund, das Prostomium, trägt oft diverse Palpen und fadenförmige Antennen, wobei die Palpen in der Nähe des Mundes, die Antennen auf dem Kopf oder am Vorderrand ansetzen. Der Abschnitt hinter dem Mund wird Metastomium genannt, bzw. Peristomium, wenn Rumpfsegmente mit dem Kopf verwachsen sind. Aus dem Mund wird oft ein Rüssel ausgestülpt, auf dem Chitinzähne sitzen können. Der Rüssel kann Papillen und beißzangenartige Kiefer (Paragnathen) tragen.

Am Peristomium können Parapodien vorhanden sein, die häufig zu Tentakelcirren umgebildet sind. Die Extremitäten der nachfolgenden Segmente sind bei Arten, die sich wenig oder nicht fortbewegen, reduziert.

Parapodien bestehen aus je 2 Lappen, dem dorsalen Notopodium und dem ventralen Neuropodium. Diese Lappen werden durch kräftige Borsten (Aciculae) versteift. Die Lappen tragen oft Anhänge: Fadenartige, glatte oder verzweigte Kiemen, tentakelartige Cirren, oder z. T. blattartige Anhänge.

Der letzte Körperabschnitt (Pygidium) trägt, wie das Prostomium, keine Extremitäten, es können jedoch um den After herum Papillen sowie längere faden- bzw. blattförmige Anhänge vorhanden sein.

Die innere Anatomie ähnelt sehr der der Regenwürmer, mit dem Unterschied, daß die Tiere getrenntgeschlechtlich sind und die Geschlechtszellen prinzipiell in allen Segmenten (mit Ausnahme des 1. und des letzten) gebildet werden können. Es sind ein geschlossenes Blutgefäßsystem, ein gerader, durchgehender Darm, ein kleines Gehirn im Kopf (über dem Vorderdarm) und ein bauchseitiges Strickleiternervensystem vorhanden. Jedes Segment ist mit einem Paar Hohlräume (Cölomsäckchen) gefüllt, deren Flüssigkeit unter Druck steht und den Körper versteift. Normalerweise entwickeln sich die ins Wasser abgegebenen Eier zu einer schwimmenden Wimperlarve (Trochophora), die allmählich zu einem kleinen Wurm heranwächst, der zum Bodenleben übergeht.

Die meisten Polychaeten leben im Meer am Meeresboden, nur wenige Arten leben im Süßwasser. Die Ernährung variiert sehr: Sessile Arten mit Tentakelkronen fangen oder filtrieren Plankton aus dem Wasser, andere nutzen bewegliche Tentakel, um aus der Umgebung vom Boden Detritus und Substrat aufzunehmen. Es gibt unter den vagilen Arten ebenfalls Substratfresser, sowie Räuber, Allesfresser, selten Pflanzenfresser. Die Polychaeten spielen eine wichtige Rolle als Nahrung für manche Fische und Krebse.

Sessile Arten bauen oft Röhren aus verklebten Sandkörnern, aus Schlick, oder aus Kalk, den der Wurm abscheidet.

Besonders bei Kalkröhren gibt es Oberflächenmuster wie Kiele oder Ringelungen, die artspezifisch sind. Ansonsten werden Merkmale des Rüssels und der Kiefer für die Unterscheidung von Arten herangezogen. Auch die Form des Prostomiums, die Zahl sowie Gestalt der Anhänge und der Augen liefern wichtige Bestimmungsmerkmale. Gestalt und Struktur der Borsten der Parapodien sind wegen der großen Formenvielfalt weitere Strukturen, nach denen Arten unterschieden werden können.

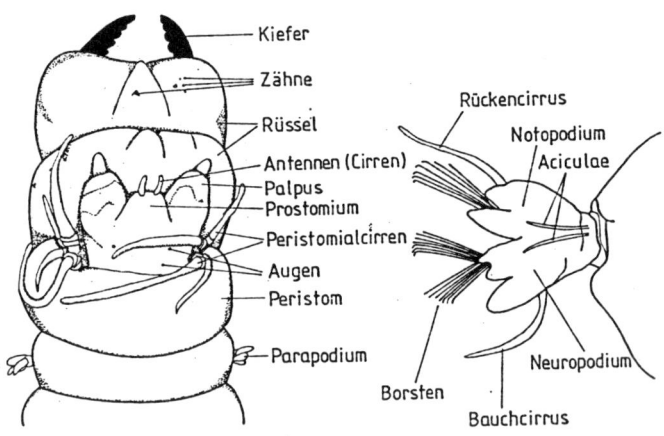

Abb. 17: Kopfregion und Parapodium der **Polychaeta**

In der Antarktis leben mindestens 650 Arten; es werden ständig neue Arten entdeckt, insbesondere bei den Kleinformen. Im folgenden kann nur eine kleine Auswahl der Formenvielfalt vorgestellt werden, dabei sind die dargestellten Gattungen bzw. Arten als paradigmatische Vertreter der Familie anzusehen.

Aphroditidae

Körper dorsal von schuppenartigen Elytren (lappenartig umgebildete Dorsalcirren) bedeckt ("Schuppenwürmer"!); relativ breit, weniger als 60 Segmente, mit 15 - 20 Paar sich überlappenden Elytren, z. T. in Abständen von 1 - 3 Segmenten; Dorsalcirren, dort wo keine Elytren vorhanden sind, normal ausgebildet; Prostomium gewöhnlich mit 1 medialen Antenne und 2 großen Palpen; Augen meist gestielt; Rüssel groß, Kiefer klein oder fehlend.

173 *Laetmonice*.- Meist mit Borstenfilz über den Elytren, ohne Kiefer.
Beispiel: *L. producta* GRUBE, 1877 wird 85 - 180 mm lang, mit 44 - 50 Segmenten, Augen sehr klein; 18 - 20 Elytrenpaare bedecken den Körper vollständig; Elytren glatt, leicht schillernd, mit granulären Strahlen, die vom Ansatzpunkt ausgehen; Borstenfilz fehlt; Dorsalcirren lang und glatt.- Kerguelen, Süd Georgien, Antarktische Halbinsel, 35 - 640 m Tiefe.

Polynoidae

Ebenfalls mit schuppenartigen Elytren; länglich-oval, wurmförmige Arten; Elytren nicht von Borstenfilz verdeckt, 12 - 18 Paar Elytren, elytrenfreie Segmente mit Dorsalcirren; Prostomium zweilappig, meist mit 4 Augen und dazu 3 Antennen und 2 Palpen; 1. Segment mit 2 Paar Tentakelcirren, Borstenzahl reduziert; Rüssel groß, mit distalem Papillenkranz und 2 Paar einfachen Kiefern; Pygidium mit 2 Analcirren.

174 *Polynoe*.- Mit vielen (50 - 100) Segmenten, 1 unpaare Antenne und 2 laterale, ventral inserierende Antennen; 15 Paar Elytren, hintere Segmente nicht bedeckend.
Beispiel: *P. antarctica* KINBERG, 1858 wird bis zu 78 mm lang; Elytren mit kleinen, dunklen Punkten, Oberfläche glatt, mit kleinen Tuberkeln an Ansatzstelle; Palpen mit kleinen Papillen, wenige Papillen auf Antennen, Tentakelcirren und Dorsalcirren.- Falkland Inseln, Booth Insel, Patagonien, Magellanstraße, Ostantarktis. Manchmal Kommensalen von **185 Terebelliden.**

175 *Harmothoe spinosa* KINBERG, 1855.- Bis zu 127 mm lang, mit 37 - 41 Segmenten, Jungtiere von 3 - 4 mm Länge mit 21 Segmenten; Elytren rotbraun marmoriert, Rücken und Parapodien mit braunen Flecken gebändert; auf den Elytren zahlreiche kleine, konische und spitze Tuberkel und einige runde Papillen, Hinterrand z. T. mit feinen Haaren. Analtentakel am Ende angeschwollen und spitz auslaufend.- Einer der häufigsten antarktischen Polychaeten. Zirkumpolar.

Syllidae

Kleine, langgestreckte Arten; Prostomium meist rundlich, mit 4 Augen, z. T. ein weiteres Augenpaar, selten Augen reduziert; 3 Antennen, 2 Palpen, selten Antennen oder Palpen reduziert, Palpen z. T. miteinander verschmolzen; 1. Segment mit 1 oder 2 Paar Tentakelcirren; ab 2. Segment Parapodien einlappig, mit (oft langen) Dorsalcirren, Ventralcirren z. T. fehlend; meist 2 Analcirren und dazu ein unpaarer Anhang; Rüssel vorstülpbar, Mund mit weichen Papillen, meist 1 dorsaler Zahn, z. T. ein Chitinring vorhanden.

176 *Autolytus*.- Mit segmentalen Wimperringen und kleinen, nach unten gerichteten Palpen. Vegetative Vermehrung durch Abschnürung von Tochtertieren am Hinterende und Bildung von Tierketten.

Beispiel: *A. longstaffi* EHLERS, 1912 ist klein (6,5 - 12 mm), mit 34 - 60 Segmenten; Prostomium quadratisch, breiter als lang, mit 4 großen Augen, die seitlich ineinander übergehen; 3 lange Antennen; im männlichen, geschlechtsreifen Stadium sind die paarigen frontalen Antennen vergrößert und gegabelt; erstes Segment mit Prostomium verschmolzen, mit 2 Paar fadenartigen Tentakelcirren; folgende 6 Segmente mit etwas verlängerten Dorsalcirren, dahinter die Parapodien größer als an vorderen Segmenten.- Ross See.

177 *Exogone*.- Sehr kleine Arten. Prostomium mit 4 Augen und 2 Stirnaugen, länglichen Palpen, 2 kurzen Antennen; Rüssel mit 1 großen Zahn; 1. Segment mit Prostomium verschmolzen, 1 Paar Tentakelcirren; Cirren der Parapodien klein; 2 Analcirren vorhanden.

Beispiel: *E. minuscula* HARTMAN, 1953 ca. 3 mm lang, mit 24 - 35 Segmenten; Prostomium breiter als lang, 3 Antennen in Querreihe zwischen den Augen stehend, unpaare Medianantenne lang, paarige Antennen sehr kurz; Palpi verwachsen; Parapodien sehr kurz, mit gelben Aciculae; Analcirren lang, dünn, ventrolateral inserierend.- Süd Georgien, Falkland Inseln; 12 - 150 m.

178 *Trypanosyllis gigantea* (MCINTOSH, 1885).- Große Art, 90 - 165 mm lang, dorsoventral abgeflacht, 29 oder mehr Segmente; Körper gleichförmig tief orangebraun gefärbt, besonders intensiv entlang der Rücken- und Bauchlinie; Prostomium mit 2 Paar Augen auf kleinen Erhebungen; Parapodien kurz, mit großen, geringelten Dorsalcirren und kurzen, glatten Ventralcirren; geschlechtsreife Tiere schwärmen im Januar.- Süd Georgien, Antarktische Halbinsel, Kerguelen.

Lacydoniidae

Relativ breite, kurze, segmentarme Arten; Prostomium oval, ohne oder mit bis zu 2 Augen, 2 Paar kleine Antennen, ohne Palpen; 1. Segment mit 1 Paar kleiner Tentakelcirren; Rüssel an der Spitze mit Papillen, sonst glatt, ohne Kiefer; Parapodien der vorderen Segmente meist einlappig (uniram), hintere Parapodien normal (biram); Dorsal- und Ventralcirren blattartig verbreitet. 3 - 4 Analcirren.

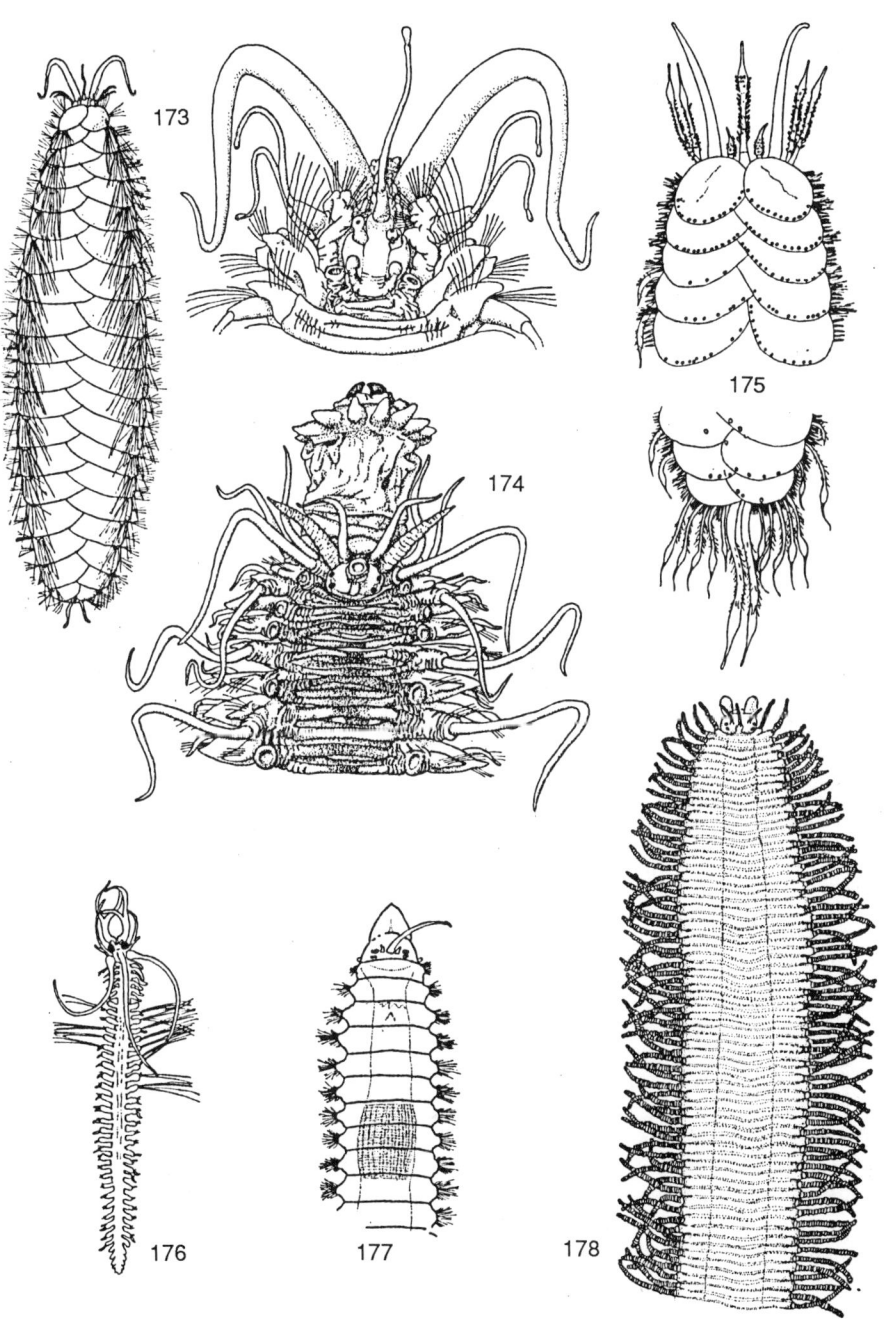

94   *Borstenwürmer*

179 *Lacydonia mikrops* EHLERS, 1913.- Nur 1,6 mm lang, 15 Segmente; Prostomium kurz, etwas breiter als lang, 1. Antennen frontolateral, 2. auf Unterseite inserierend; 1. Segment kurz, weniger als halb so lang wie 2., spindelförmige ventrolaterale Tentakelcirren; Parapodien zweilappig.- Ostantarktis; ca. 380 m.

Nereidae

Lange, meist segmentreiche Arten; Prostomium von variierender Form, meist 4 Augen, 2 frontale Antennen, 2 zweigliedrige Palpen; 1. Segment mit 4 (selten 3) Paar Tentakelcirren; kräftiger, muskulöser Rüssel, 2 zangenförmige Kiefer, oft auf der Oberfläche mit kleinen Zähnchen; die folgenden 2 Parapodien uniram, übrige meist biram; Dorsal- und Ventralcirren etwas verbreitert; 2 Analcirren.

180 *Neanthes.*- Dies Taxon, das z.T. als Untergattung von **Nereis** eingestuft wird, ist durch Details der Beborstung und Rüsselbewaffnung charakterisiert.

Beispiel: *N. kerguelensis* (MCINTOSH, 1885) wird 21 - 41 mm lang, mit 40 - 70 Segmenten; 4 Augen; Tentakelcirren glatt oder unregelmäßig geringelt.- Häufige Flachwasserart der Subantarktis. Magellan Region, Süd Georgien, Kerguelen.

Sphaerodoridae

Kurze, länglich ovale oder zylindrische Arten; Prostomium und Peristomium undeutlich, mit Papillen bedeckt, von denen einige größere wohl den Antennen und Tentakelcirren entsprechen; ohne oder bis zu 5 Augen; Rüssel vorstülpbar, ohne Kiefer; Körperoberfläche mit drüsigen Papillen, Segmentgrenzen undeutlich; Dorsalcirren sehr kurz; 1. Segment ohne Borsten, übrige Segmente mit einlappigen (uniramen) Parapodien; Pygidium mit 3 terminalen Papillen.

181 *Sphaerodorum parvum* EHLERS, 1913.- Bis 8,5 mm lang und mit bis zu 28 Segmenten; Körper kurz, abgeflacht, spindelförmig, Segmentgrenzen nicht erkennbar; Rücken mit 4 Längsreihen größerer Papillen, je 4 pro Segment, und mit einigen kleineren Papillen; Ventralcirren konisch, kürzer als Dorsalcirren.- Kerguelen, Falkland Inseln, Süd Georgien.

Cirratulidae

Hemisessile Polychaeten, deren Körper nicht oder undeutlich in verschiedene Regionen unterteilt ist; Prostomium oval bis kegelförmig, meist ohne Anhänge, Augen z. T. fehlend; vordere Segmente z. T. borstenlos, an einem vorderen Segment ein Paar lange, gefurchte Tentakel oder einige dünne Tentakelfilamente; 1. Segment immer ohne Borsten; Parapodien zweilappig, ohne weitere Anhänge, an vielen Segmenten jedoch oft fadenförmige Kiemen; Analcirren fehlen.

182 *Tharyx.*- Die 3 ersten Segmente ohne Borsten, untereinander und mit Prostomium verwachsen.

Beispiel: *T. cincinnatus* (EHLERS, 1908) hat lange Kiemen am Vorderkörper, ohne Augen, weitgehend reduzierte Parapodien. Häufig im Flachwasser in instabilen Sedimenten.- Kerguelen, Antarktische Halbinsel; 0 - 335 m.

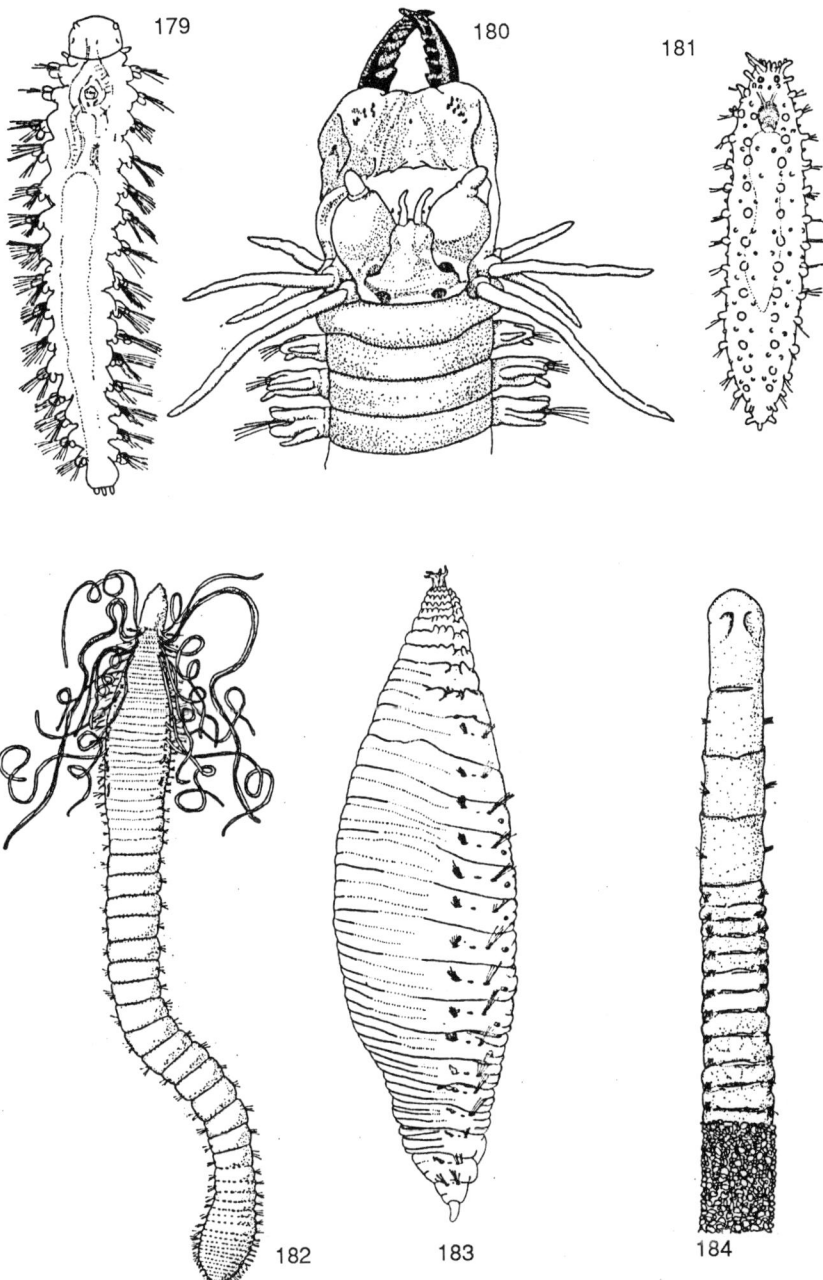

Opheliidae

Keulen- oder spindelförmige hemisessile Arten; Körper nicht in auffällige Regionen unterteilt, Segmente jedoch mit variierenden Parapodien; Prostomium meist spitz, kegelförmig, Augen oft fehlend, Anhänge sehr klein oder fehlend; Rüssel vorstülpbar; Parapodien kurz, zweiästig, Dorsalcirren fehlend, Ventralcirren meist fehlend, z. T. an einigen Segmenten glatte oder verzweigte Kiemenanhänge; Pygidium mit Papillen und/ oder Cirren.

183 *Travisia*.- Mit relativ dickem Körper, Vorder- und Hinterkörper aus etwas unterschiedlichen Segmenten bestehend.

Beispiel: *T. kerguelensis trianulata* PAIVA & NONATO (im Druck), Prostomium klein, kegelförmig, ohne Augen; Segmente mit bis zu 2 zusätzlichen sekundären Ringfurchen; Kiemen vom 2. Segment bis nahe ans Körperhinterende, nicht verzweigt; Pygidium kurz, mit Analanhängen.- Antarktische Halbinsel, Südshetland Inseln.

Maldanidae

Hemisessile, langgestreckte Arten; Körper zylindrisch, an beiden Enden abgestutzt, mit zahlreichen, meist unterschiedlichen Segmenten (oft länger als breit); Prostomium klein, oval, mit 1. Segment verschmolzen, ohne Anhänge, mit oder ohne kleine Augen; Rüssel vorstülpbar, globulös; Parapodien kurz, zweiästig, ohne Dorsal- und Ventralcirren, meist ohne Kiemen; Pygidium spaltenförmig, zylindrisch, Anus dorsal oder terminal; bauen Röhren aus Sand oder Schlick.

184 *Rhodine*.- Mit ovalem oder gerundetem Prostomium, ohne Augen, mit bis zu 40 oder mehr Segmenten; erste Segmente etwas länger als Kopfbereich, Segmente 2 und 3 am Vorderrand kragenartig erweitert. Pygidium kurz, zylindrisch.

Beispiel: *R. loveni* MALMGREN, 1865, bis über 11 cm; Kragen deutlich dorsal eingeschnitten, Ränder glatt; 3. Borstensegment ventral hinter den Parapodien mit deutlichem Drüsenband.- Kosmopolitisch, auf Schlickböden; bis ca. 500 m.

Ampharetidae

Sessile, röhrenbewohnende Arten; Körper kurz, in 2 Regionen unterteilt: Am Vorderkörper längere Borsten und Haken, am Hinterkörper Parapodien verkleinert, dorsale Lappen (Notopodien) ohne Borsten, ventrale Lappen (Neuropodien) mit kleinen Haken; Prostomium meist dreilappig, mit mehreren Tentakeln, die in den Mund einziehbar sind; ersten 2 Segmente ohne Borsten, folgende 3 mit fädigen oder blättrig gefiederten Kiemen; Segmente 3 - 4 oder 3 - 5 manchmal verschmolzen; Analcirren vorhanden oder fehlend.

185 *Phyllocomus*.- 8 flache, blattartige Tentakel, in 2 dorsolateralen Vierergruppen angeordnet.

Beispiel: *P. crocea* GRUBE, 1877 wird bis ca. 50 mm lang.- Kerguelen, Südshetland Inseln, Süd Sandwich Inseln, Heard Insel, Knox Küste, in mittleren Wassertiefen.

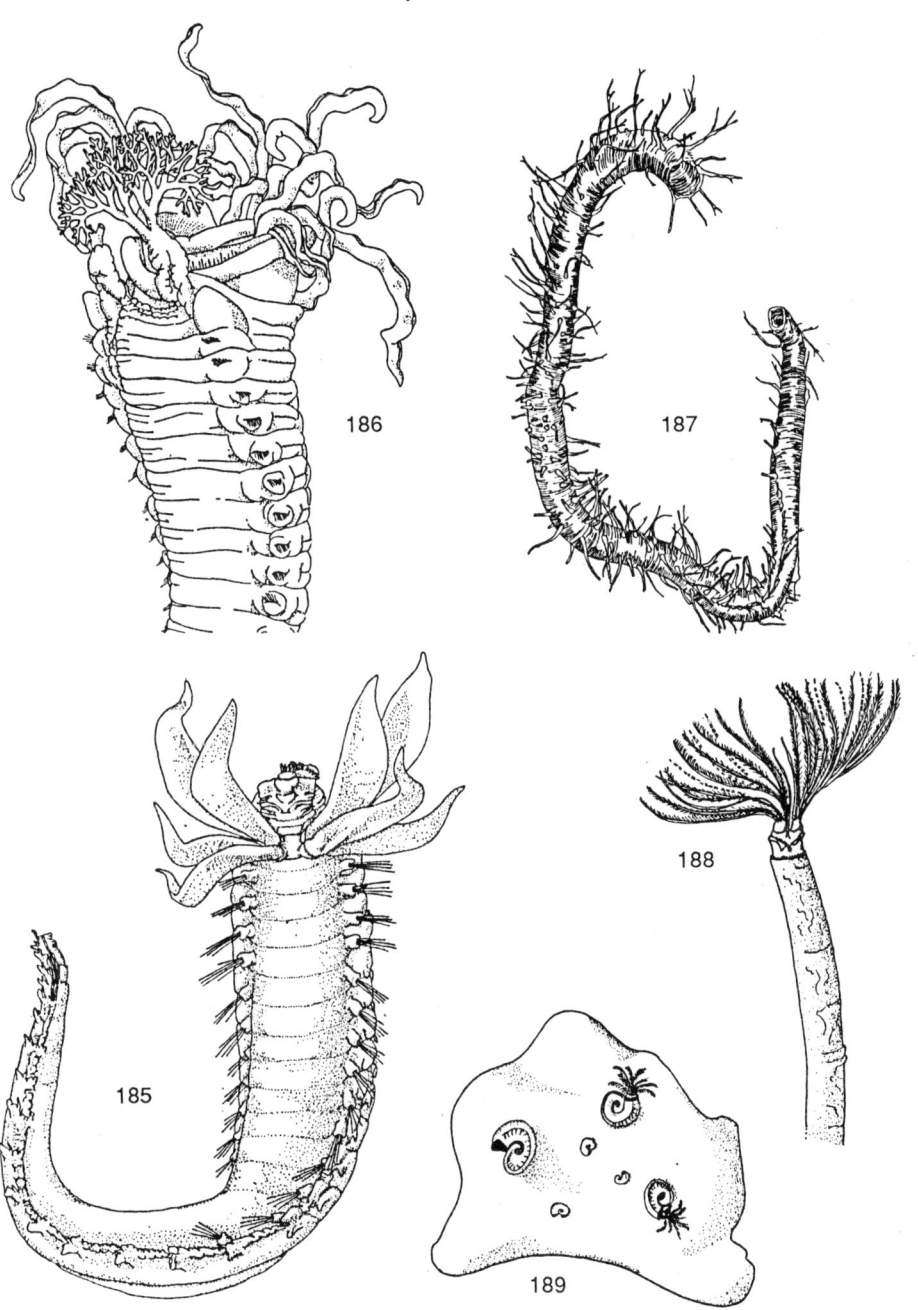

186

187

185

188

189

Terebellidae

Langgestreckte, sessile Arten, deren Körper in 2 Regionen unterteilt ist: Parapodien zwar kurz, jedoch meist zweilappig; Notopodium am Vorderkörper mit Borsten, die am Hinterkörper fehlen; charakteristisch sind die am Prostomium zahlreichen, langen Tentakel, die sehr beweglich sind und je eine Wimperrinne enthalten; 1. Segment ohne Borsten; Neuropodien des Vorderkörpers Querwülste bildend; auf den vorderen Segmenten können keine oder bis 3 Paar fädige bzw. verzweigte Kiemen vorhanden sein; stets in frei im Sediment liegenden oder auf Hartboden befestigten Röhren lebend, die aus Schleim bestehen und meist mit Schlick, Sand, Schill oder Pflanzenteilen verfestigt sind.

186 *Pista*.- Vorderkörper mit 15 bis 17 borstentragenden Segmenten; Hinterkörper lang, segmentreich; 1 - 3 Paar Kiemen, Borsten ab 4. Segment ausgebildet.

Beispiel: *P. spinifera* (EHLERS, 1908) hat 1 Paar verzweigter Kiemen und eine charakteristische, pergamentartige, aus Schlickpartikeln gebildete Röhre (**187**) mit wurzelartigen Fortsätzen.- Östlich der Bouvet Insel, westlich der Antarktischen Halbinsel, Wilhelm-II.-Küste; in geringen und mittleren Tiefen.

Sabellidae

Sessile Arten, die meist senkrecht vom Substrat ins Wasser ragende Röhren bewohnen und mit einer Tentakelkrone Plankton filtrieren (**188**); Körper langgestreckt, in 2 Regionen unterteilt; Borsten am Vorderkörper dorsal (am Notopodium), am Hinterkörper dagegen ventral; Prostomium unscheinbar; Mund terminal, mit einer dorsalen und 2 ventralen Lippen; Tentralkrone aus 2 Stämmen bestehend, die Tentakel (Radioli) halbkreisförmig oder spiralig angeordnet und allgemein mit 2 Reihen von Fiedern (Pinnulae); Peristomium kragenartig verbreitert; auf dem 1. Borstensegment können Augen vorhanden sein; bewimperte Längsfurche am Körper, die die Faeces aus der Röhre zur Öffnung transportiert; Röhre pergamentartig oder fester, oft mit eingelagerten Sand- oder Schlickpartikeln.- Familie zirkumpolar verbreitet.

Serpulidae

Arten ähnlichen Baues und gleicher Ernährungsweise wie die **Sabellidae**; Röhre aus Kalk, meist weiß, zylindrisch oder im Querschnitt polygonal, gerade oder gewunden, z. T. mit Deckel (Operculum) verschließbar.

189 *Spirorbis*.- Kleine Arten, mit nur 3 - 4 Borstensegmenten am Vorderkörper; Operculum vorhanden, verkalkt; Röhre typischerweise ganz dem Untergrund (Steine, Algen, Schneckengehäuse) aufliegend, stark gewunden, rechts- oder linksläufig.- Zirkumpolar verbreitet.

Myzostomida

Ektokommensalen oder Parasiten an Stachelhäutern (**Echinodermata**), überwiegend auf Seelilien (**Crinoidea**), seltener in Seesternen (**Asteroidea**) und Schlangensternen (**Ophiuroidea**). Systematische Stellung ist nach wie vor strittig.

Körper dorsoventral abgeflacht, oval scheibenförmig, selten langgestreckt; meist 2 - 5 mm lang, selten bis zu 30 mm (*Protomyzostoma polynephris* FEDOTOV, 1914); ohne erkennbares Prostomium und Pygidium; 5 Paar einfache, einästige Parapodien mit kräftigen, hakenförmigen Borsten; Lateralorgane im ventralen Randbereich des Körpers. Das Nervensystem besteht aus einem Oberschlundganglion, Schlundkonnektiven und einem undeutlich segmentierten Bauchmark. Ein Blutgefäßsystem fehlt; nur die unpaare Gonade wird von einem Cölomepithel umgeben. Darm mit Divertikeln.

Hermaphroditisch. Spiralfurchung und indirekte Entwicklung über eine der Trochophora ähnlichen Larve und Nectochaeta.

Die Kommensalen kriechen zum Teil auf ihren Wirten herum oder setzen sich fest, dann oft Cysten- oder Gallenbildner. Die Endoparasiten dringen in ihre Wirte ein und ernähren sich meist von deren Cölom- oder Geschlechtszellen.

Ca. 150 Arten in 2 Ordnungen.

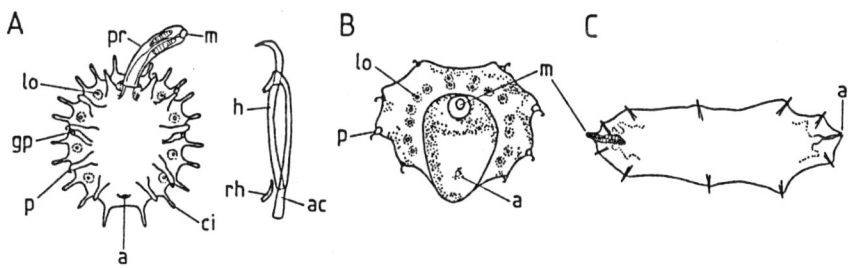

Abb. 18: Vertreter der **Myzostomida**
[A: **Myzostoma cirriferum** LEUCKART, 1836 und Borstenapparat (Myzostomidae); B: **Pulvinomyzostoma pulvinar** GRAFF, 1884 (Pulvinomyzostomidae); C: **Stelechopus hypocrini** GRAFF, 1884 (Stelechopodidae), beide nach JÄGERSTEN, 1940; a - Anus, ac - Acicula, ci - Cirrus, gp - Genitalporus, h -Hakenborste, lo - Lateralorgan, m - Mund, pr - Proboscis]

Pycnogonida (Pantopoden)

Marine, meist benthische Arthropodenklasse. Die Habitustypen reichen von
kompakt mit kurzen, dicken Beinchen bis zu extrem schlank mit sehr langen
Beingliedern. Der Körper besteht aus dem Cephalon und drei (selten vier oder
fünf) beintragenden Somiten, sowie einem ungliederten, stummelförmigen Abdomen. Dorsal auf dem Cephalon befindet sich bei sehenden Formen ein Augenhügel mit vier Ocellen (Abb. 19). Das Cephalon trägt vorne einen Rüssel (=
Proboscis), an dessen Spitze die Mundöffnung liegt, das 1. Gangbeinpaar und bei
den Adulti ursprünglicher Taxa sowie den Larven 3 Extremitätenpaare (Cheliphoren, Palpen und Ovigera). Die letzteren sind eines der Hauptmerkmale der
Klasse. Die Gangbeine sind in aller Regel 9gliedrig, nur bei wenigen Formen
treten im Adultstadium sekundäre Pseudogelenke innerhalb der distalen Glieder
(Tarsus, Propodus) auf.

Getrenntgeschlechtlich, äußere Befruchtung. Die Eier werden von den Männchen mit den Ovigera erfaßt, besamt und mit dem Sekret der in den Gangbeinen
untergebrachten Kittdrüsen verklebt, zu kugel- bis kuchenförmigen Gebilden geformt und während der Brutpflegeperiode herumgetragen (gelegentliche auch die
Larvenstadien), bis die Jungtiere auf Wirts- oder Nahrungsorganismen überwech-
seln. Aus nur mäßig dotterreichen Eiern schlüpft ein Protonymphon, das nur die
drei ersten Beinpaare Cheliphoren, Palpen, Ovigera) aufweist. Bei den extrem
dotterreichen Eiern schlüpft eine Postlarva, die bereits drei, wenn auch kurze,
Gangbeinpaare trägt.

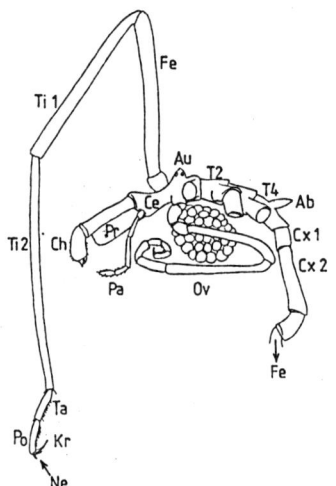

*Abb. 19: Organisationsschema der **Pycnogonida***
[Ab: Abdomen; Au: Augen; Ce: Kopf; Ch: Cheliphor; Cx: Coxa; Fe: Femur; Kr:
Kralle; Ne: Nebenkralle; Ov: Oviger; Pa: Palpus; Po: Propodus; Pr: Proboscis;
T2-4: Körpersegmente; Ta: Tarsus; Ti: Tibia]

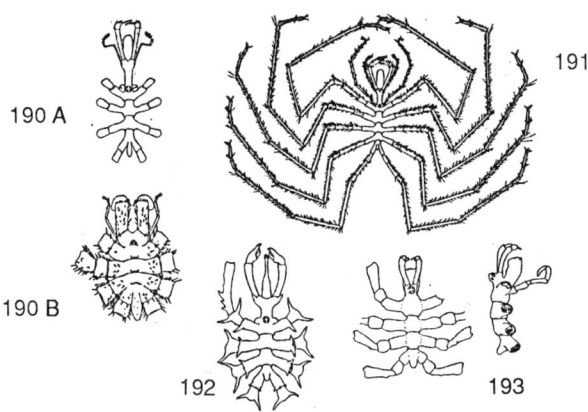

190 A

190 B

191

192

193

Die Pycnogonida leben von Coelenteraten, Bryozoen und Schwämmen, Spezialisten z. T. in Lamellibranchia, Gastropoda, Echinodermata und Polychaeta. Über 1.000 Arten in 84 Gattungen; davon über 150 Arten unterschiedlichster Größe (winzige, 1 mm messende bis zu den größten bekannten, oft über 500 mm spannende Formen) südlich der antarktischen Konvergenz; zur Charakterisierung der Familien und Gattungen dienen der unterschiedliche Reduktionsgrad der Cheliphoren, Palpen und Ovigera sowie die Einschaltung zusätzlicher Gangbeinpaare.

Nymphonidae
Cheliphoren 2gliedrig mit gut entwickelten, schneidenden und oft gezähnten Chelae, Palpen 4 - 5gliedrig, Ovigera in beiden Geschlechtern 10gliedrig.

190 *Nymphon*.- 4 Beinpaare; Cheliphoren mit voll entwickelten Chelae; Endklaue am Glied 10, in der Antarktis etwa 30 sehr ähnliche Arten; 10 - 6.800 m. [Beispiele: **190A** *N. gracillimum* CALMAN, 1915.- Schlank, grazil; Chela mit 22 - 24, resp. ca. 33 Zähnen; zirkumpolar; 90 - 440 m. **190B** *N. proximum* CALMAN, 1915.- Kompakt, stachelig; Chelafinger kürzer als Chelahand, Zähnchen kurz, 9 auf dem unbeweglichen, 14 auf dem beweglichen Finger; wahrscheinlich zirkumpolar; 200 - 600 m].

191 *Pentanymphon antarcticum* HODGSON, 1904.- 5 Beinpaare.- Zirkumpolar; 9 - 640 m.

Callipallenidae
Cheliphoren 2- oder 3gliedrig, Chelae kurz und kräftig; Palpen fehlend oder auf kleine, knopfförmige Vorsprünge nahe der Proboscisbasen reduziert, Ovigera in beiden Geschlechtern 10gliedrig (manchmal weniger); 4 Beinpaare.

192 *Austropallene tibicina* CALMAN, 1915.- Gattung charakterisiert durch ein Paar Hörner auf dem Cephalon-Vorderrand und die Proboscisform (zugespitzt mit endständigen Borsten); Art ohne Stacheln oder Höcker in der Rückenmitte, alle Coxae II mit einem Paar distaler Sporne; Chela kürzer als Schaft, beweglicher Finger viel kürzer als starrer, 2 kleine Zähne auf dem Innenrand des starren Fingers; distale Proboscishälfte abrupt dünnerwerdend, abwärts gekrümmt; Abdomen kürzer als 4. Seitenfortsatz.- Nicht häufig, zirkumpolar; 40 - 180 m.

Phoxichilidiidae

Cheliphoren entweder 2 - 3gliedrig oder völlig reduziert; Palpen fehlen; Ovigera nur bei den Männchen, 5 - 9gliedrig; 4 Beinpaare.

193 *Anoplodactylus australis* (HODGSON, 1914).- Cheliphoren 2gliedrig; mit kleiner, aber funktioneller Chelae, Ovigera 6gliedrig.- Zirkumpolar; 0 - 540 m.

194 *Endeis australis* (HODGSON, 1907).- Cheliphoren und Palpen fehlen; Ovigera 7gliedrig (Männchen); Beine lang und schlank.- Zirkumpolar, subantarktisch; 5 - 1.000 m.

Ammotheidae

Heterogene Familie kleiner bis sehr großer Arten; Cheliphoren vorhanden, aber oft reduziert, Palpen 4 - 10gliedrig, Ovigera 9 - 10gliedrig; meist 4 Beinpaare.

195 *Ammothea* LEACH, 1814.- Antarktische Arten mit wulstigen Schwellungen oder Falten am Distalrand der Somite 1 - 4; größere bis große Arten [Beispiel: ***Ammothea carolinensis*** LEACH, 1814.- Zirkumpolar, subantarktisch; bis 270 m].

196 *Achelia* HODGE, 1864.- Cheliphoren 2gliedrig; Palpen 7 - 9gliedrig; Ovigera 10gliedrig; ohne Wülste auf den Somiten; etwa 15 antarktische Arten [Beispiel: ***A. spicata*** (HODGSON, 1915).- Zirkumpolar; 10 - 470 m].

Colossendeidae

Nur polymere Formen und Subadulte der tetrameren Genera mit Cheliphoren; Palpen 8 - 9gliedrig; Ovigera 10gliedrig; Proboscis und Gangbeine sehr stark entwickelt, immer ohne Nebenklaue.

197 *Colossendeis* JARZYNSKY, 1870.- Vier Beinpaare, ohne erkennbare Grenzen zwischen den Somiten.- Etwa 20 antarktische Arten. [Beispiel: ***Colossendeis australis*** HODGSON, 1904.- Zirkumpolar und subantarktisch; 40 - 640 m].

198 *Decolopoda australis* EIGHTS, 1835.- Gehört neben einigen ***Colossendeis***-Arten zu den größten Formen; pentamer, Chelae mit 2 spitzen Fingern ("Eiszange").- Ross-See, Antarktische Halbinsel bis Süd Georgien; 0 - 1.120 m.

199 *Dodecolopoda mawsoni* CALMAN & GORDON, 1933.- Einer der größten und massigsten Pantopoden, über 60 cm Spannweite; heptamer mit Chelae wie Eiszangen mit einer Spitze pro Finger.- Ross-See und Enderbyland; 220 - 550 m.

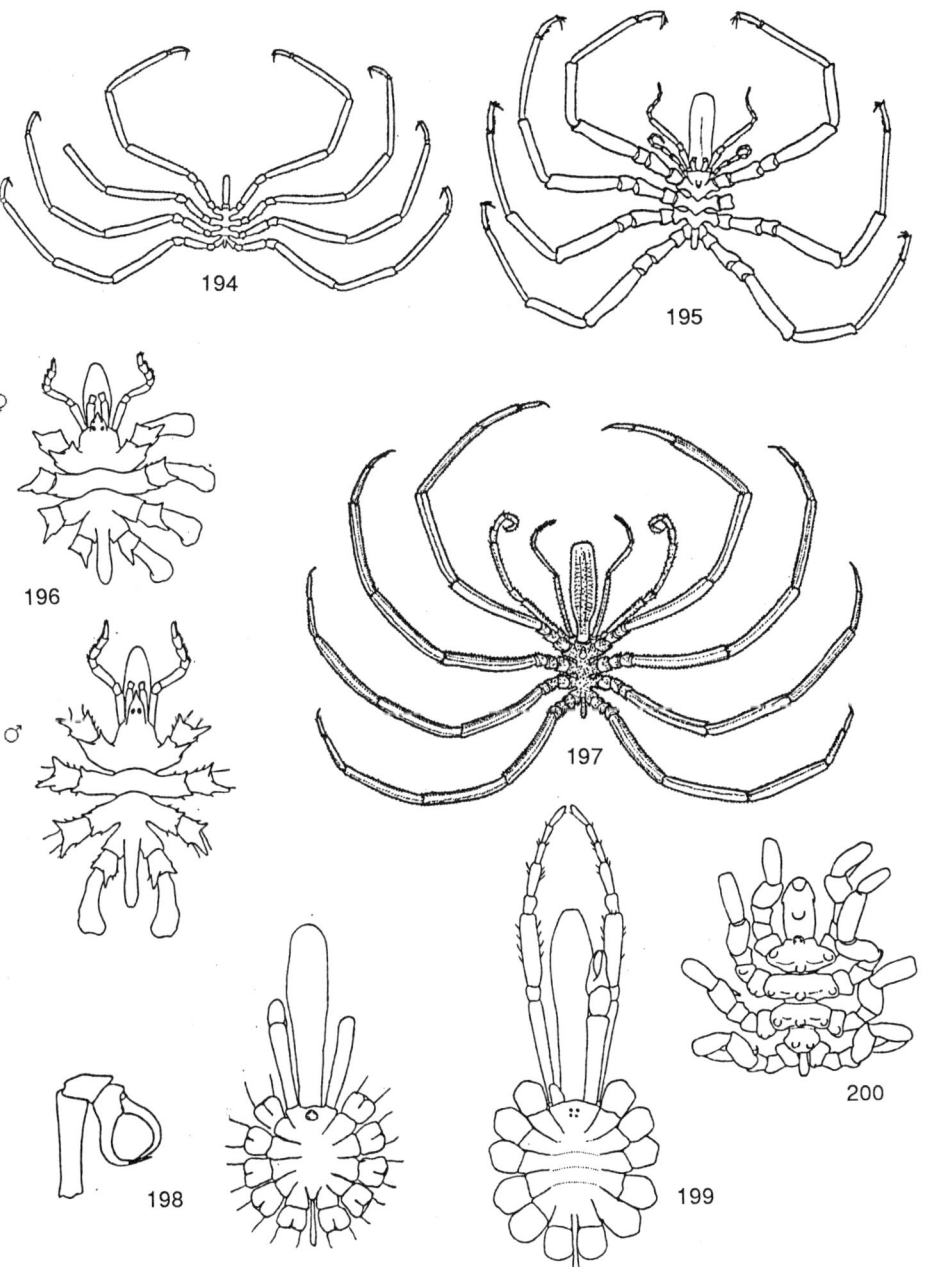

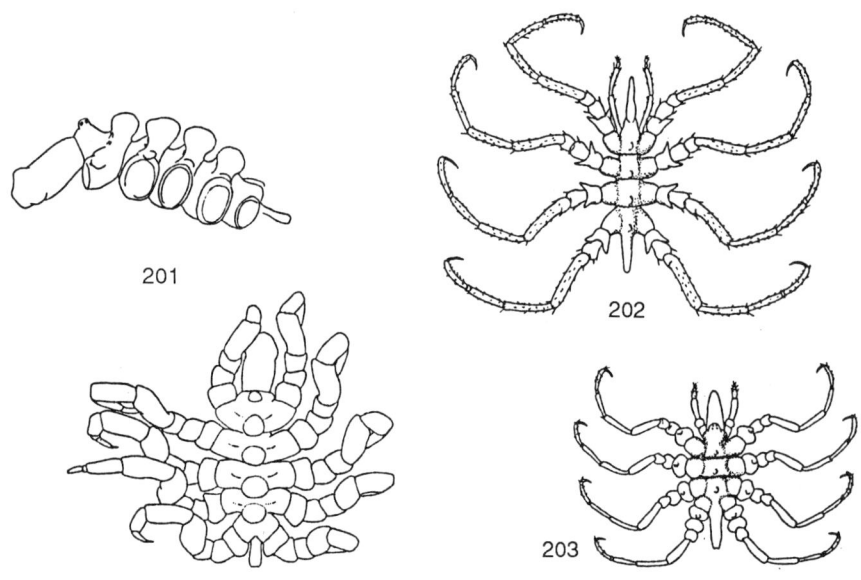

201

202

203

Pycnogonidae

Cheliphoren und Palpen fehlen; Ovigera nur bei Männchen (bei 3 *Pycnogonum*-Arten sogar fehlend), 6 - 9gliedrig, 4 oder 5 kurze, massige Schreitbeinpaare.

200 *Pycnogonum* BRÜNNICH, 1764.- Mit 4 Beinpaaren, von 53 beschriebenen Arten nur 5 in der Antarktis und Subantarktis [Beispiel: *P. rhinoceros* LOMAN, 1923.- Süd Georgien, Süd Shetlands und Weddellmeer; 100 - 1.500 m].

201 *Pentapycnon charcoti* BOUVIER, 1910.- Pentamer, sehr groß.- Zirkumpolar; 240 - 1.420 m.

202 Austrodecidae.- Antarktisch nur *Austrodecus* HODGSON, 1907; klein, 1 - 4 mm; Proboscis geringelt, meist lang und dünn; Cheliphoren fehlen den Adulti; Palpen 5 - 6gliederig; Ovigera mit 4 oder 6 dorsoventral abgeplatteten Gliedern. [Beispiel: *Austrodecus glaciale* HODGSON, 1907; mit sehr hohen Augenhügel und 4 robusten Höckern auf den Somiten 1 - 4.- Zirkumpolar; 0 - 640 m].

203 Rhynchothoracidae.- Winzige Formen von ungefähr 1 mm; Cheliphoren fehlen, Palpen 4 - 6gliedrig, von oft artspezifischer Differenzierung; Ovigera 10gliedrig, mit fingernagel- oder schuppenförmiger Endkralle; bisher eine antarktische Art, *Rhynchothorax australis* HODGSON, 1907.- Zirkumpolar; 74 - 400 m.

Acari (Milben)

Unterklasse der Chelicerata. Bodenlebende Formen, die selten länger als 2 Millimeter sind. Körper gegliedert in Gnathosoma (Capitulum, Köpfchen), mit klauenartigen oder stabförmigen Cheliceren sowie mehrgliedrigen Palpen, und Rumpf (Idiosoma) mit vier Beinpaaren.

Im Gezeitenbereich sind außer den **Halacaroidea** (echte Meeresmilben) auch die semiaquatisch oder terrestrisch lebenden **Oribatei, Bdelloidea, Mesostigmata** und **Hyadesiidae** zu finden.

Die **Oribatei** sind stark sklerotisiert, Körper und Beine sind meist dunkelbraun gefärbt. Bei Aufsicht zeigt der Rumpf eine Gliederung in einen großen Rückenschild und ein kleines, trapezförmiges Schildchen. Sie sind vor allem während der Niedrigwasserphase aktiv; ihre Bewegungen sind meist langsam. Vorwiegend fungi- und phytophag.

Die **Bdelloidea** sind intensiv rötlich gefärbt. Ein dichter Haarbesatz gibt dem weichhäutigen Körper ein samtartiges Aussehen. Aktiv während der Niedrigwasserphase. Räuberisch.

Die **Mesostigmata** sind von hellbrauner bis gelbbrauner Färbung. Der Rumpf ist länglich-oval, die Beine meist schlank. Räuber.

Bei den **Hyadesiidae** ist der Rumpf stark gewölbt, mit von hellbraun bis ins dunkelviolette tangierender Färbung. Die Beine sind kurz und stämmig. Sie enden mit je einer einfachen, auf einem häutigen Stielchen sitzenden Klaue. Aquatisch, nur in der Eulitoralregion; ernähren sich von Algen und Pilzen.

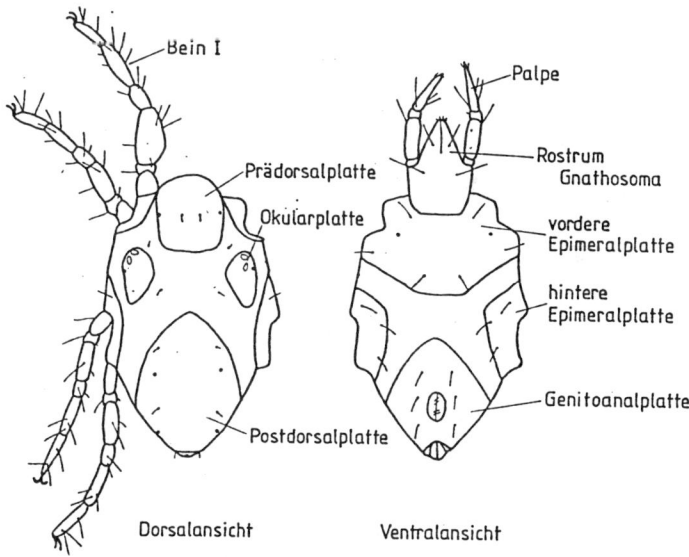

Abb. 20: Bauplan der **Halacaroidea**

Überfamilie Halacaroidea

Beinpaar I und II stets nach vorn, III und IV nach hinten gerichtet, meist mit zwei Seiten- und einer oft winzigen Mittelkralle endend, selten ist die Mittelkralle so groß oder größer als die Seitenkrallen; bei den Adulten sind die Beine stets 6-gliedrig. Das Gnathosoma besteht aus einer Basis, dem trogartigen Rostrum, den 2 - 4gliedrigen Palpen, und den im Trog des Rostrums verlaufenden ungegliederten Cheliceren. Der Rumpf trägt Panzerplatten; dorsal sind es je eine unpaare Prä- und Postdorsalplatte sowie die paarigen Okularplatten; ventral gibt es eine vordere und zwei hintere Epimeralplatten sowie eine unpaare Genitoanalplatte. Die Platten können fehlen, unterteilt oder mehrere zu einem Schild verschmolzen sein. Zur Bestimmung werden Skulpturierung, Form der Platten sowie Anzahl, Form und Lage der Haare bzw. Porenorgane herangezogen.

Die Halacariden durchlaufen ein Larven- und 1 - 3 Nymphenstadien (Proto-, Deuto-, Tritonymphe). Soweit bekannt, entwickelt sich bei der Mehrzahl der Arten nur eine Generation pro Jahr. Besiedelt werden alle Regionen von der Spritzwasserzone bis in die Tiefseegräben. Sie leben auf und zwischen Algen und Tierkolonien, in Strukturen großer Organismen, die ein Lückensystem bieten, sowie im Mesopsammal und in und auf oberen Sedimentschichten. Viele Algenbewohner ernähren sich vom Zellsaft der Algen. Die meisten Arten sind carnivor.

204 *Agaue parva* (CHILTON, 1883).- Bis 1,2 mm; Dorsalplatten größtenteils netzartig gefeldert, hintere mit zwei schmalen, erhabenen Längsrippen; Okularplatten mit Cornea, aber ohne Augenpigment; Beine schlank, drittes Beinglied mit netzartig strukturiertem Belag; Gnathosoma schlank, Rostrum lang; epibenthisch und epizoisch.- Zirkumpolar, Antarktis und Subantarktis, Gezeitensaum bis 1.500 m.

205 *Agaue tenuirostris* (LOHMANN, 1907).- Bis 1,3 mm; Körper gelblich-braun, mit bräunlichen Augenflecken unter Prädorsal- und Okularplatte; Rumpfmitte mit wabenartig strukturiertem Saum; Prädorsalplatte mit giebelartigem, Postdorsalplatte mit U-förmigem, erhabenem und wabenartig strukturiertem Bereich; Gnathosoma langgestreckt, schlank; Beine schlank, drittes Beinglied mit wabenartig strukturiertem Überzug, ventral und dorsal Lamellen bildend; epibenthisch und epizoisch.- Zirkumpolar, selten Subantarktis; 20 - 620 m.

206 *Bradyagaue drygalski* (LOHMANN, 1907).- Bis 1 mm; Dorsalplatten glatt; Körper gelblich-braun, mit kleinen, dunkelbraunen Augenflecken unter Prädorsal- und Okularplatte; Körper und basale Beinglieder mit schmalem Saum; hintere Beine gekrümmt, mit großer Mittel- und schmalen Seitenkrallen endend; epizoisch, wahrscheinlich an ein Leben auf Hydrozoen-Stöcken spezialisiert.- Zirkumpolar, selten Subantarktis, vom Gezeitenbereich bis 1.700 m.

207 *Halacarellus arnaudi* (NEWELL, 1984).- Bis 0,7 mm; gelblich-braun mit dunklen Augenflecken unter Prädorsal- und Okularplatte; Dorsalplatten größtenteils netzartig gefeldert; Rostrum länglich-dreieckig; Beine kürzer als Rumpf; epibenthisch und epizoisch.- West- und Ostantarktis; 50 - 500 m.

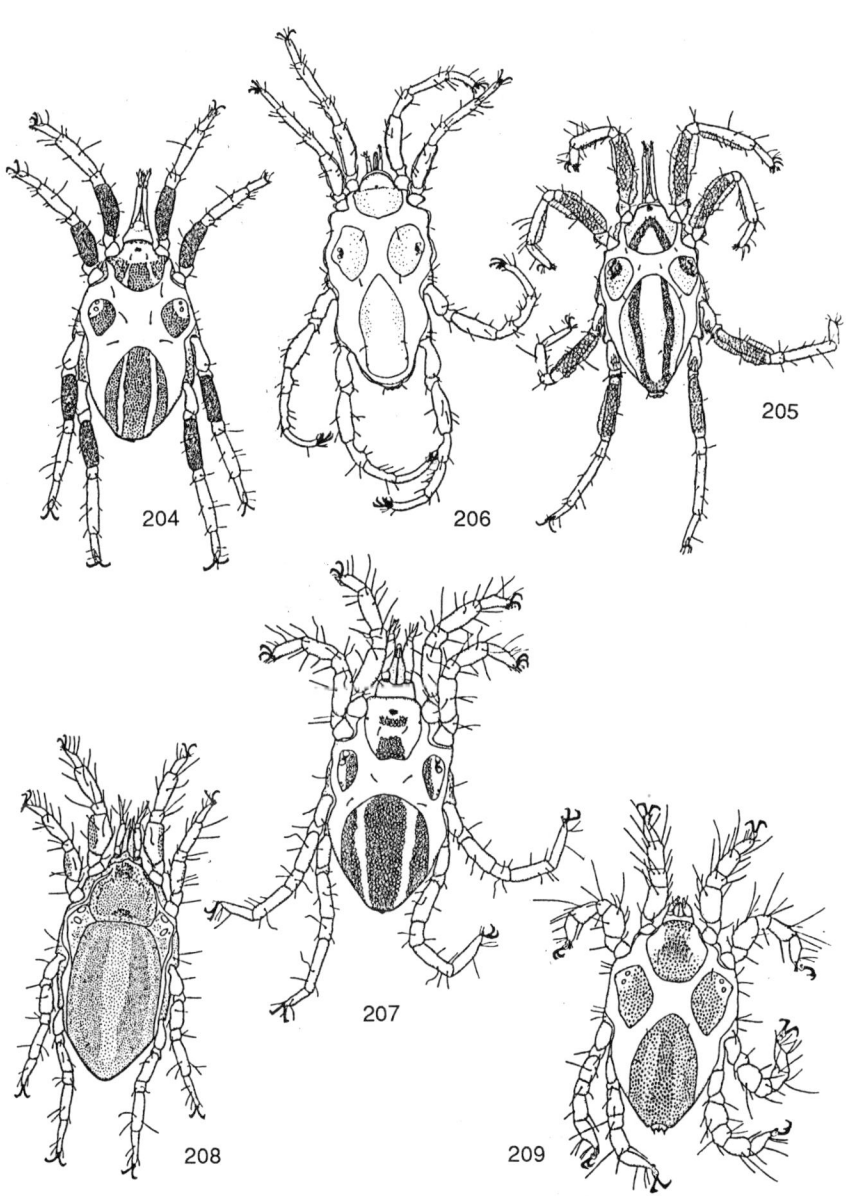

208 *Copidognathus arnaudi* NEWELL, 1984.- Bis 0,4 mm; Rumpf umfangreich gepanzert; Augenflecke unbedeutend; Beine etwas kürzer als Rumpf; dritte Glieder kurz.- Im Flachwasser auf Sand, Tier- und Pflanzenkolonien; Westantarktis (Palmer Archipel, Süd-Sandwich Inseln), Ostantarktis (Terre Adelie); 0 - 50 m.

209 *Rhombognathus plumifer* TROUESSART, 1889.- Bis 0,37 mm; Rumpf schlank, durch Körperinhalt dunkelgrün gefärbt erscheinend; Beine hell; Dorsalplatten netzartig gefeldert; Gnathosoma kurz, weitgehend unter dem Rumpf versteckt; Beine deutlich kürzer als Körper; Krallen distal verbreitert, mit vielen kleinen Zinken; algivor.- Westantarktis, Südspitze Südamerikas, im Gezeitenbereich.

Crustacea (Krebse)

Krebse sind die einzigen Arthropoden, die das Meer in großer Formenvielfalt besiedeln. Wegen ihrer Diversität ist die Gruppe schlecht zu charakterisieren, denn kaum ein Merkmal ist bei allen Gruppen gleich ausgeprägt. Sie besiedeln das Meer bis in die größten Tiefen und haben parasitische Formen hervorgebracht, die nur noch in ihrer frühen Entwicklung die Zugehörigkeit zu den Krebsen erkennen lassen.

Typisch sind 2 Paar Antennen (Insekten 1 Paar, Spinnentiere keine). Zu den Mundwerkzeugen gehören 1 Paar Mandiblen und 2 Paar Maxillen. Die Segmente sind in der Regel etwas dorsal oder lateral zusammengedrückt. Die dorsale Chitinplatte ist das Tergum (Tergit), die ventrale das Sternum (Sternit) und die lateralen Platten werden als Pleuren (Pleurite) bezeichnet. Die einzelnen Segmente sind mehr oder weniger deutlich zu den drei Körperregionen Kopf, Thorax und Abdomen zusammengefaßt. Oft verschmilzt eine wechselnde Anzahl von Körperringen mit dem Kopf. Die Thorakal- und Abdominalextremitäten sind ursprünglich vom Spaltbeintypus, mit Proto-, Endo- und Exopodit. Am Protopoditen können außen Epipodite (Kiemen) sitzen.

Charakteristisch für viele Gruppen ist auch der Carapax, eine mantel- oder schalenförmige Duplikatur der Körperwand, die ursprünglich vom 2. Maxillensegment ausgeht und bei abgeleiteten Formen den ganzen Körper umhüllen kann. Bei ursprünglichen Formen ist der Carapax zweiklappig und durch ein Paar Abduktormuskeln schließbar.

Es treten sehr unterschiedliche Entwicklungsmodi auf. Ursprünglich ist eine indirekte Entwicklung über eines mit nur drei Extremitätenpaaren versehenen Naupliuslarve. Bei abgeleiteten Ordnungen treten zusätzliche Larvenformen auf, für die unter anderem eine größere Zahl von Extremitäten kennzeichnend ist. Aber auch Verkürzungen treten im Zusammenhang mit Brutpflege auf, so daß z. B. bei den **Peracarida** eine direkte Entwicklung zu beobachten ist.

Aufgrund unterschiedlicher Körpergliederung unterschied man **Entomostraca** und **Malacostraca**. Während es am monophyletischen Ursprung der Malacostraca keinen Zweifel gibt, lassen sich die "Entomostraca" systematisch nicht rechtfertigen, denn sie enthalten mehrere divergierende Entwicklungslinien.

Die Zusammensetzung der antarktischen Fauna weicht in vielfacher Weise von der anderer Regionen ab. Besonders auffällig ist das fast vollständige Fehlen der **Decapoda** (Zehnfußkrebse). Ihren Platz nehmen ansonsten kaum zu beobachtende Großformen der **Isopoda** (Asseln) und **Amphipoda** (Flohkrebse) ein.

Ostracoda (Muschelkrebse)

Ostracoda, als eigene Klasse zu den Maxillopoda gestellt, sind kleine Krebse von ca. 0,1 mm bis max. 24 mm Länge. Ihr Weichkörper ist weitgehend ungegliedert und von der Carapaxfalte, die ein aus zwei Schalen bestehendes Gehäuse bildet, völlig umhüllt. Beide Schalen werden dorsal von einem Ligament zusammengehalten, das in einem Schloß liegt. Schalen, Schloß und Ligament sind analoge Bildungen zu denen der Muscheln, weshalb die Ostracoda auch "Muschelkrebse" genannt werden. Die ursprüngliche Segmentierung des Körpers ist äußerlich nur noch an der Extremitätenanordnung zu erkennen. Der Kopf trägt die beiden Antennenpaare, die Mandibeln und 2 Maxillenpaare. Am Rumpf können Extremitäten fehlen (Ordnung **Cladocopida**) oder es treten ein (**Parvocytheridae** der Podocopida) bzw. zwei Paare auf (alle anderen Ostracoda). Das Körperende ist mit einem bein-, lamellen- oder borstenförmigen Furcapaar versehen.

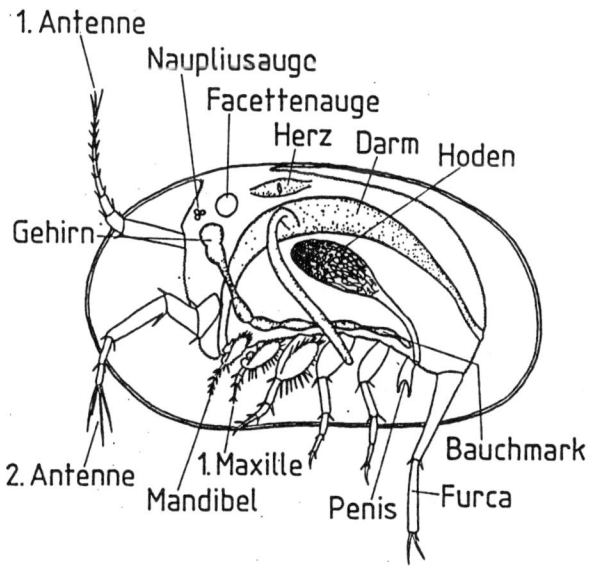

Abb. 21: Bauplan der **Ostracoda**

Ostracoden besiedeln im Meer fast alle Lebensräume und sind zahlreich im Plankton (**Halocyprida**, verschiedene **Myodocopida**). Die Oberfläche des Meeresbodens (**Myodocopida**, **Cladocopida**, **Podocopida**) wird ebenso besiedelt wie das Lückensystemen der Strände (**Cladocopida**, **Podocopida**). Von antarktischen Stränden sind sie noch nicht beschrieben worden, doch ist ihr Auftreten wahrscheinlich. **Myodocopida** und **Cladocopida** sind meist schwimmfähig, die nicht pelagischen entfernen sich nicht weit vom Substrat. Unter den **Podocopida** sind **Bairdioidea**, **Cytheroidea** und **Macrocyprididae** der **Cypridoidea** kriechende, während bei den anderen **Cypridoidea** viele schwimmende Formen vorkommen. Die **Paradoxostomatidae** (**Cytheroidea**) saugen an Algen. Sie sind darum ein guter Indikator für Pflanzenwuchs auf dem Meeresboden. Ihr Mund ist zu einer Saugscheibe umgebildet, die bei toten Tieren oft aus dem sonst merkmalsarmen Gehäuse hervorragt und der Identifizierung dienen kann.

Das Bestimmen bis zur Art ist nur dann ohne Präparation möglich, wenn stark ornamentierte Schalen (**Cytheroidea**) vorliegen. Problemlos ist es aber auch dann nicht. Gewöhnlich wird man nur bis zur Familie oder Superfamilie vordringen.

Mit Ausnahme der zur Unterklasse **Podocopa** gehörenden Ordnungen **Platycopida** und **Metacopida** sowie der Superfamilien **Terrestricytheroidea** und **Darwinuloidea** der **Podocopoda** wurden alle übrigen Superfamilien in der Antarktis nachgewiesen. Die Zahl gefundener Arten dürfte bei weit über 300 liegen.

Ostracoda: Myodocopa

Schale gewöhnlich mit deutlich konvexem Ventralrand; drei rezente Ordnungen.

Myodocopida

Große Formen, über 1 mm bis mehrere Millimeter lang; Dorsalrand der Schale mehr oder weniger konvex. Vorderrand mit einer "Rostralincisur" (Ruderöffnung für die 2. Antennen). In der Antarktis vier mehr oder minder häufige Familien.

210 Cypridinidae.- Schalen meist verkalkt, glatt oder schwach skulpturiert. Dorsal- und Ventralrand konvex. Kein Caudalfortsatz. Seitenaugen selten reduziert [Beispiel: ***Doloria isaaczi*** KORNICKER, 1971].

211 - 212 Philomedidae.- Charakteristisch sind die stark geschmückten Arten der Gattung ***Scleroconcha*** [Beispiele: **211** *S. gallardoi* KORNICKER, 1971; **212** *S. edentata* HARTMANN, 1986].

213 Cylindroleberididae.- Schalen oft zylindrisch lang oder oval in Seitenansicht; besonders häufig; oft hemisessil. [Beispiel: ***Empoulsenia unisetosa*** HARTMANN].

214 Sarsiellidae.- Charakteristisch sind die bestachelten Arten der Gattung ***Spinacopia*** [Beispiel: ***Spinacopia antarctica*** KORNICKER, 1970].

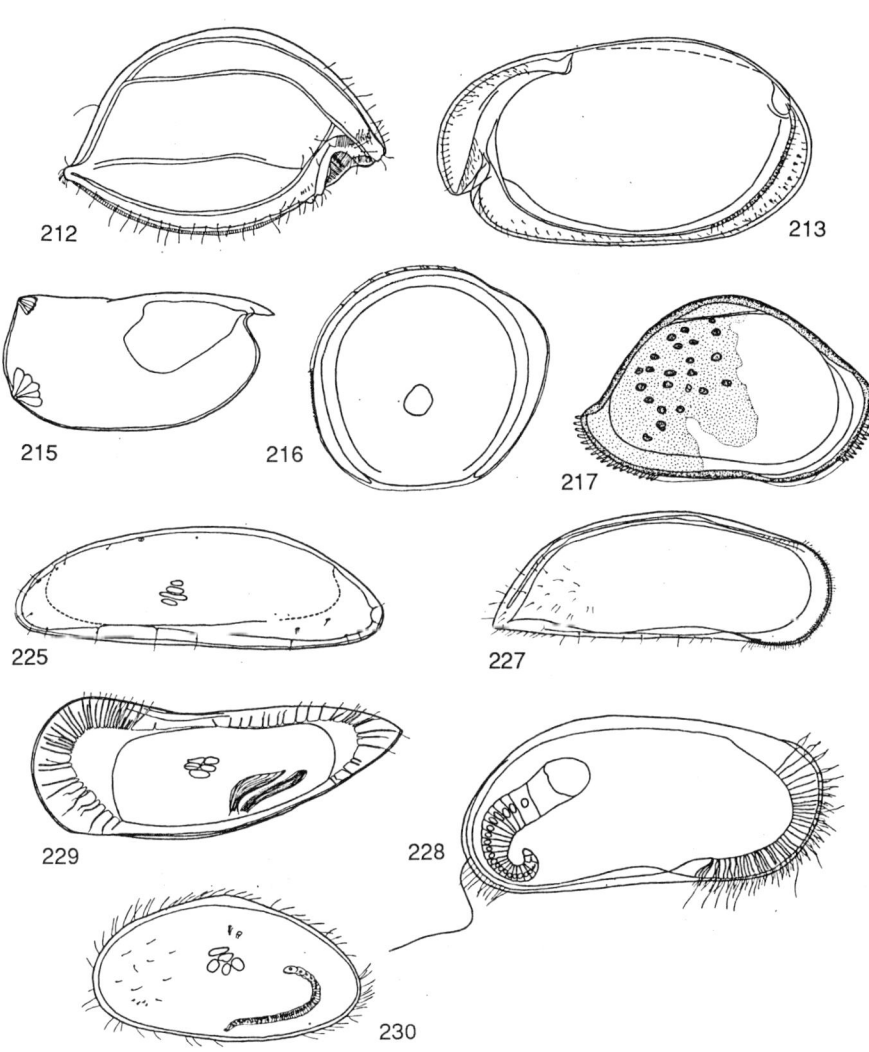

Halocyprida
Große Formen, über 1 mm bis mehrere Millimeter lang; Dorsalrand fast gerade, Ventralrand konvex; mit Rostralincisur; stets pelagisch [Beispiel: **215** *Alacia belgicae* G. W. MÜLLER, 1906)

Cladocopida
Kleine, fast kreisrunde Formen, unter 1 mm groß. An Stelle der Rostralincisur ist der Vorderrand der Schale nur schwach konkav; Schalenrand oft mit charakteristischer Zähnelung. Die Tiere schwimmen schnell und kreisend stets in Bodennähe und selbst in interstitiellen Systemen [Beispiel: **216** *Polycope bransfieldensis* HARTMANN, 1987].

Ostracoda: Podocopa
Schale ventral abgeflacht oder sogar mehr oder weniger konvex. Nur mit einer Ordnung in der Antarktis vertreten.

Podocopida
Unterscheidung der drei vertretenen Überfamilien ist schwierig. Die Bairdioidea [**217** *Paranesidea posidonicola* HARTMANN, 1979] sind nur von Einzelfunden bekannt, die beiden anderen Superfamilien enthalten wichtige Benthosbewohner.

Cytheroidea
Schalen vielfältig, oft stark ornamentiert, aber auch glatt und durchscheinend. Alle ornamentierten Podocopida gehören hierher. Bei glatten Schalen ist im Durchlicht oft das Schließmuskelfeld zu erkennen, das aus einer senkrechten Reihe von 4 oder 5 Narben besteht. Vor der senkrechten Reihe können eine oder mehrere weitere Narben liegen. Die Gruppe muß als unvollständig bekannt gelten. Sicherstes Bestimmungsmerkmal ist das männliche Begattungsorgan.

218 - 219 Trachyleberididae.- Stark ornamentiert, nur selten mit starken Seitenflügeln [Beispiele: **218** *Austrotrachyleberis antarctica* (NEALE, 1967); **219** *Cativella bensoni* NEALE, 1967].

220 - 221 Hemicytheridae.- Stark ornamentiert, nur selten mit starken Seitenflügeln [**220** *Australicythere polylyca* (G. W. MÜLLER, 1908); **221** *Pseudocytthereis spinifera* SKOGSBERG, 1928].

222 - 224 Cytheruridae.- Häufig, antarktische Arten stark geschmückt, oft mit großen Seitenflügeln [**222** *Hemicytherura irregularis* (G. W. MÜLLER, 1908); **223** *Cytheropteron gaussi* G. W. MÜLLER, 1908; **224** *C. antarcticum* CHAPMAN, 1916].

225 Paradoxostomatidae.- An Algen saugend; mit dünner Schale und Saugmund. Indikatoren für marinen Pflanzenbewuchs [Beispiel: *Paradoxostoma sp.*].

226 Bythocytheridae.- Schalen vielgestaltig, gestreckt bis oval, oft mit geradem Dorsalrand; stets mit 5 Muskelnarben in einer senkrechten Reihe (sonst nur 4). [Beispiel: *Nealocythere antarctica* SCHORNIKOV, 1982].

Cypridoidea

Schalen meist glatt, oft behaart; Ventralrand in Mundregion abgeflacht oder konkav; zentrales Muskelfeld niemals aus einer vertikalen Reihe von Narben bestehend, sondern rund mit vielen Narben oder mit getrennten Muskelgruppen; Tiere kriechen oder schwimmen; Cypridoidea treten im Benthos der Antarktis oft in großer Anzahl auf; sicherstes Bestimmungsmerkmal ist das männliche Kopulationsorgan; der Bau der Furca charakterisiert Unterfamilien.

227 "*Macrocypris*" *glacierae* MADDOCKS, 1968 (Macrocyprididae).- Große, kriechende Form; Schließmuskelfeld aus vielen kleinen Narben, die nicht in Gruppen angeordnet sind, bestehend.

228 *Argilloecia* (Pontocyprididae).- Arten, die schlanke Schalen mit gerundeten Enden haben; Bestimmung nur mit Hilfe des männlichen Begattungsorgans möglich [Beispiel: *A. antarctica* HARTMANN, 1986].

229 *Pontocypris* (Pontocyprididae).- Schale hinten schmal gerundet oder spitz [Beispiel: *Pontocypris arctowskiensis* HARTMANN, 1986]; ähnlich *Propontocypris*.

230 *Pontocypria helenae* MADDOCKS, 1968 (Pontocyprididae).- An Seesternen parasitierend, gelegentlich sehr häufig.

Copepoda

Mit etwa 8.000 beschriebenen Arten sind die Copepoda eine der artenreichsten Gruppen der Crustacea. Es gibt keinen aquatischen Lebensraum, in dem sie nicht vertreten sind. Von den acht Ordnungen leben die Vertreter der **Poecilostomatoida** und **Siphonostomatoida** ausschließlich parasitisch. Die Vertreter der **Calanoida**, **Misophrioida**, **Mormonilloida** und **Monstrilloida** (diese nur als Adulti, nicht als Larven) führen eine planktische Lebensweise, während die **Harpacticoida** eine typisch benthische Gruppe sind. Die **Cyclopoida** schließlich umfassen sowohl benthische als auch planktische Vertreter und auch solche, die zu den Parasiten gehören.

In der Regel sind die freilebenden Copepoda kleine Tiere von 0,5 - 5 mm Größe, doch gibt es unter den Planktern auch größere Arten, von denen die größte über 17 mm lang wird. Die größten Copepoden überhaupt gibt es unter den Parasiten, von denen einige eine Länge von 250 mm erreichen können.

Die Weibchen der Copepoden tragen die abgelegten Eier in der Regel bis zum Schlüpfen der typischen Copepoden-Nauplien in einem oder zwei Eisäckchen mit sich herum, und die Männchen übertragen ihre Geschlechtszellen in eine Spermatophore. Ansonsten sind alle Merkmale bei den parasitischen Vertretern mehr oder weniger stark abgewandelt, was so weit gehen kann, daß sie als Erwachsene gar nicht mehr als Copepoden erkannt werden können, und nur die Nauplius-Larven eindeutig ihre systematische Zugehörigkeit bekunden.

Der Körper der freilebenden Copepoda besteht aus dem Cephalothorax und 10 freien Körpersegmenten. Der Cephalothorax setzt sich aus dem typischen Kopf und einem mit ihm verschmolzenen Körpersegment zusammen, das die Maxillipeden (**Mxp**) trägt. Das erste schwimmbeintragende Körpersegment kann ebenfalls mit dem Cephalothorax verschmelzen, so daß dann nur 9 freie Körpersegmente anzutreffen sind. Die ersten 6 Körpersegmente (incl. das die Maxillipeden tragende) sind mit Extremitäten ausgestattet, von denen die letzten 5 Paar in der Regel zweiästig sind, je mit einem Exo- und Endopoditen (**Exp.** bzw. **End.**). Das letzte Extremitätenpaar (als P5 bezeichnet) ist häufig verkleinert oder fehlt ganz. Die beiden Spaltbeine eines Segmentes sind durch eine mediane Chitinplatte zu einer funktionellen Einheit verbunden. Die letzten 5 Körpersegmente (auch Abdomen genannt) haben keine Anhänge mit Ausnahme des letzten (auch Telson genannten) Segmentes, das zwei Furkaläste (**Fu**) trägt. Auf dem ersten Abdominalsegment münden die Geschlechtsöffnungen. Bei den Weibchen ist dieses Segment mit dem 2. Abdominalsegment zu einem Genitaldoppelsegment verschmolzen. Geschlechtsdimorphismen gibt es außerdem an der 1. Antenne und am letzten Beinpaar, das bei den Männchen im Dienste der Kopulation zu einer Greifantenne bzw. einem Kopulationsfuß umgebildet sein kann. Ein medianes Naupliusauge ist vorhanden, Komplexaugen und ein Carapax fehlen.

Copepoda: Harpacticoida

Die Harpacticoida sind eine primär benthisch lebende Gruppe. Nur verschwindend wenige Arten sind planktisch oder parasitisch geworden. Im Benthos sind die Harpacticoida nach den Nematoden die arten und individuenreichste Gruppe der Meiofauna. Das gilt auch für die Antarktis. Alle Harpacticoida sind klein, ihre Größe reicht von 0,3 - 2,5 mm. Je nachdem, ob es sich um interstitielle, grabende, epibenthische oder phytale Formen handelt, ist ihre Körperform verschieden. Es gibt wurmförmig-langgestreckte, zylindrische, fusiforme, oval/dorsoventral abgeflachte und lateral-kompresse Formen. Vorderkörper und Abdomen können gleich breit sein, oder der Vorderkörper ist breiter.

Trotz dieser Vielgestaltigkeit sind alle Harpacticoida von den Cyclopoida, der zweiten Copepodengruppe mit benthischen Vertretern, an folgenden Merkmalen zu unterscheiden: Die 1. Antennen (**A1**) der Harpacticoida sind kurz, mit 10 oder weniger Segmenten, während sie bei den Cyclopoida länger sind, mit 10 bis 22 Segmenten; die 2. Antennen (**A2**) der Harpacticoida sind zweiästig, die der Cyclopoida einästig (Verlust des Exopoditen). Ein besonderes Kennzeichen der Harpacticoida ist das 6. Beinpaar (**P5**). Bei ihm sind Coxa, Basis und Endopodit zu einer einheitlichen Platte verschmolzen, die als Baseoendopodit (**Benp.**) bezeichnet wird und an der (bis auf wenige Ausnahmen) ein ungegliederter, blatt- bzw. plattenförmiger Exopodit inseriert. Manchmal sind auch die Baseoendopoditen beider 6. Beine miteinander verschmolzen, so daß eine durchgehende Platte die Ventralseite des Segmentes bedeckt. Einen Überblick über den Körperbau gibt Abb. 22.

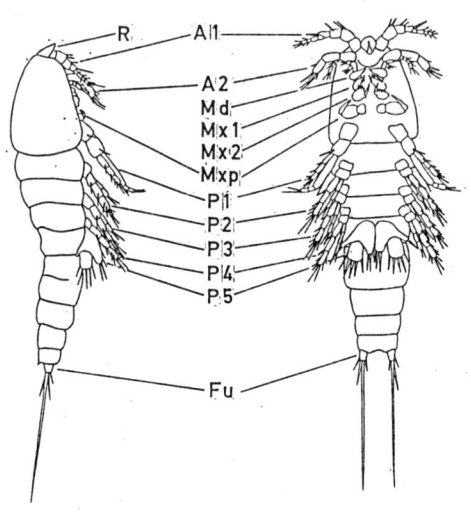

Abb. 22: Bauplan der **Harpacticoida**

Um diesen Körperbau studieren und die Bestimmungsmerkmale ermitteln zu können, müssen Totalpräparate nicht selten mit Ölimmersionsoptik betrachtet werden. Dazu ist es nötig, die Tiere mit der Ventralseite nach oben einzubetten, damit alle Details der Extremitäten einer Betrachtung zugänglich sind. Doch häufig müssen die Tiere auch gerollt werden, wenn Merkmale dorsal oder lateral aufzusuchen sind. Es empfiehlt sich deshalb, hinreichend viskose Einbettungs-mittel zu verwenden (z.B. W15, Glycerin, Polyvinyl-Lactophenol).

Gegenwärtig sind mehr als 3.000 Arten von Harpacticoida bekannt, von denen etwa 85 % marin sind. Von diesen sind nur etwa 60 Arten aus antarktischen Ge-wässern gemeldet worden, während aus der Arktis schon über 200 Arten bekannt sind. Dieses Mißverhältnis deutet an, wie unzureichend der Bearbeitungsstand antarktischer Harpacticoida ist.

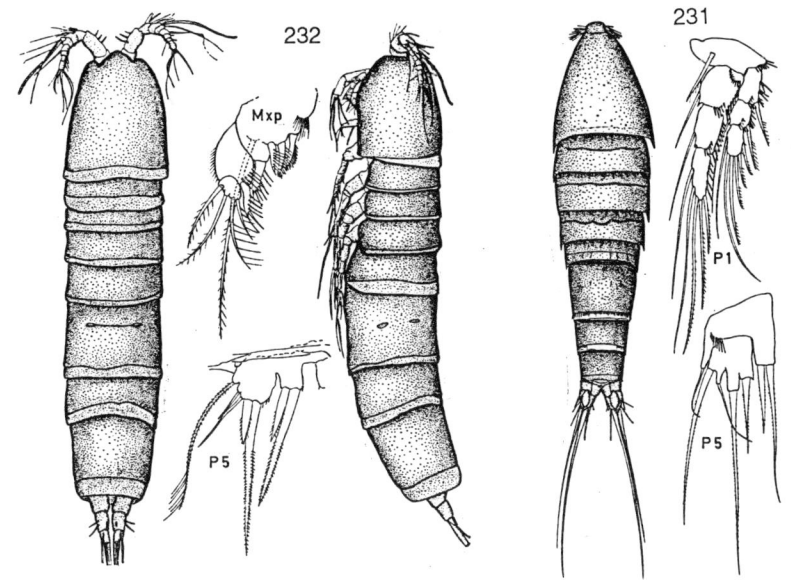

231 Ectinosomatidae.- Körper langgestreckt, entweder spindelförmig (d.h. vorne spitz, am breitesten an der Grenze Cephalothorax/Thorax, dann nach hinten sich verjüngend) oder gleichmäßig breit, ohne deutliche Grenze zwischen Thorax und Abdomen; das den P1 tragende Segment mit Cephalothorax verschmolzen; A1 kurz; Mxp. sehr charakteristisch, mit 1gliedrigem Enp. und langgestreckter Basis; Exp. P1 - P4 3gliedrig; Enp. P1 - P4 bisweilen 2gliedrig, überwiegend jedoch 3gliedrig. P5 mit Benp. und Exp., bei beiden Geschlechtern Benp. mit nur 2 inneren Randborsten, bis auf wenige Ausnahmen mit einer Flächenborste entweder auf Exp. oder Benp.- Weltweit verbreitete Familie vom Tidenbereich bis in die Tiefsee, 19 Gattungen mit etwa 200 Arten [Beispiel: *Halectinosoma unicum* LANG, 1965]; enthält interstitielle, epibenthische, phytale Formen und auch eine planktische Gattung (*Microsetella* BRADY & ROBERTSON, 1873).

232 Neobradyidae.- Körper langgestreckt, zylindrisch, keine deutliche Grenze zwischen Thorax und Abdomen; das den P1 tragende Segment mit Cephalothorax verschmolzen; Analsegment (Telson) tief gespalten; Furka kurz, die mittleren der 3 Terminalborsten besonders kräftig und lang; Exp. A2 4gliedrig; Mxp. nicht prähensil, Syncoxa mit 1 langen Borste und 4 kräftig bewehrten Dornen; Exp. P1 - P4 3gliedrig, Enp. P1 3gliedrig, P2 - P4 2gliedrig; beide P5 zu einheitlicher Platte verschmolzen, Benp. mit 2 Borsten.- 1 Gattung mit 1 Art kommt an den Küsten Englands, Norwegens und Schwedens vor. Eine zweite monotypische Gattung ist aus antarktischen Gewässern bekannt (*Antarcticobradya tenuis* HUYS, 1988); dort noch mehrere unbeschriebene Arten.

233 Tisbidae.- Körper mehr oder weniger abgeplattet, cyclopoiden-ähnlich; A2 mit Basis und 1 - 4gliedrigem Exp; P1 charakteristisch: Enp. stets abgewandelt, 2- oder 3gliedrig mit einer inneren Borste am 1. Glied, in der Regel prähensil und länger als Exp., der 3gliedrig und mit einer inneren Borste am 2. Glied ausgestattet ist; Exp. P2 - P4 3gliedrig, Enp. P2 - P4 2 - 3gliedrig; beide P5 verschmolzen oder getrennt; wenn getrennt, dann innere Verwölbung des Benp. reduziert und Exp. länglich.- 26 Gattungen mit nahezu 150 Arten. Freilebende und parasitische Arten; freilebende überwiegend benthisch und phytal vom Tidenbereich bis in die Tiefsee; auch planktische Arten. Hauptgattung *Tisbe* mit vielen Zwillingsarten [Beispiel: *Tisbe histriana* MARCUS & POR, 1961].

234 Tegastidae.- Körper lateral kompreß; Cephalon nach unten auffällig verlängert; Abdomen sehr klein; P1 mit 1gliedrigen Ästen; Basis P2 - P4 transversal in die Breite gezogen, Gliederzahl variabel.- 4 Genera, ca. 50 Arten; meist auf Algen und schlammigem Sandboden [Beispiel: *Tegastes gemmeus* HUMES, 1984].

235 Peltidiidae.- Körper kurz, breit flachgedrückt; Dorsalseite von Cephalothorax, Thorax und teilweise 1. Abdominalsegment mit vielen Chitinstangen versteift, die ein kompliziertes Netzmuster bilden; Rostrum gewöhnlich sehr breit; die ersten 3 Thoraxsegmente und gewöhnlich auch die beiden folgenden Segmente mit breiten, nach hinten gebogenen Epimeralplatten; Abdomen sehr kurz; Exp. P1 länger als Enp., prähensil und 3gliedrig, Enp P1 3- oder 2gliedrig; P2 - P4 mit transversal in die Breite gezogener Basis und 3gliedrigen, gleichgebauten Ästen; P5 mit nicht vorspringendem inneren Teil des Benp. und langgestrecktem Exp.- Kosmopolitische Familie mit 11 Gattungen und etwa 70 Arten, meist auf Algen vorkommend [Beispiel: *Alteutha sp* BAIRD, 1845].

236 Diosaccidae.- Körper langgestreckt, nach hinten schmaler werdend; Rostrum abgesetzt; Exp. P1 3gliedrig, Enp. 2 - 3gliedrig, gewöhnlich prähensil, länger als Exp., die Innenrandborste des 1. Gliedes befindet sich fast immer distal; P2 - P4 gewöhnlich 3gliedrig, Enp. P2 des Männchens sexualdimorph, in der Regel 2gliedrig; beide P5 des Männchens miteinander verschmolzen, beim Weibchen getrennt; 2 Eiersäckchen.- Umfangreichste Familie der Harpacticoida; 44 Gattungen, ca. 350 Arten; weltweit verbreitet, Tidenbereich bis in die Tiefsee. Vorwiegend benthisch, auch phytal [Beispiel: *Amphiascus undosus* LANG, 1965].

237 Cletodidae.- Körper dorso-ventral etwas abgeflacht, Segmente gewöhnlich deutlich voneinander abgesetzt; weibliches Genitaldoppelsegment (bis auf wenige Ausnahmen) dorsal quergeteilt, d. h. Sutur vorhanden; Exp. A.2 höchstens 2gliedrig; Exp. P1 2- oder 3gliedrig, Enp. aus 0 - 3 Segmenten bestehend, nie prähensil; P2 - P4 mit variabler Gliederzahl; Enp. P3 des Männchens kann geschlechtsdimorph sein.- Etwa 45 Gattungen mit über 200 Arten; weltweit von der Gezeitenzone bis in die Tiefsee; vornehmlich auf schlammigen, detritusreichen Substraten. Überwiegend marin, Vorkommen aber auch im Brack- und Süßwasser [Beispiel: *Cletodes hartmannae* LANG, 1965].

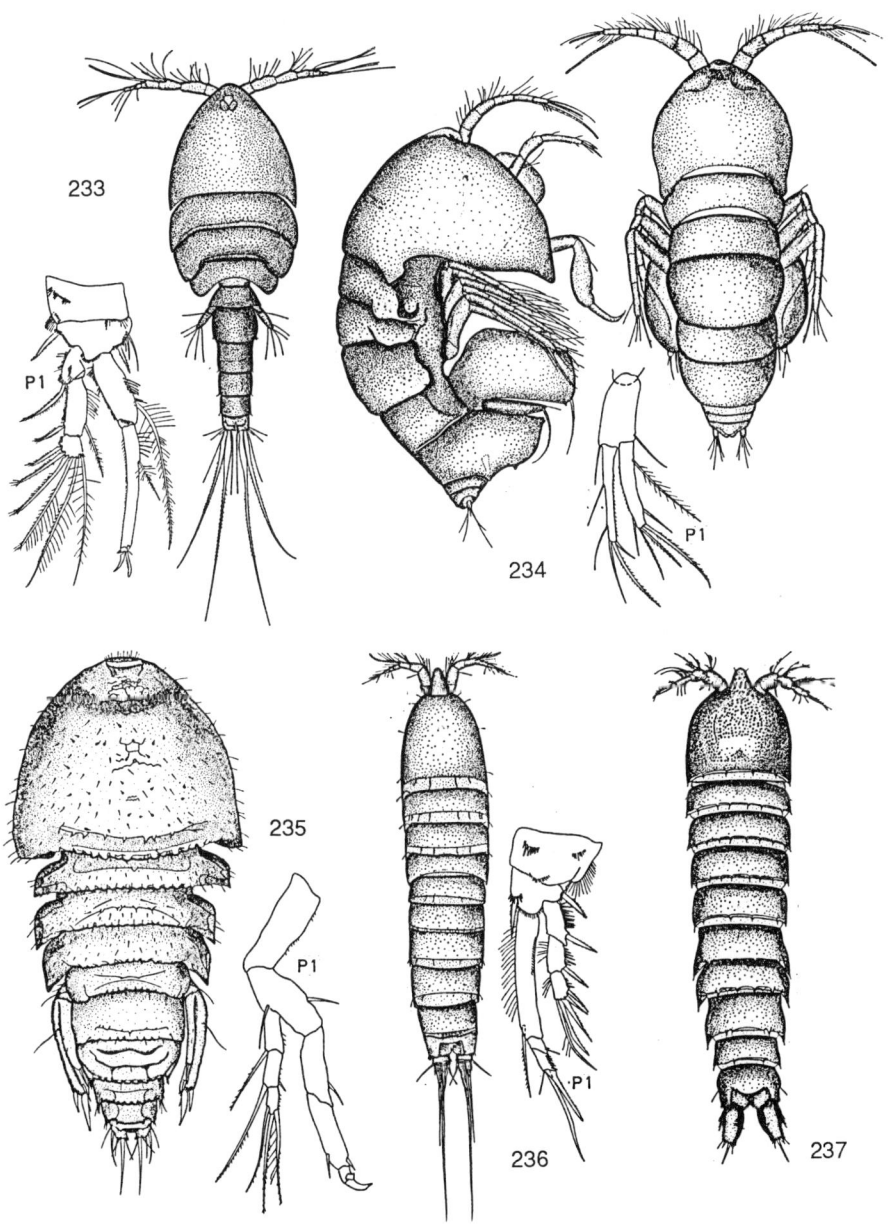

233

P 1

234

P 1

235

P 1

236

P 1

237

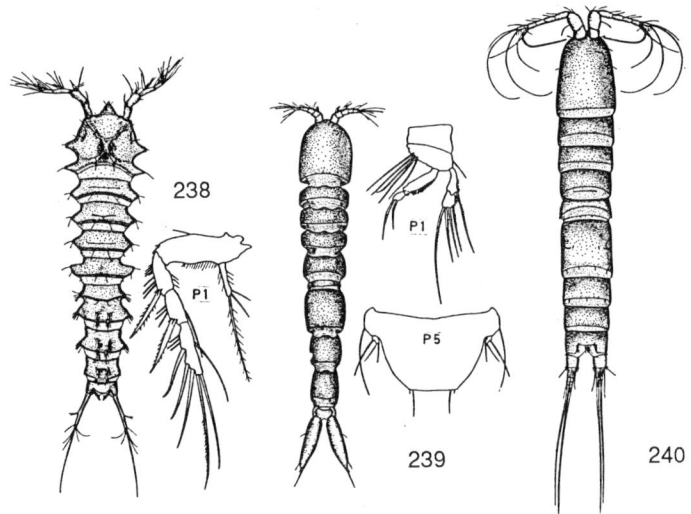

238 Ancorabolidae.- Körperform variabel; Segmente dorsal oft mit Stacheln oder mächtigen Chitinvorsprüngen; weibliches Genitaldoppelsegment mit dorsaler Sutur; A2 ohne Exp.; Basis P2 - P4 transversal auffällig verlängert; Beine stehen deshalb seitlich spinnenartig ab; Exp. P2 - P4 3gliedrig, Enp. beim Weibchen 1 - 2gliedrig und sehr variabel; Enp. P3 des Männchens 3gliedrig, geschlechtsdimorph, mit Vorsprung an der distalen Innenecke des 2. Gliedes.- 10 Gattungen mit etwa 30 Arten; Vorkommen vorwiegend in der Tiefsee und in polaren Breiten auf schlammigen Substraten [Beispiel: *Laophontodes hedgpethi* LANG, 1965].

239 Paramesochridae.- Alle Arten sehr klein; Körper langgestreckt, schlank, zylindrisch; weibliches Genitaldoppelsegment groß; Mxp. mit 1 Endklaue und 2 Endborsten; Exp. P1 2 - 3gliedrig, Enp. P1 2gliedrig; Exp. P2 - P3 3gliedrig, Exp. P4 2 - 3gliedrig, Enp. P2 - P4 höchstens 2gliedrig; Benp. P5 bei beiden Geschlechtern miteinander verschmolzen, beim Weibchen mit höchstens 2 Borsten und Exp. gewöhnlich weit überragend, beim Männchen meist nicht vorspringend und immer ohne Borsten.- Weltweit 12 Gattungen mit etwa 90 Arten im marinen Interstitial [Beispiel: *Scottopsyllus pararobertsoni* LANG, 1965].

240 Ameiridae.- Körper langgestreckt, nach hinten schmaler werdend; Exp. P1 1 - 3gliedrig, Enp. 2 - 3gliedrig, gewöhnlich länger als Exp., prähensil; Innenrandborste der Basis P1 gewöhnlich sexualdimorph, beim Männchen dornförmig; P2 - P4 gewöhnlich 3gliedrig; unterscheiden sich von **236 Diosaccidae** durch Vorhandensein nur eines Eisäckchens.- Weltweit verbreitet; 31 Gattungen mit etwa 230 Arten; überwiegend benthisch (interstitiell, grabend), wenige Arten auch Phytalbewohner [Beispiel: *Ameira parasimulans* LANG, 1965].

Tantulocarida

Gruppe kleiner, parasitischer Krebse, die in den Verwandtschaftskreis der Copepoda gehören und einen recht eigentümlichen Entwicklungszyklus durchlaufen. Deshalb ist ihre systematische Stellung auch erst kürzlich erkannt worden. Früher beschriebene Formen wurden den Dajidae (Isopoda) zugeordnet. Die Larven (Abb. 23A) setzen sich mit der Mundregion am Wirtsorganismus fest. Während der weiteren Entwicklung stülpt sich beim Weibchen direkt hinter dem Kopfschild ein mehr oder minder großes sackförmiges Gebilde aus. Später kann der Rumpf (Thorax und Abdomen) abbrechen, so daß adulte Weibchen nur noch aus einem Kopfschild und einem im Verhältnis dazu riesigen Sack mit Eiern besteht (Abb. 23B). Bei den Männchen stülpt sich bei der Larve ein sackartiges Gebilde zwischen Thorax und Abdomen aus. Das Männchen entwickelt sich innerhalb dieses Sackes und ist mit einer nabelschnurähnlichen Struktur mit dem Kopfschild der Larve verbunden (Abb. 23C). In diesem Fall bleibt das Abdomen meist erhalten, so daß eine einwandfreie systematische Zuordnung möglich ist.

Die Larven besitzen einen Kopfschild, in dessen Innern sich ein Stilett befindet. Der Thorax besteht aus 6 Segmenten, die jeweils 1 Paar reduzierter Spaltbeine tragen. Das Abdomen ist 6- oder 7gliedrig, das letzte Segment trägt kräftige Borsten. Das Männchen ist durch kräftig entwickelte Thoracopoden und einem reduzierten Abdomen, das einen großen "Penis" trägt, gekennzeichnet.

Als Wirte für die Tantulocarida wurden bis jetzt **Copepoden, Ostracoden, Tanaidaceen, Isopoden** und **Cumaceen** nachgewiesen.

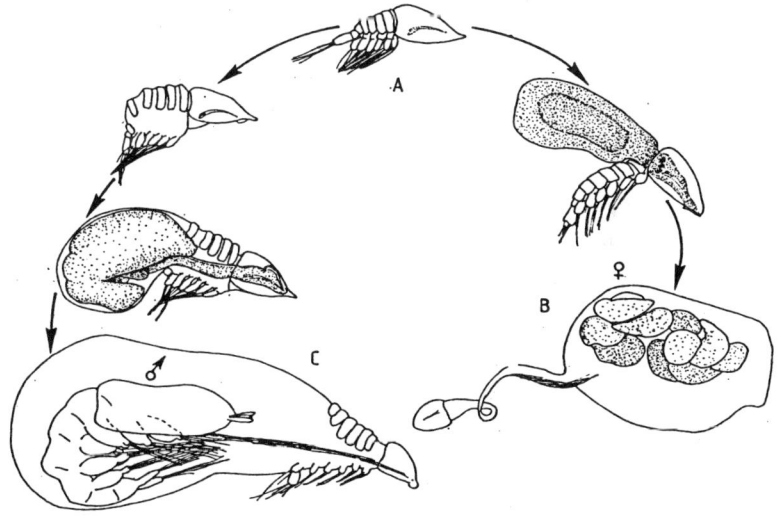

Abb. 23: Entwicklungszyklus der **Tantulocarida**

Ascothoracida

Kosmopolitische Crustaceen, die an Coelenteraten und Echinodermen parasitieren; meist getrenntgeschlechtlich, mit bohrenden Mundwerkzeugen; Larven reifen zumeist innerhalb des Carapax der Weibchen; Nauplien ohne Frontolateralhörner; der Cypris ähnlich, jedoch ohne gestielte Komplexaugen.

Synagogidae

Carapax deutlich zweiklappig, ektoparasitisch auf **Antipatharia, Crinoiden, Ophiuroiden**; 6 Paar Thorakalextremitäten; Abdomen mit 4 oder 5 deutlichen Segmenten und Furca.

241 *Ascothorax bulbosus* HEEGAARD, 1951.- Parasitisch in der Bursa von *Amphiura belgicae* KÖHLER, 1900 und *A. microplax* MORTENSEN; Zwergmännchen auf der Dorsalseite des Weibchens sitzend; mit großem, ledrigen Carapax; Hälften auf der Dorsalseite verschmolzen, Ränder nach innen umgeschlagen.

Cirripedia (Rankenfüßer)

Festsitzend (mit dem Vorderkopf an der Unterlage haftend) oder parasitisch; Körper mit großem, zweiklappigem Carapax, bisweilen mit Kalkplatten; Thoracopoden zweiästig; parasitische Formen ohne Extremitäten und Schalenplatten; Nauplien mit Frontolateralhörnern, Cypris mit sitzenden Komplexaugen.

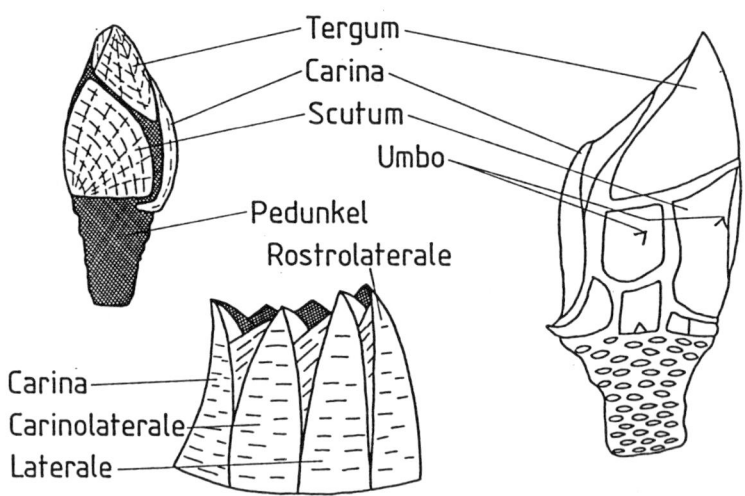

Abb. 24: Bestimmungsmerkmale der **Cirripedia**

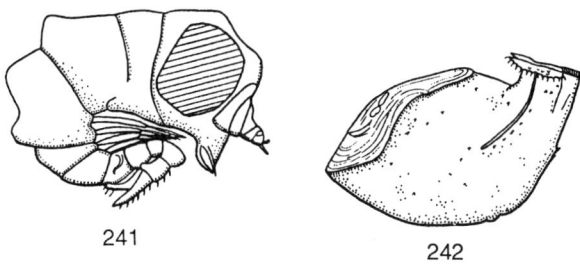

241   242

Acrothoracica

Weibchen mit zweiästigen terminalen Cirren und vollständigem Verdauungskanal; mit Zwergmännchen.

Cryptophialidae

Weibchen mit 3 oder 4 terminalen Cirren, keine Caudalanhänge; 1 - 2 dorsale fadenförmige Anhänge.

242 *Cryptophialus tomlinsoni* NEWMAN & ROSS, 1971.- Weibchen mit breiter Anheftungsscheibe; ein schlanker Hals erstreckt sich zur Öffnung; laterale Spangen einfach, ohne ausgedehnten distalen Abschnitt; Männchen ca. 0,1 mm lang, 0,07 mm breit; von der Form eines einfachen Sackes; an das Weibchen mit der ersten Antenne zwischen oberem Abschnitt der Anheftungsscheibe und lateralen Spangen festgeheftet.- Bohrend in toten **Korallen, Bryozoen** und Schalen von **248 *Bathylasma***; Antarktische Halbinsel, Ross See; bis 600 m Tiefe.

Thoracica

Carapax primär mit Kalkplatten besetzt, sessil; 6 Paar Thoraxalextremitäten; zumeist hermaphroditisch.

Lepadomorpha

Körper aus Capitulum und Pedunkel (Stiel) bestehend, mit Kalkplatten besetzt; getrenntgeschlechtlich oder hermaphroditisch; bisweilen mit Zwergmännchen oder Ersatzmännchen; in der Antarktis wichtigste Vertreter der Thoracica.

243 *Lepas australis* DARWIN, 1851.- Platten dünn, brüchig, außen glatt, mit schwachen Wachstumslinien und Streifen; umbonaler Zahn auf der Innenseite des Scutums; unterhalb Umbo der Carina mit breiter, dreieckiger Platte; nicht tief eingebettet; Pedunkel glatt.- Zirkumpolar, weit verbreitet; 0 - 4.800 m.

244 *Arcoscalpellum antarcticum* (HOEK, 1883).- Capitulum ca. 20 mm, mit 13 Platten; Pedunkel ca. 5,5 mm, zylindrisch, viel schmäler als Basis des Capitulums; Carina kräftig gebogen, Umbo apical, von der Form eines flachen Daches; oberes Laterale fünfeckig; Umbo der Carinolaterale nahezu an der Basis (Unterscheidungsmerkmal zu *Scalpellum velutinum* HOEK, 1883, etc.); Scutum rechteckig, konvex, Ränder mit Ausnahme des tergalen gebogen; Tergum dreieckig, größer als Scutum, Spitze zurückgebogen, Verschlußrand leicht gebogen; Rostrolaterale konvex, aus 2 dreieckigen Teilen bestehend; Inframedianes Laterale klein und dreieckig.- Ingrid Christensen Küste; 3.100 m.

245 *Litoscalpellum aurorae* (BAGE, 1938).- Capitulum ca. 20 mm; mit 14 Platten, durch schmale Zonen haariger Cuticula getrennt; Pedunkel weniger als halb so lang wie Capitulum, unterhalb dessen Basis er sich stark verjüngt; Platten schmal, horizontal verlängert, weit auseinander gelegen; Scutum mit deutlich aufgebogener Spitze nahe des vorderen Verschlußrandes; lange schmale Rostrolaterale dazwischen eingepaßt; Tergum, unterer Rand konvex, carinaler Rand gerade, über Carina hinausgehend konkav, eine gebogene Spitze bildend, Verschlußrand konvex; oberes Laterale mit gebogenem Fortsatz zwischen Scutum und Tergum; Rostrum klein bis sehr klein, rund; untere Laterale dreieckig; Carinolaterale dreieckig.- Adelieland; 300 m.

246 *Australscalpellum schizmatoplacinum* NEWMAN & ROSS, 1971.- Von den anderen Scalpellidae durch eine Spalte in den basalen Rändern von Scutum und Tergum sowie dem Fehlen des Rostrum unterschieden; Spalte des Scutums schließt sich während Ontogenese; Capitulum des Weibchens 0,8 - 3,6 mm lang, lateral kompreß, rechteckig, etwas höher als breit; Pedunkel 0,2 - 2,3 mm lang; Inframediane Laterale zwischen oberem Laterale und Scutum, V-förmig; oberes Laterale uhrglasförmig; membranöse Zonen zwischen Carina und benachbarten Platten, diese mit engen Wachstumslinien; Tergum dreieckig länglich, Verschlußrand und basaler Rand konvex, ca. doppelt so lang wie konkaver tergaler Rand, Umbo apical; Carina am Umbo in Winkel von 120° gebogen, 2 hohe breite Rippen erstrecken sich bis zum basalen Rand; obere Laterale in kleinen Individuen fünfseitig, in großen uhrglasförmig; Carinolaterale vierseitig, bei großen Individuen mehr als doppelt so hoch wie breit, bei kleinen nur wenig breiter als hoch; inframediane Laterale höher als breit, V-förmig; Rostrolaterale viereckig, bei juvenilen Tieren breiter als hoch, bei den Adulti höher als breit, Verschlußrand gerade mit Umbo in der Mitte; Zwergmännchen sackförmig, 0,2 - 0,5 mm lang, ohne Schalenplatten, mit konzentrischen Bändern kleiner Borsten.- Antarktische Halbinsel; 210 - 300 m.

Verrucomorpha

Ohne Pedunkel; Schalen asymmetrisch, bestehend aus Carina, Rostrum, Tergum und Scutum; zweites Tergum und Scutum bilden gemeinsam einen beweglichen Deckel; Basis membranös oder verkalkt.

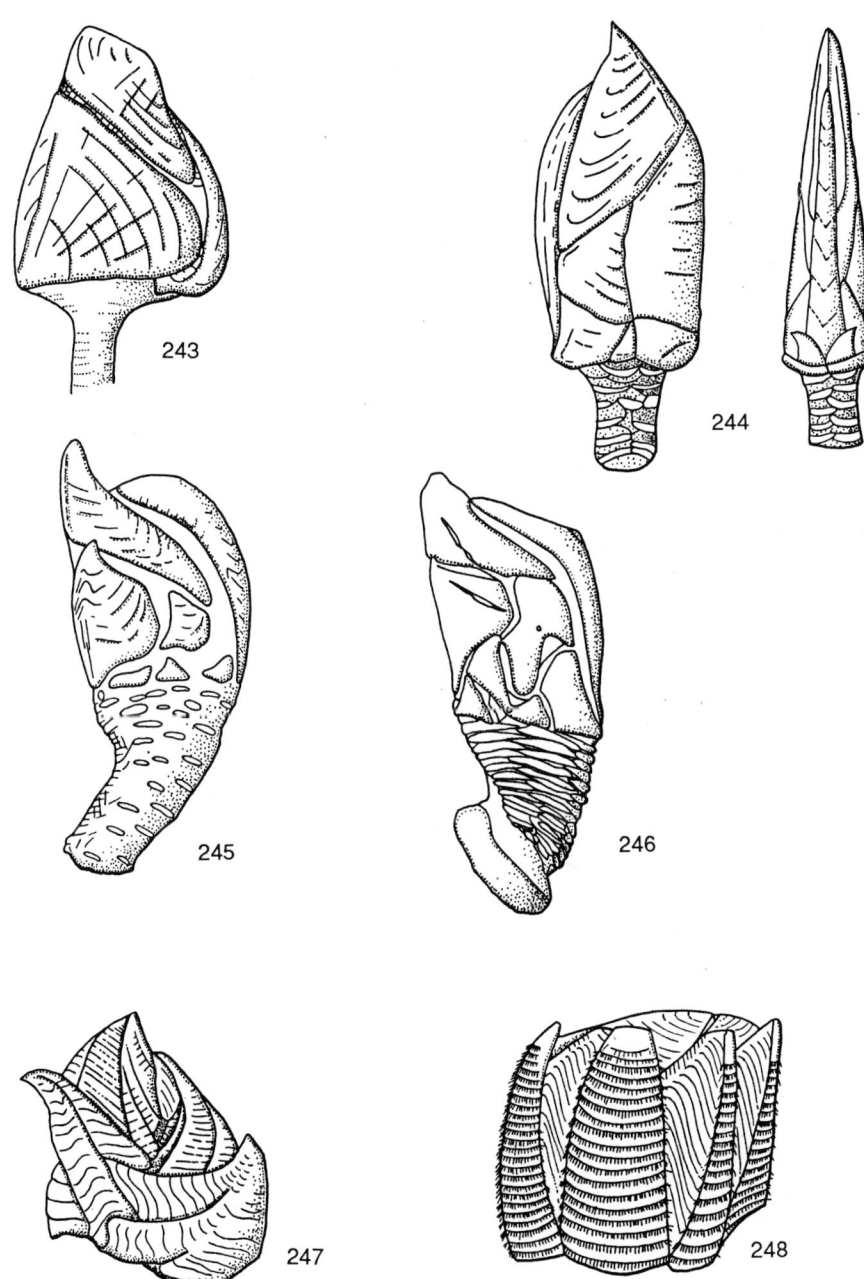

243

244

245

246

247

248

247 *Verruca gibbosa* HOEK, 1883.- Schalen ca. 8,5 mm basale Länge, basale Breite ca. 2 mm; Abstand zwischen Apices von Carina und Rostrum ca. 6,9 mm; Höhe Tergum 6,8 mm; Höhe Scutum ca. 5,9 mm. Weit verbreitetet; 500 - 1.200 m.

Balanomorpha

Ohne Pedunkel; Schale bilateral symmetrisch, mit Carina, Rostrum, 1 - 3 Paar Laterale; Deckel aus paarigen Terga und Scuta; Basis membranös oder verkalkt.

Bathylasmatidae

Mauerkrone immer ohne Radii; Platten massiv oder mit longitudinalen Kanäle.

248 *Bathylasma corolliforme* (HOEK, 1883).- 6 massive Mauerplatten, membranöse Basis; weiß; Schalenöffnung gleich groß wie oder größer als Basis; junge Individuen mit gelber Epicuticula, die mit zahlreichen, haarartigen Borsten besetzt ist; Wuchsform der Schale verändert sich erheblich mit zunehmendem Alter; bei jungen Tieren Platten dünn, nach außen erweiternd; bei alten Individuen dick bis sehr dick, ohne Erweiterung nach außen; Opercularplatten dünn oder dick, entsprechend der Mauerkrone; Carinolaterale schmal, ein Halb bis ein Drittel so weit wie basaler Rand der Laterale; apikaler Rand des Adduktorabdruckes im Scutum nicht scharf begrenzt; Tergum mit geradem Gelenkrand.- Subantarktis, antarktische Halbinsel; 210 - 1.420 m.

Leptostraca (Zartschaler)

Malakostrake Krebse urtümlichen Baues: Vorderkörper durch zweiklappigen Carapax verdeckt, so daß die Extremitäten (zarte Blattbeine), die Filterborsten und Kiemenanhänge tragen, unsichtbar sind. Mit Stielaugen und beweglichem Rostrum. Hinterleib (Pleon) mit 7 freien Segmenten, die 4 ersten mit befiederten, kräftigen Schwimmbeinen (Pleopoden). Uropoden fehlen, dafür am letzten Körpersegment (Telson) eine große Furca (ein Paar beweglicher Schwanzanhänge).

Die meist nur 5 - 15 mm langen Tiere sind nicht häufig; im allgemeinen bevorzugen sie sauerstoffarme Weichböden. *Nebaliopsis* und *Nebaliella* wurden auch im Pelagial gefunden. Die Biologie der Tiere ist ungenügend erforscht. Nahrungserwerb erfolgt durch Filtration feiner Partikel mit Hilfe der Thorakopoden, direkte Aufnahme größerer Partikel mit den Mundwerkzeugen ist auch möglich. In der Antarktis wahrscheinlich 2 - 3 Arten. Taxonomie revisionsbedürftig.

249 *Nebalia longicornis* THOMSON, 1879.- 2. Antenne auffallend lang, die Furcaspitze erreichend, Geißel mit 70 - 80 Gliedern; 4. Grundglied der 1. Antenne distal mit 1 Dorn [bei der häufigen *N. bipes* (FABRICIUS, 1780) der Nordhemisphäre findet man 3]; Rostrum in Aufsicht länglich oval; Augen schwarz, auf kurzen Stielen.- Antarktisches Schelf, aber auch Süd Georgien, Falkland, Patagonien und Neuseeland; 15 - 385 m.

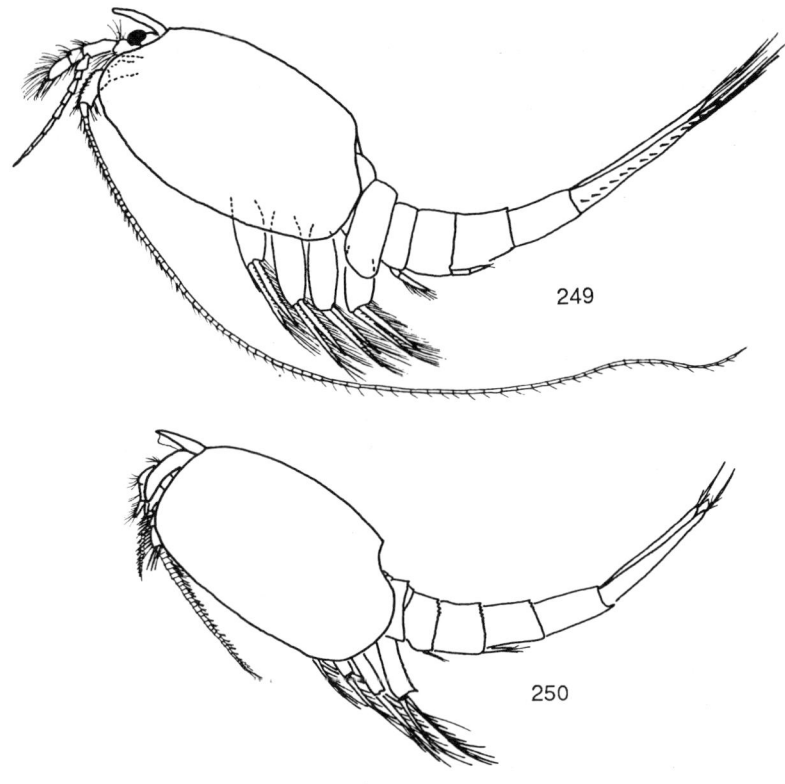

250 Nebaliella antarctica THIELE, 1904.- 2. Antenne sehr viel kürzer; Augenstiele vorhanden, jedoch ohne Augen; Rostrum in Aufsicht langoval und auf der Unterseite mit einem Kiel, der vorne in einer Spitze endet; Hinterrand der Hinterleibssegmente (Pleomere) im oberen Abschnitt gezähnt; 4. Schwimmbeinpaar größer als die übrigen (Trennungsmerkmal *zu Nebalia*).-Kerguelen.

Decapoda (Zehnfußkrebse)

Kopf- und Brustsegmente zum Cephalothorax verwachsen, Carapax mit allen Thoraxsegmenten verschmolzen, den Cephalothorax überdeckend; 8 Brustbeinpaare: 5 Laufbeinpaare (Pereopoden, P1 - P5), die Scheren tragen können (Natantia, P1 - P3); 3 Kieferfußpaare (Maxillipeden); 5 Abdominalbeinpaare (Pleopoden), z. T. reduziert; Extremitäten des 6. Abdominalsegmentes (Uropoden) bilden mit dem Telson den Schwanzfächer.

128   *Krebse, Zehnfußkrebse*

Die etwa 10.000 Decapodenarten werden in die Unterordnungen **Reptantia** und **Natantia** gegliedert. Letztere haben meist einen seitlich zusammengedrückten Körper, zum Schwimmen geeignete Pleopoden und das 1. Abdominalsegment ist kürzer als die übrigen. Die Natantia unterteilt man in die **Penaeidea, Caridea** und **Stenopodidea**. Alle aufgeführten Arten gehören zu den **Caridea**, bei denen die Pleura des 2. Abdominalsegmentes die des 1. und 3. überdecken, und die höchstens an den P1 oder P2 Scheren tragen. Südlich der antarktischen Konvergenz sind bisher 17 Arten sicher nachgewiesen.

251 *Acanthephyra pelagica* RISSO, 1816 (Oplophoridae).- Bis 147 mm lang. Rostrum so lang wie Carapax; 2. - 6. Abdominalsegment mit dorsalem Kiel, der am 3. - 6. Segment mit einem caudalen Dorn endet; Telson mit 7 - 11 Dornpaaren.- Zirkumpolar, ozeanisch; Süd Georgien, Antarktische Halbinsel, Weddellmeer; bathypelagisch; bis 4.900 m.

252 *Nematocarcinus longirostris* BATE, 1888 (Nematocarcinidae).- Bis 124 mm lang; Rostrum mit wenigstens 38 dorsalen und 5 - 7 ventralen Dornen. P1 - P2 mit kleinen Scheren; P3 - P5 auffallend lang, Carpus länger als Propodus.- Ostantarktis, Weddellmeer; bathypelagisch oder bathybenthisch; 600 - 1.000 m.

253 *Pasiphaea scotia* (STEBBING, 1914) (Pasiphaeidae).- Bis 100 mm lang; Rostrum reicht über Augenvorrand, spitz und ohne Dornen; dorsaler Kiel von Rostrum über Carapax bis 6. Abdominalsegment; Carapax mit seitlichen Kielen; Scheren der P1 - P2 mit kammartigen Schneiden; Telson mit 7 oder 8 Dornpaaren.- Selten, wahrscheinlich zirkumpolar; bathypelagisch; 750 - 1.700 m.

254 *Chorismus antarcticus* (PFEFFER, 1887) (Hippolytidae).- Bis 100 mm lang; Rostrum so lang wie Carapax, mit bis zu 10 dorsalen Dornen. Carpus der P2 besteht aus 11 - 12 Segmenten; Telson mit 2 seitlichen Dornpaaren.- Zirkumpolar, oft zusammen mit **256 *Notocrangon antarcticus***; benthisch; 15 - 1.450 m.

255 *Lebbeus antarcticus* (HALE, 1941) (Hippolytidae).- Länge bis 28 mm; Rostrum ½ so lang wie Carapax, mit 1 ventralen und 4 dorsalen Dornen; Carapax mit Rückenkiel; Carpus der P2 7gliedrig; Telson mit 6 Dornpaaren.- Terre Adelie, Wilkesland, selten im Weddellmeer (Vestkap); benthisch; 550 - 920 m.

256 *Notocrangon antarcticus* (PFEFFER, 1887) (Crangonidae).- Bis 117 mm; Rostrum reicht knapp über Augenvorderrand, spitz, ohne Dornen; Carapax etwas dorsoventral abgeflacht, mit typischen Dornen und Kielen; 1 Dorsaldorn hinter Rostrum; P1 mit Subchelae; Telson mit 4 Dornen.- Zirkumpolar, oft mit **254 *C. antarcticus***; fehlt vor der Antarktischen Halbinsel; benthisch; 15 - 1.320 m.

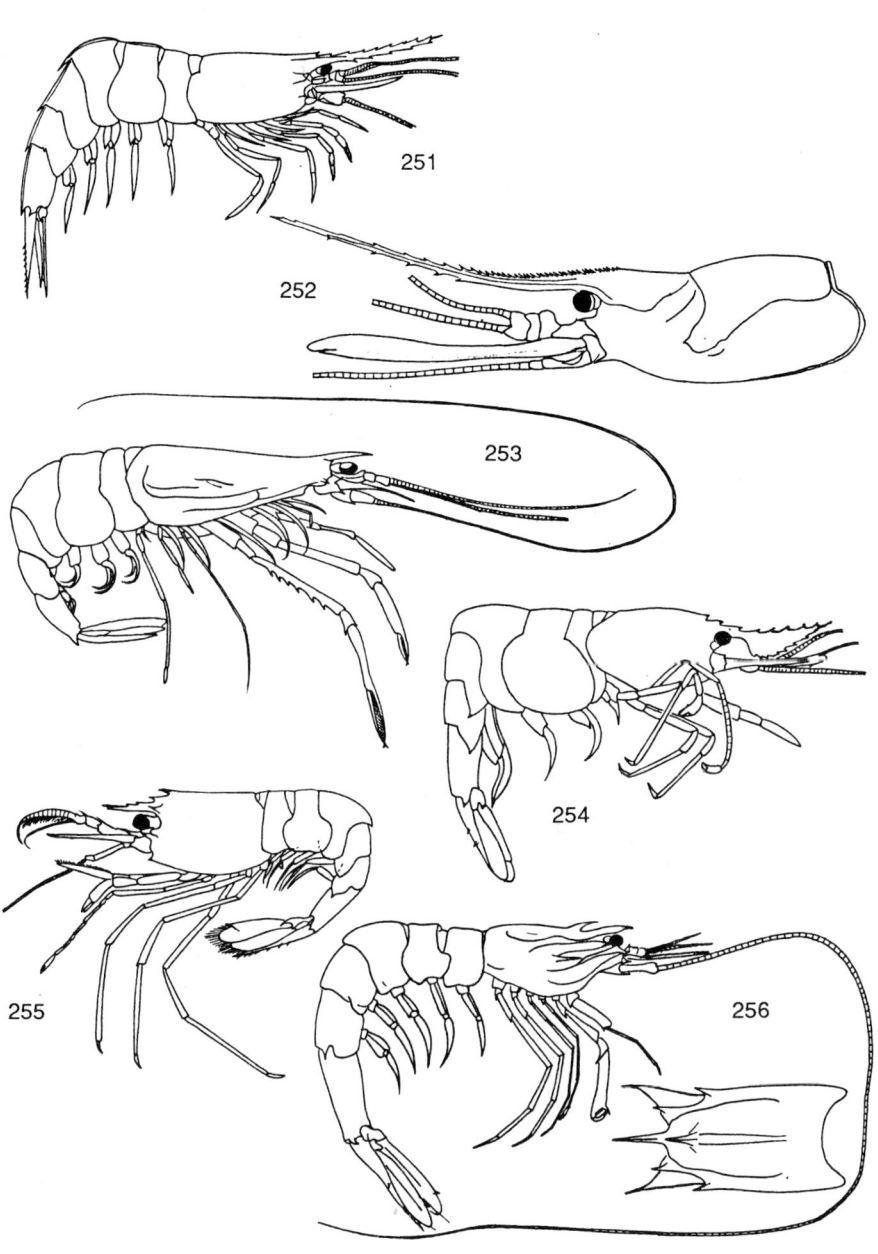

251

252

253

254

255

256

Mysidacea (Schwebgarnelen)

Garnelenförmige Peracarida mit freien, gestielten Augen; Brustschild die 5 hinteren Brustsegmente großteils überdachend, aber nicht mit diesen verwachsen; 8 Paar 2ästige Brustbeine; Außenäste fast immer vielsegmentig; Innenäste am 1. und 2. Brustsegment als Kieferfüße, ansonsten als Greifbeine, ausgebildet; 5 Schwimmbeinpaare; Weibchen mit Brutbeutel aus 2 - 7 Brutplattenpaaren.

Mysidaceen werden oft mit dem *Mysis*-Stadium von **Dekapoden** und mit **Euphausiaceen** verwechselt. Bei diesen ist der Brustschild mit (fast) allen Brustsegmenten verwachsen, die Uropoden haben niemals eine Statozyste. Dekapoden mit 3 Paar Kieferfüßen und meist Scheren am 4. Brustbeinpaar, Euphausiaceen ohne Kieferfüße, dafür meist Leuchtorgane und als Adultus ein Paar seitlicher Anhänge vor der Spitze des Telson.

Bei der Kopulation wird das Sperma in den Brutbeutel eingebracht. Danach werden die Eier in den Brutbeutel abgelegt und befruchtet. Aus der Eihülle schlüpft das Nauplioid-, und nach der ersten Häutung das Postnauplioid-Stadium. Kurz nach oder vor der zweiten Larvalhäutung zum freibeweglichen Juvenilstadium erfolgt die Freigabe aus dem Brutbeutel. Nach weiteren 10 - 11 postlarvalen Häutungen wird die Geschlechtsreife erreicht (bei *Antarctomysis maxima* möglicherweise nach 2 Jahren). Bezogen auf die große Körperlänge (20 - 60 mm) findet man in der Antarktis nur wenige (20 - 35) aber sehr große (0,5 - 1,3 mm) Eier. Nach Erfahrungen an arktischen Formen ist zu vermuten, daß Weibchen 1 - 2 Bruten nach einer Inkubationszeit von je 5 - 9 Monaten absetzen.

In den Mägen findet man meist Detritus, Diatomeen und Zooplankton. Plankton und Sinkstoffe werden durch die rotierenden Außenäste der Brustfüße herbei- bzw. vom Boden aufgewirbelt. Oft wird gezielt nach Nahrung gegriffen. Vielfach epibenthisch, meist hyperbenthisch, d.h. in dauernder Schwimmaktivität knapp über dem Bodengrund schwebend. Vertikalwanderungen treten oft auf.

Südlich des 60. Breitengrades sind 26 Arten nachgewiesen; außer der endemischen **264 *Antarctomysis*** sind alle Genera kosmopolitisch.

Lophogastrida
Verzweigte Kiemen an Brustbeinen; Pleopoden in beiden Geschlechtern 2ästig; keine Statozyste.

257 *Eucopia australis* DANA, 1852.- 40 - 54 mm, durchscheinend rot; Abdominalsegmente ohne Pleuren; Brustbeine 5 - 7 extrem verlängert, zarte Subchelae; gedrungene Antennenschuppe, kaum distales Segment des Antennulastammes überragend; räuberische Tiefenform.- Weltweit; 62°N - 70°S, 600 - 6.000 m.

Mysida
Ohne Kiemen; Pleopoden der Weibchen einästig, reduziert; beim Männchen 1 - 2ästig; oft modifiziert.

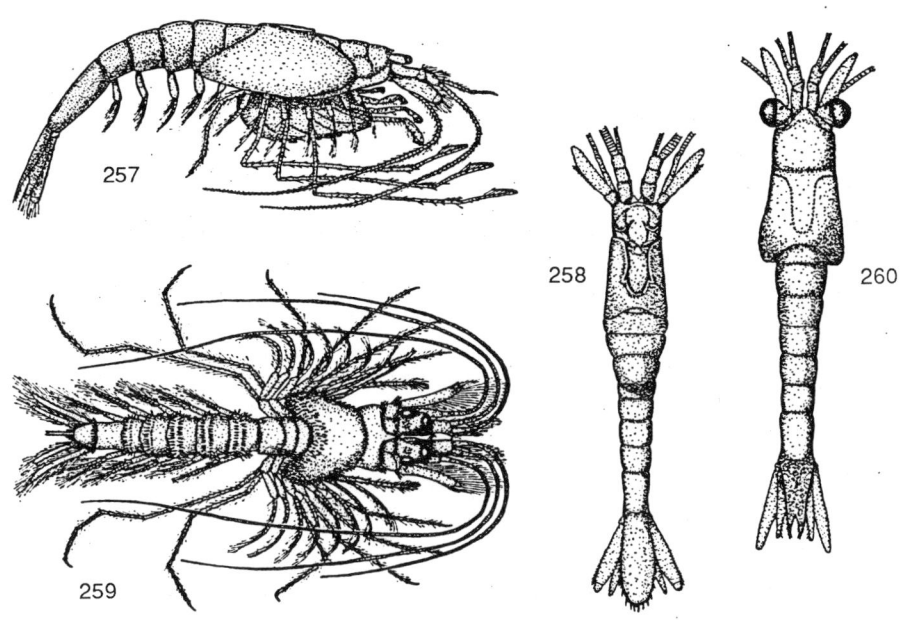

257

258 260

259

Petalophthalmidae
Kurzer Brustschild; erstes Brustbeinpaar ohne Außenast; keine Statozyste. Zumeist räuberische Tiefenformen mit starker Tendenz zur Augenreduktion.

258 *Hansenomysis antarctica* HOLT & TATTERSALL, 1906.- 20 - 23 mm; hellbraun mit dunkleren Flecken; Augen zu Stirnlappen reduziert, Körper ohne exzessives Dornenkleid; mit Dornen, aber ohne Borsten am Proximalteil des Außenrandes der Antennenschuppe; Telson breit, mit konvexen Rändern.- Zirkumpolar, 53°S - 76°S; benthisch und mesopelagisch in 100 - 400 m.

Mysidae
Erstes Brustbeinpaar mit Außenast; große Statozyste im inneren Uropodenast.
Zwei Unterfamilien im Gebiet, es werden aber nur die **Mysinae** angeführt, da die **Boreomysinae** pelagisch sind. Greifbeine der **Erythropini** mit schrägem Gelenk zwischen Carpus und Propodus, das Telson ist ungespalten und es besteht

eine starke Tendenz zur Augenmodifikation bzw. -reduktion. **Leptomysini** und **Mysini** dagegen haben transversale Carpopropodus-Gelenke. Antennenschuppe der **Leptomysini** lanzettförmig und rundum beborstet, die der **Mysini** variabel.

259 *Euchaetomera zurstrasseni* (ILLIG, 1906) (Erythropini).- 8 - 14 mm; mit zweiteiliger Cornea, Proximalteil des Außenrandes der Antennenschuppe nackt, distal mit kräftigem Dorn; mit Dornen am Vorderrand des Brustschildes und am Seitenrand des Telson; Antennenschuppe ca. 5mal so lang wie breit.- Alle Ozeane, 2°S - 66°S; pelagisch in 200 - 500 m, seltener benthisch.

260 *Pseudomma armatum* HANSEN, 1913 (Erythropini).- 16 - 22 mm; mit reduzierten, zu einer einzigen Stirnplatte verschmolzenen Augen, ohne seitliche Fortsätze; männliche Pleopoden zweiästig; Telson kürzer als 1,5fache Breite, mit 2 Paar Dornen an der Spitze; ; Schelfbewohner in 60 - 350 m; ähnlich ist *P. belgicae* (HANSEN) HOLT & TATTERSALL, 1906, jedoch Telson mindestens 1,5mal so lang wie breit, mit 3 Paar Dornen an der Spitze; durchscheinend blaß rot; 20 - 27 mm; in 150 - 1.000 m.- Beide Arten antarktisch, 53°S - 80°S.

261 *Amblyops antarctica* TATTERSALL, 1955 (Erythropini).- 13 mm; Augen zu je einer getrennten seitlichen Stirnplatte reduziert; Antennenschuppe überragt nicht den distalen Dorn am Außenrand, kürzer als 2,5mal die Breite; Dornen nur am distalen Drittel des Telsonseitenrandes.- Antarktis, 57°S - 78°S; 500 - 800 m.

262 *Dactylamblyops hodgsoni* HOLT & TATTERSALL, 1906 (Erythropini).- 10 - 18 mm; getrennte, unvollständig ausgebildete, zapfenförmige Augen; Rostrum annähernd gleichmäßig gerundet; Telson dreieckig, ohne Fiederborsten an der Spitze.- Zirkumpolar, 53°S - 66°S; überwiegend benthisch in 500 - 4.000 m.

263 *Mysidetes posthon* HOLT & TATTERSALL, 1906 (Leptomysini).- 15 - 25 mm; Tarsus der Greifbeine vielgliedrig; Pleopoden in beiden Geschlechtern reduziert; Telson distal gespalten; Antennenschuppe ca. 1,5mal so lang wie der Antennulastamm, Seitenränder des Telson mit Dornen über die ganze Länge; 200 - 800 m, oft in Schwärmen; ähnlich ist *M. brachylepis* TATTERSALL, 1923; jedoch Antennenschuppe kürzer als Antennulastamm, nur die distalen 70 % der Telsonseitenränder mit Dornen; 17 - 20 mm, 100 - 500 m.- Beide Arten zirkumpolar, 49°S - 80°S.

264 *Antarctomysis maxima* (HANSEN) HOLT & TATTERSALL, 1906 (Mysini).- 25 - 77 mm; Antennenschuppe rundum beborstet; Telson distal gespalten, ohne Fiederborsten; Außenast des 4. männlichen Pleopoden mehr als 7-segmentig; sehr große Cornea; Basis der 2. Antenne mit zwei dornartigen Fortsätzen; 30 - 500 m; ähnlich ist *A. ohlini* HANSEN, 1908, mit kleinerer Cornea, 2. Antenne mit nur einem dornartigen Fortsatz; 33 - 60 mm; 100 - 700 m.- Beide Arten durchscheinend rot.- Zirkumpolar, 53°S - 78°S, mesopelagisch, in Schwärmen, seltener benthopelagisch; oft massenhaft.

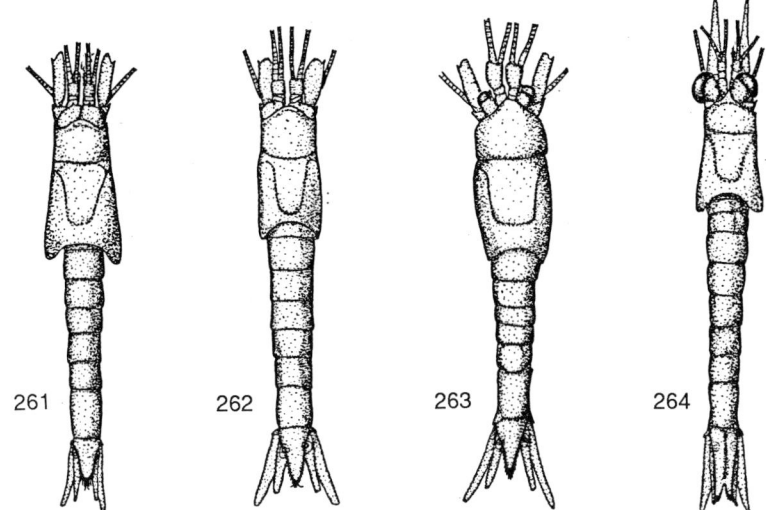

261   262   263   264

Amphipoda (Flohkrebse)

Carapax fehlend; 1. (selten 2.) Thorakomer mit dem Kopf verschmolzen (Cephalothorax); Abdomen mit 3 Paar Pleopoden und 3 Paar kurzen, griffelartigen Uropoden (Up); Kiemen an basaler Innenseite der 7 Laufbeinpaare (P1 - P7; Peraeopoden); Augen sitzend; meist zwischen 1 - 50 mm groß, doch tritt auch Gigantismus (> 25 cm) auf.

Der Name Amphipoda nimmt Bezug auf die Ausrichtung der Peraeopoden: Die ersten 4 weisen nach vorn, die folgenden 3 nach hinten.

Die Körperoberfläche kann glatt als auch stark skulptiert sein, mit Kielen oder zahnartigen Fortsätzen. Die Färbung reicht von blassen bis zu intensiven Rot-, Grün- oder Blautönen. Der Körper ist meist in Cephalosom (Cephalothorax = "Kopf"), Peraeon (7 freie Mesosomsegmente) und Pleon (Abdomen = 3 Metasom- und 3 Urosomsegmente) gegliedert; das Telson bildet als lamellarer bzw. fleischiger Anhang, den After überdeckend, das Körperende. Der Kopf, oft in ein Rostrum verlängert, trägt 2 Paar Antennen (A1, A2) sowie die Mundwerkzeuge (Mandibel, Maxille 1 + 2, Maxilliped). Die Peraeonsegmente tragen jeweils 1 Paar lästige, 7gliedrige Peraeopoden (Schreitbeine); Glied 1 (Coxa = C) ist meist plattenartig verbreitert, bilden einen Schutzraum für die Kiemen sowie beim Weibchen für die Oostegite (Brutlamellen, die das Marsupium [Brutbeutel] formen). P1 und P2 meist als Gnathopoden (Gnp) (Greifbeine, subchelat oder chelat). P3 - P7 dienen der Fortbewegung (Schreiten, Klettern, Stützen, Schieben). Die Metasomsegmente tragen je 1 Paar Pleopoden (Schwimmbeine), die Urosomsegmente die Uropoden (Springbeine; fungieren als Nachschieber).

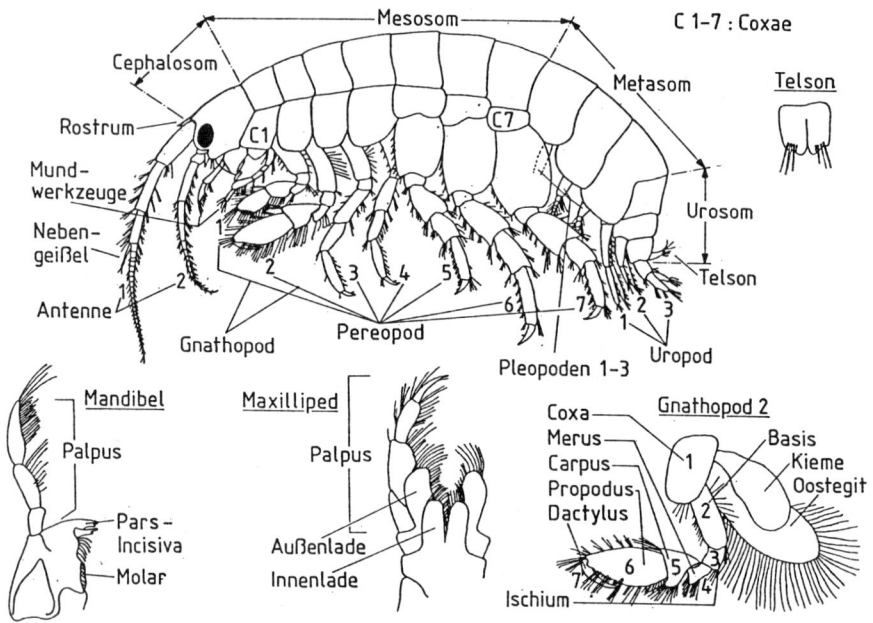

*Abb. 26: Bauplan der **Amphipoda** (nach* BARNARD, *1969)*

Die Amphipoden sind getrenntgeschlechtlich (Sexualdimorphismus ist häufig). Der Lebenszyklus umfaßt 1 bis mehrere Jahre. Die Eier werden vom Weibchen im Marsupium ausgetragen.

Flohkrebse sind Räuber, Aas-, Pflanzen-, Detritus- und Geschwebefresser, aber auch Parasiten (Lysianassidae; Cyamidae als Ektoparasiten auf Walen). Sie besiedeln alle marinen, limnischen und auch feucht-terrestrischen Lebensräume (bis > 5.000 m Höhe).

Die weltweit über 5.000 beschriebenen Arten verteilen sich wie folgt auf die 4 Unterordnungen: **Gammaridea** 90 %, **Hyperiidea** < 6 %, **Caprellidea** < 4 % und **Ingolfiellidea** unter 1 %. Spezielle Körperformen sowie Abwandlungen und Reduktionen von Körpersegmenten und Extremitäten charakterisieren die einzelnen Gruppen.

Die stygobionten **Ingolfiellidea** haben ihre Verbreitung in den Tropen sowie warm-temperierten Zonen und werden daher hier nicht weiter behandelt.

Die Amphipoden der Antarktis sind noch unvollständig bekannt. Allein für die **Gammaridea** wurden bisher für die Ozeane südlich von 50°S über 500 Arten in über 30 Familien nachgewiesen. Die eindeutige Bestimmung der Arten ist meist nur durch Präparation und Studium der taxonomischen Literatur möglich.

Crustacea, Amphipoda/ Gammaridea 135

Gammaridea

Cephalosom aus Kopf und 1. Thorakomer bestehend; Augen teilweise den Kopf bedeckend; Nebengeißel der A1 kann fehlen; Mundwerkzeuge variabel; Maxilliped gewöhnlich 7gliedrig, Innenladen selten verwachsen, Palpus meist 4gliedrig; Peraeopoden, Pleopoden und Uropoden meist vollzählig und vollständig; Pleon gewöhnlich aus 6 freien Segmenten; Telson fleischig bzw. lamellar, gespalten oder ganzrandig; bei den Gnathopoden greift der Dactylus gegen den Propodus.

Körper gewöhnlich lateralkompreß, spindelförmig; diese Gestalt erfährt Verstärkung durch Vergrößerung der Coxae und Verbreiterung der Basen der Peraeopoden 5 - 7; depresser Körperbau führt dagegen zu deutlich kleineren Coxalplatten (**Corophiidae, Podoceridae**).

Benthisch, epibenthisch; nur wenige Formen sind pelagisch; charakteristische Bewegungsart lateralkompresser Formen ist ein Rutschen auf der Seite liegend.

Phoxocephalidae

Körper spindelförmig, glatt; Gestalt meist bestimmt durch das flache, helmartig ausgezogene und das basale Glied der A1 überdeckende Rostrum; Coxae 1 - 4 relativ groß, ventral beborstet; beide Gnathopoden ähnlich, subchelat; bei grabenden Formen sind die Peraeopoden stark beborstet oder bestachelt; P6 verlängert, P7 kurz.- Sehr umfangreiche, kosmopolitisch verbreitete Familie.

265 Heterophoxus videns K. H. BARNARD, 1930 .- Länge bis 10 mm.- Westliche Antarktis, Scotia Bogen, Magellan-Region, Pazifik (Chile); bis 475 m.

Lysianassidae

Körper kräftig, meist glatt, lateralkompreß, selten aufgetrieben; Coxae groß; A1 kleiner als A2, 1. Stielglied der A1 groß, angeschwollen, Glieder 2 und 3 kurz; Nebengeißel vorhanden; Mundwerkzeuge variabel; Gnathopoden 1 und 2 verschieden; Gnathopod 2 lang und schlank, Carpus und Propodus dicht beborstet, Dactylus meist klein, subchelat bis chelat.- Diese kosmopolitisch verbreitete Familie ist die artenreichste in der Antarktis, von den weit über 100 Gattungen kommen mehr als 50 in der Antarktis vor; carnivor (glatte Mandibelschneide); überwiegend benthisch, aber auch pelagisch.

266 - 267 Abyssorchomene DE BROYER, 1984.- Die 7 Arten der Gattung sind auf die Südhalbkugel beschränkt; das Weibchen von **266 A. rossi** (WALKER, 1903) bis zu 30 mm, kommt oft sympatrisch mit **267 A. plebs** (HURLEY, 1965) vor.- Beide Arten zirkumpolar, sehr häufig (auch an der Schelfeiskante); 0 - 800 m.

268 Cyphocaris richardi CHEVREUX, 1905.- Weibchen bis über 50 mm; ein charakteristischer, den Kopf überragender, spitzer, dornartiger Fortsatz wächst altersabhängig von einer stumpfen, sackförmigen Ausstülpung des Mesosomsegmentes aus; in der Antarktis noch 3 weitere recht ähnliche Arten.- Kosmopolitisch, pelagisch; > 6.500 m.

Eusiridae
Körper kräftig, kompreß; Peraeonsegmente kurz, Metasomsegmente lang; Coxae von mittlerer Größe; Antennen gut entwickelt, Nebengeißel klein oder fehlend; Rostrum häufig groß; Gnathopoden gleich, meist subchelat; Peraeopoden verlängert (deutlich P5 - P7); Uropoden lang, 2ästig, lanzettförmig; Telson lamellar, meist tief gespalten.- Sehr umfangreiche, epibenthisch bis pelagisch lebende Familie; in antarktischen Gewässern über 30 Gattungen.

269 *Eusirus perdentatus* CHEVREUX, 1912.- Für die Gattung ist die Propodus-Insertion am schlanken Ende des Carpus charakteristisch; Weibchen bis 50 mm; in der Antarktis noch 7 weitere recht ähnliche Arten.- Zirkumpolar; bis 200 m.

Paramphithoidae
Körper kräftig, meistens mit Fortsätzen; Rostrum groß; vordere Coxae (bis 4) meistens zugespitzt oder ventral eingebuchtet, mit randständigen Spitzen; Mundwerkzeuge als subquadratisches Bündel angeordnet, Mandibel mit Molar; Gnathopoden schwach entwickelt, einfach bis subchelat; Äste des Uropod 3 verlängert, lanzettförmig; ähnlich den **Acanthonotozomatidae (276 - 277)**.- Über 10 Gattungen, 5 in der Region vertreten und 2 auf die Südhalbkugel begrenzt.

270 *Epimeria macrodonta* (WALKER, 1906).- Bis über 30 mm; mehr als 10 weitere, recht ähnliche Arten sind aus dem Gebiet gemeldet.- Zirkumpolar; bis 900 m.

271 *Epimeriella macronyx* WALKER, 1906.- Bis über 30 mm; in der Antarktis noch 3 weitere Arten.- Zirkumpolar; bis 900 m.

Oedicerotidae
Körper meist nur schwach kompreß; Kopf groß, gewöhnlich helmartig; falls Augen vorhanden, meist dorsal zusammenstoßend bzw. verwachsen; Coxae mittelgroß, Ventralränder beborstet; P7 deutlich länger als P5/ P6; Uropodenäste lanzettförmig, Äste des Up3 so lang wie Stiel; Telson lamellar, kurz, ganzrandig oder apikal eingedellt.- Weltweit verbreitet, mehr als 30 Gattungen, mindestens 12 in der Antarktis.

272 *Oediceroides calmani* (WALKER, 1906).- Bis zu 30 mm; aus der Antarktis sind weitere neun recht ähnliche Arten bekannt.- Zirkumpolar; bis 550 m.

Leucothoidae
Körper glatt, kompreß; Antennen kurz, etwa gleich lang; Gnathopod 1 mit großer caprochelater Schere; Mandibel ohne Molar; Laden des Maxilliped klein, Palpus lang; Telson lamellar, lang, ganzrandig.- Familie enthält 4 Gattungen, von denen nur **Leucothoe** in antarktischen Gewässern vertreten ist.

273 *Leucothoe spinicarpa* (ABILDGAARD, 1789).- Bis über 20 mm; epibenthisch, auch Kommensale in Ascidien und Schwämmen; Taxonomie der auftretenden Formen ist unsicher, vermutlich mehrere gute Arten.- Kosmopolitisch; bis 900 m.

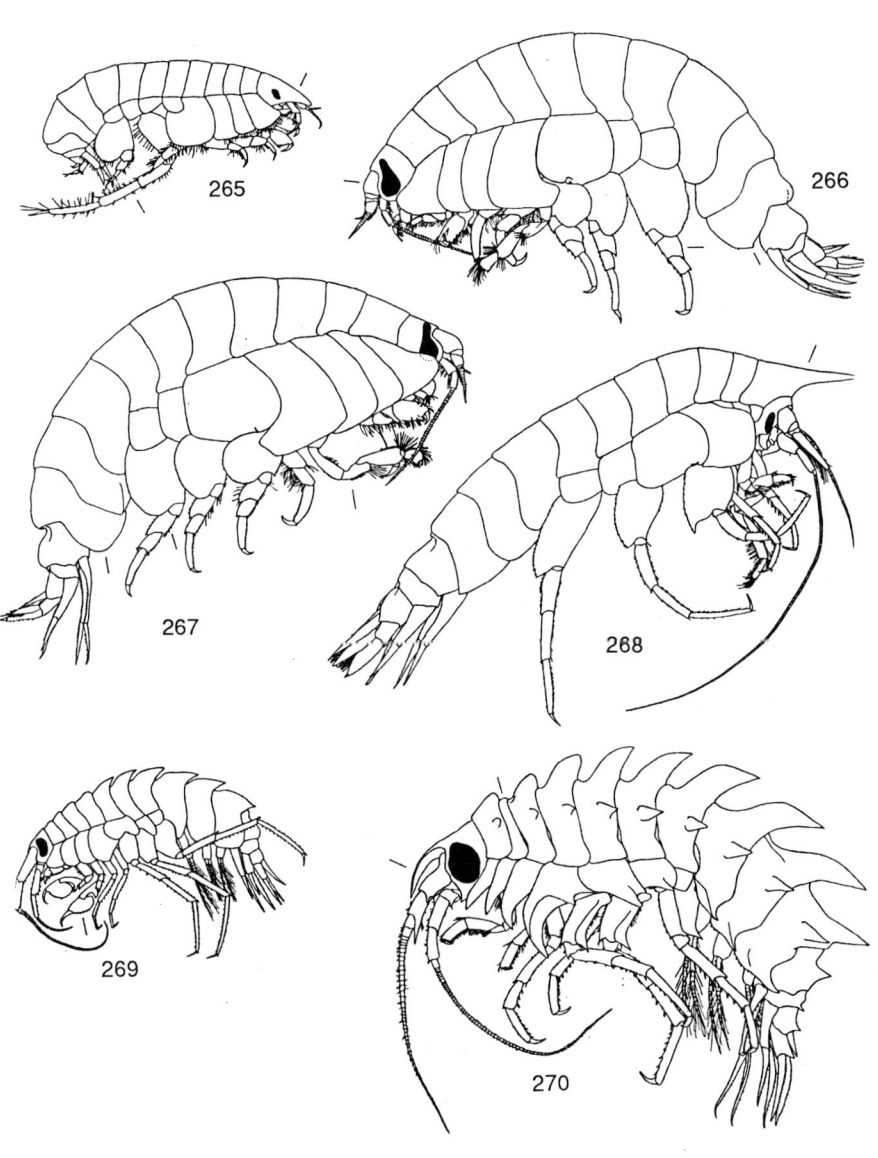

265

266

267

268

269

270

138 _Krebse, Flohkrebse_

Stenothoidae
Körper gewöhnlich glatt; Coxa 1 klein oder fehlend, von Coxa 2 verdeckt; Coxae 2 - 4 groß, Coxa 4 schildartig vergrößert; Maxilliped schlank, Laden reduziert; Gnathopod 1 klein, einfach bis subchelat; Gnp 2 meist gut entwickelt, subchelat bis chelat; Basis von P5 schlank, von P6 und P7 gewöhnlich verbreitert; Uropod 3 einästig.- Mit mehr als 16 Gattungen, davon über 10 in antarktischen Gewässern.

274 _Antatelson walkeri_ (CHILTON, 1912).- Kleinere Form, > 3 mm; im Gebiet 3 weitere, ähnliche Arten.- Antarktische Halbinsel bis Süd Georgien; bis 200 m.

Stegocephalidae
Körper robust, gerundet; Kopf stark vertralwärts gebogen; Coxae 1 - 4 ein zusammenhängendes Schild bildend, Coxae 1 - 3 können ventral zugespitzt sein; Mundwerkzeuge als konisches Bündel angeordnet, Mandibel ohne Molar und Palpus; Gnathopoden schwach ausgebildet, einfach bis subchelat; Uropoden 2ästig; Telson lamellar, gespalten und ganzrandig.- Familie enthält über 17 Gattungen; charakteristisch ist ihre Bindung ans Abyssopelagial.

275 _Parandania boecki_ (STEBBING, 1888).- Bis über 40 mm.- Kosmopolitisch; bis 6.000 m.

Acanthonotozomatidae
Körper kräftig, meist mit dorsalem Kiel bzw. Zahnbildungen; Kopf mit langem Rostrum; Augen groß; Mundwerkzeuge in konischem Bündel unterhalb des Kopfes angeordnet, Molar der Mandibel klein oder fehlend; Maxilliped gut entwickelt, Palpus 3- oder 4gliedrig; Coxae meist zugespitzt; Gnathopod 1 und 2 schlank, schwach entwickelt, chelat; Basis P5 - P7 verbreitert, posterodistale Ecke oft mit Zahn; Verwechselung mit den **Paramphithoidae** möglich.- Vorwiegend epibenthische Familie der antarktischen Gewässer mit mehr als 20 Gattungen.

276 _Echiniphimedia scotti_ K. H. BARNARD, 1930.- Bis über 20 mm; in der Antarktis noch mindestens 6 weitere Arten.- Wahrscheinlich zirkumpolar; > 450 m.

277 _Gnathiphimedia sexdentata_ (SCHELLENBERG, 1926).- Bis über 25 mm; im Gebiet 5 weitere Arten vertreten.- Zirkumpolar; > 700 m.

Ampeliscidae
Körper stark kompreß, meist ohne Fortsätze; Urosomsegmente 2 + 3 verschmolzen; Kopf länglich; Augen meist mit 2 Paar kutikularer Linsen; A1 inseriert am äußersten Kopfende; Coxae 1 - 4 verlängert, ventral beborstet; Gnathopoden schlank, einfach bis subchelat; Merus P3 + P4 verlängert; P7 kurz, Basis stark verbreitert, distal ausgelappt, Rand mit gefiederten Borsten.- Über 130 Arten, kosmopolitisch; in oberer Sedimentschicht in Sekrettaschen oder -röhren lebend.

278 _Ampelisca bouvieri_ CHEVREUX, 1912.- Über 25 mm lang; mehr als 10 weitere Arten in der Antarktis.- Antarktische Halbinsel bis Süd Georgien; bis 260 m.

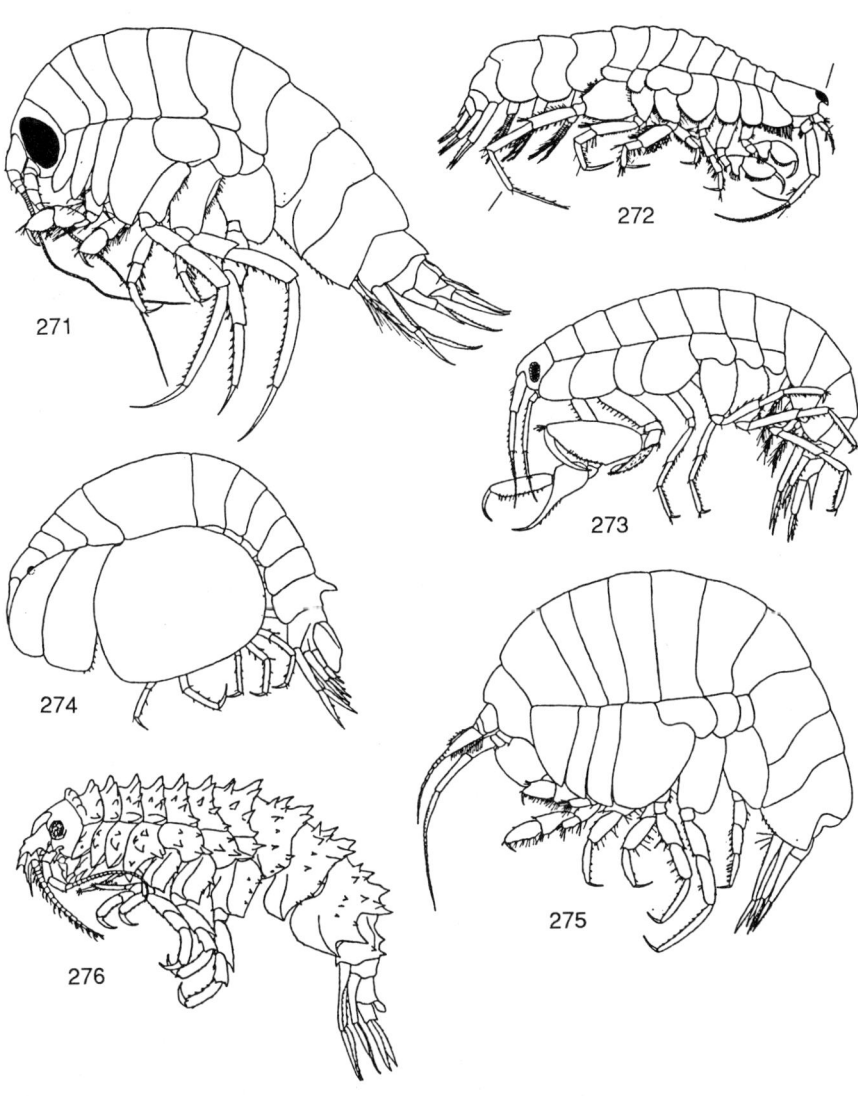

Melitidae
Körper gestreckt, ± kompreß; Peraeon glatt, Pleon gewöhnlich mit Fortsätzen; Coxae relativ kurz, einander berührend; 2. Stielglied der A1 verlängert; Gnathopoden subchelat, Gnp 2 > 1; P5 - P7 kräftig, Basen variabel; Uropoden 2ästig, Äste des Up3 variabel, lang; Telson lamellar, gespalten; ausgeprägter Sexualdimorphismus.- Familie umfaßt > 30 Gattungen, von denen wenigstens 5 in der Antarktis vorkommen.

279 *Paraceradocus gibber* ANDRES, 1984.- Bis über 60 mm; in der Antarktis wohl mehr als 5 Arten.- Antarktische Halbinsel, Scotia Bogen; 250 - 350 m.

Hyperiidea
Körper gewöhnlich tropfenförmig (Kopf = stumpfes Ende), selten stabförmig; Mesosoma meist aufgetrieben; Kopf und Thorakomer 1 verwachsen; Augen meist groß, Kopf vollständig bedeckend; vordere Peraeonsegmente völlig oder teilweise verschmolzen; Abdomen meist vollständig und kräftig entwikkelt; Urosomsegmente 2 und 3 gewöhnlich verwachsen; Coxae kurz und klein, häufig mit den Segmenten verwachsen; Innenladen des Maxillipeden meist verwachsen, Palpus bis auf sehr wenigen Ausnahmen fehlend; zusätzlich zu P1 + P2 können auch die anderen Peraeopoden Greiforgane ausbilden; bei den Gnathopoden greift der Propodus gegen den verlängerten Carpus; Größe adulter Tiere zwischen 2 - 140 mm.

Die Hyperiidea sind ausschließlich marine, pelagische Organismen, die Assoziationen mit gelatinösem Zooplankton bilden (z. B. Medusen, Siphonophoren, Ctenophoren, Salpen); es kann dabei Symbiose, aber auch Parasitismus vorliegen. Sie stellen eine der dominanten Gruppen des Zooplanktons. Fast alle Arten führen tägliche Vertikalwanderungen durch.

Physocephalata
Kopf groß, meistens länger als 1. Peraeonsegment; Augen in der Regel groß, den größten Teil des Kopfes bedeckend; Innenlade der Maxille 1 fehlend; P1 und P2 gewöhnlich subchelat oder chelat, selten einfach.

Vibilioidea
A1 inseriert an der vorderen Kopffläche, Geißelglied 1 groß und gerade; A2 inseriert an der vorderen Kopfunterseite, weniggliedrig oder rudimentär; P5 ähnlich P6/ P7, keine Subchela; P7 kürzer als P5 und P6.

Vibiliidae
Peraeonsegmente frei; Augen klein bis groß (dann Kopf bedeckend); A1 mit kurzem 3gliedrigen Stiel, Geißelglied 1 lang, gerade bzw. spatelförmig oder konisch, restliche Glieder rudimentär; Mandibel mit Molar und Palpus; Außenlade des Maxillipeden groß, Außenrand gerundet, Innenrand gerade; P1 einfach, P2 chelat, P5 und P6 am längsten, P7 kurz, Gliederzahl manchmal reduziert; Uropoden 2ästig.- Weltweit verbreitet, bis ins obere Abyssopelagial.

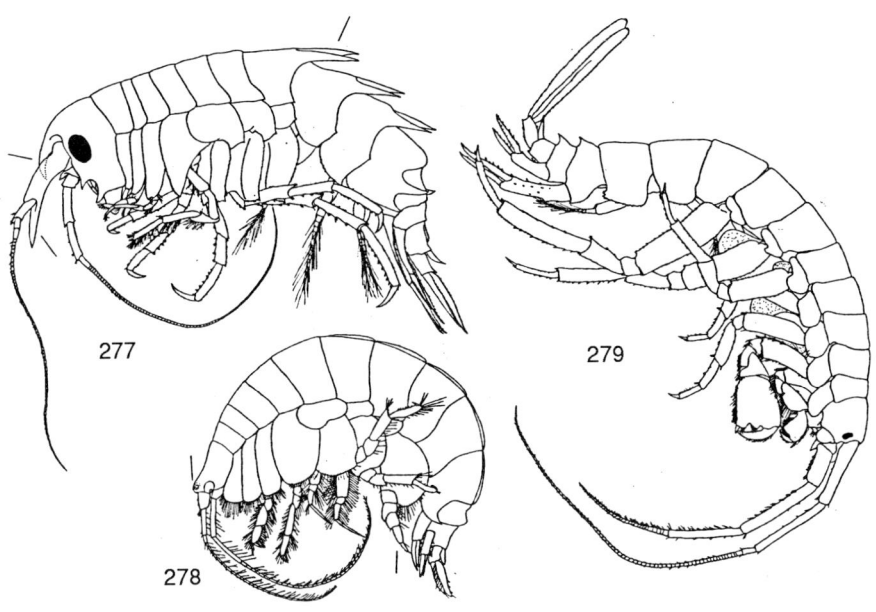

277

279

278

280 *Cyllopus lucasi* BATE, 1862.- Bis gut 20 mm.- Zirkumpolar, bis zur antarktischen Konvergenz; bis 600 m.

281 *Vibilia antarctica* STEBBING, 1888.- >15 mm; wahrscheinlich einziger antarktischer Vertreter der Gattung. - Zirkumpolar, im Bereich der Westwinddrift; nach **282 *Themisto gaudichaudii*** GUERIN, 1825 häufigste Art der Antarktis.

Phronimoidea
Antennen inserieren an der vorderen Kopffläche, Geißeln in den Geschlechtern unterschiedlich ausgebildet; P5 ähnlich P6/P7 gestaltet oder mit großer Subchela.

Hyperiidae
Kopf gewöhnlich kugelförmig, Oberfläche von den Augen nahezu bedeckt; Peraeonsegmente frei oder bis Segment 5 verwachsen; Urosomsegmente 2 und 3 verschmolzen; Coxae getrennt oder mit Peraeonsegmenten verwachsen; A1/A2 beim Weibchen kurz (1gliedrige Geißel), A2 beim Männchen lang (schlanke, vielgliedrige Geißel); Außenlade des Maxillipeden groß, manchmal verwachsen; P1 einfach bis chelat, P2 chelat, P3 - P4 ähnlich, manchmal als Greifbeine ausgebildet, P5 - P7 ähnlich, Umformung zu Greifbeinen möglich; Uropoden 2ästig; Sexualdimorphismus kann auftreten.- Weltweit verbreitete Familie.

282 *Themisto gaudichaudii* GUERIN, 1825.- Bis 20 mm; häufigster Vertreter der Hyperiidea in der Antarktis; Gattung weltweit mit 6 Arten.- Zirkumpolar; begrenzt auf antarktische Wassermassen.

283 *Hyperiella dilatata* STEBBING, 1888.- Kleinere Form, bis 8 mm; von der auf die südlichen Ozeane beschränkten Gattung treten noch drei weitere Arten in der Antarktis auf.- Südlich der antarktischen Konvergenz, zirkumpolar.

Phrosinidae

Alle Peraeonsegmente frei oder 1 und 2 verwachsen; Coxae von Peraeonsegmenten getrennt; Kopf kugelförmig, Augen die gesamte Oberfläche nahezu bedeckend; A1 beim Männchen lang, Geißel fadenförmig, beim Weibchen Geißel 1gliedrig; A2 beim Männchen wie A1, beim Weibchen rudimentär; Mandibularpalpus beim Männchen vorhanden, beim Weibchen fehlend; P1 + P2 einfach, folgende Peraeopoden (1 bis mehrere) subchelat (zum Greifen geeignet), P5 am längsten, mit großer Subchela; Länge des P7 oder Gliederzahl reduziert; Uropoden 1gliedrig, blattartig.- Kosmopolitisch; unterschiedliches Verhalten bei der Vertikalwanderung, abhängig von Geschlecht und Lebensalter.

284 *Primno macropa* GUERIN-MENEVILLE, 1836.- Mehr als 20 mm; Gattung weltweit mit 4 Arten, Taxonomie unsicher.- Zirkumpolar (bis zur subtropischen Konvergenz); > 900 m.

Caprellidea

Körper kann schlank, zylindrisch, stabförmig (**Caprellidae**) oder dorsoventral abgeflacht, spinnenförmig (**Cyamidae**) sein; in der Regel ist das Cephalosom mit dem 1. Mesosomsegment verwachsen; A1 deutlich länger als A2; Abdomen, einschließlich der Extremitäten, unterliegt erheblicher Reduktion (Weibchen meist ohne, Männchen mit 1 - 2 Paar reduzierten Extr.); Coxae reduziert oder fehlend; P3 + P4 häufig stark reduziert bis fehlend; Kiemen an P3 - P5 bzw. P4 und P5; Oostegite an P3 + P4.

Marine Formen, die bis in abyssale Tiefen (5.000 m) nachgewiesen wurden. **Cyamidae** leben ektoparasitisch auf Walen. Vertreter frei lebender Gruppen sind gewöhnlich Kletterer auf stark verzweigten Organismen (**Hydrozoen, Bryozoen**, Algen). Die Körperlänge umfaßt die Spanne von 2 - 60 mm.

Caprellidae

Körper stabförmig; Abdomen stark reduziert, seine Extremitäten nur noch als Rudimente vorhanden oder fehlend; P3/P4 (selten auch P5) erheblich reduziert oder fehlend, P5 - P7 als Klammerorgane gestaltet (subchelat); Mandibel mit gut entwickeltem Molar; Palpus des Maxillipeden 4gliedrig.- Extrem angepaßt an das Leben auf verzweigtem Substrat; Bewegung spannerartig.

285 *Aeginoides gaussi* SCHELLENBERG, 1926.- Über 30 mm.- Wahrscheinlich zirkumpolar; 80 - 390 m.

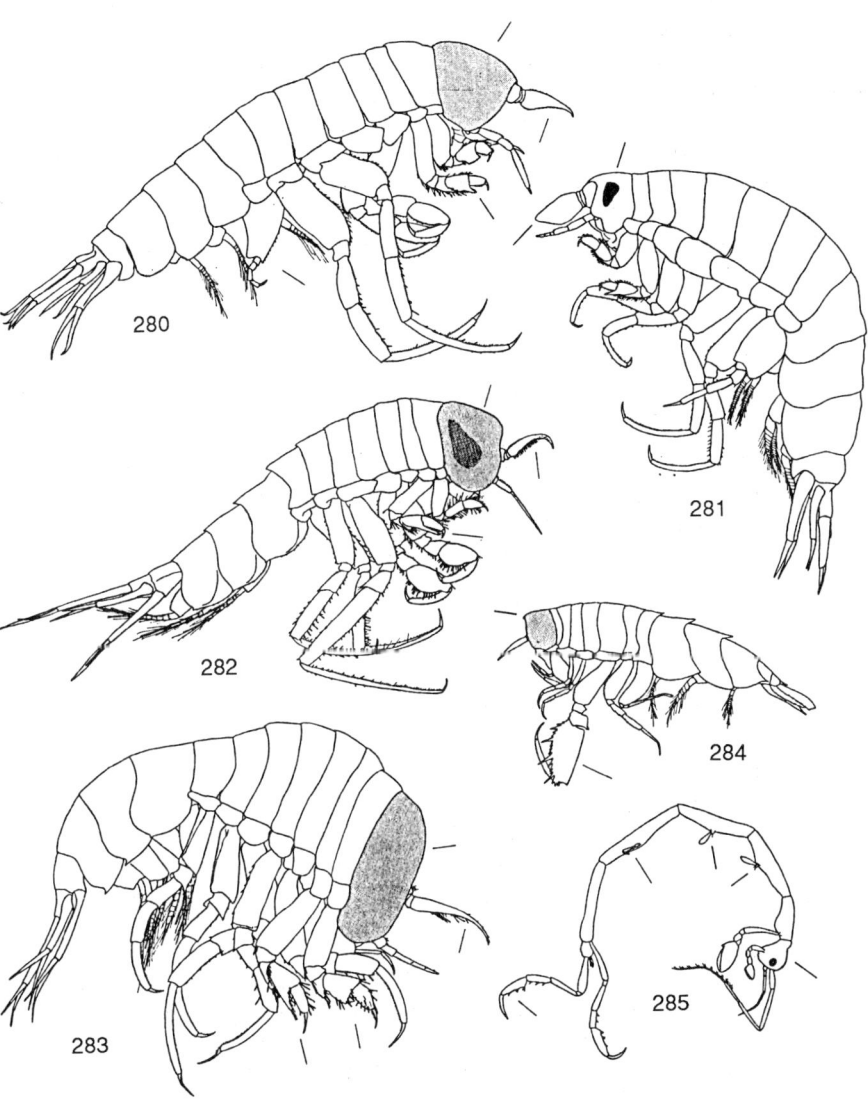

Krebse, Cumacea

Cumacea

Peracaride Krebse mit gut entwickeltem Carapax, der dorsal mit 3 - 4, selten 5 - 6 Thoraxsegmenten verwächst. Pleon langgestreckt, dünn und aus 6 Pleomeren bestehend, ein "freies" Telson kann vorhanden sein; A1 und A2 kurz; die Thoracopoden 1 - 3 unterschiedlich stark zu Kieferfüßen umgewandelt; 1. Maxilliped mit sehr großem, in die Carapaxhöhle reichenden Epipoditen, der blattförmige Kiemenanhänge trägt; auch die übrigen Thoracopoden (Peraeopoden) tragen oftmals Exopodite; Pleopoden treten höchstens bei den Männchen auf; Uropoden 2ästig, mit langer griffelförmiger Basis.

Aus dem Bereich der Antarktis und Subantarktis sind ca. 35 Arten bekannt.

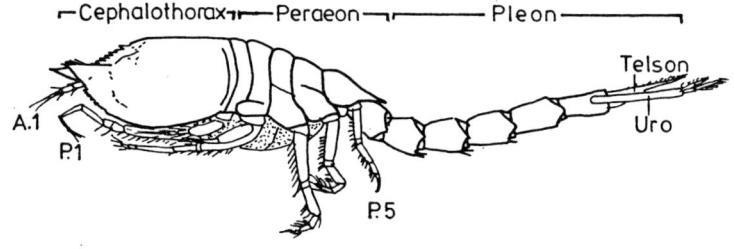

Abb. 27: Bauplan der **Cumacea**
[A1: Antenne 1; P1 - P5: Peraeopoden 1 - 5; Uro: Uropoden]

Diastylidae

Freies, mittelgroßes bis großes Telson, mit 2 Enddornen; Männchen meist mit 2 Paar manchmal etwas rückgebildeter Pleopoden, selten fehlend; Exopoditenzahl variabel, Weibchen an Thoracopoden 1 - 3 und oft rudimentär an Thoracopoden 4 - 5 (P1 - P2); Männchen mit 5 Exopoditen; Uropodenendopodit 1 - 3gliedrig.

286 *Diastylis helleri* ZIMMER, 1907.- Cephalothorax mit unregelmäßig angeordneten kräftigen Dornen und spitzen Vorsprüngen, oft durch warzenförmige bzw. abgerundete Strukturen ersetzt; Telson länger als 6. Pleomer, mit 5 - 9 Paar lateralen Dornen; P3/P4 beim Weibchen ohne, beim Männchen mit Exopoditen; mehrere ähnliche Arten im Gebiet.- Zirkumpolar; 10 - 165 m.

287 *Diastylopsis* SMITH, 1880.- Cephalothorax mit 5 - 8 transversalen Linien; Peraeonit 4 länglich; Telson länger als Uropodenbasis, mit 3 - 10 Paar lateralen Dornen; mehrere schwierige Arten.- Subantarktis, Antarktis; 50 - 200 m.

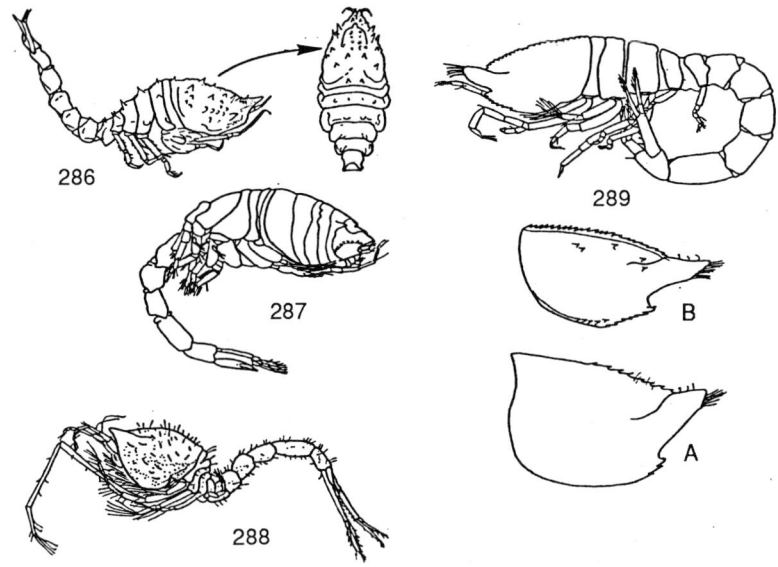

286

287

288

289

B

A

288 Leptostylis G. O. SARS, 1869.- Cephalothorax ohne Furchen oder Vorsprünge, mit vielen Borsten; Telson kurz, nicht länger als Pleonit 6, mit höchstens 2 Paar lateraler Dornen.- Wahrscheinlich zirkumpolar; 5 - 385 m.

Leuconidae

Ohne "freies" Telson, mit 6. Pleonit verwachsen; Weibchen mit Exopoditen an P1 oder P1 - P3; Männchen mit 2 Pleopodenpaaren; Mandibel mit erweiterter Basis

289 Leucon sagittae ZIMMER, 1907.- Cephalothorax dorsal mit zahnartigen Vorsprüngen, die auf die vorderen zwei Drittel begrenzt sind (**289 A**); bei der ähnlichen **Leucon antarctica** ZIMMER, 1907 verläuft diese Zähnchenreihe bis zum Hinterrand (**289 B**).- Zirkumpolar, antarktische Halbinsel häufig; 5 - 200 m.

290 Eudorella BATE, 1856.- Cephalothorax dorsal ohne zahnartige Vorsprünge; mehrere nicht leicht kenntliche Arten, deren Taxonomie revisionsbedürftig ist.- Zirkumpolar, Antarktis, Subantarktis; 2 - 750 m.

Nannastacidae

Ohne "freies" Telson, mit dem 6. Pleonit verwachsen; Weibchen mit Exopoditen an den Peraeopoden 1 - 2; Männchen ohne Pleopoden.

291 Cumella australis CALMAN, 1907.- Cephalothorax seitlich zusammengedrückt, der dorsale Rand mit ca. 20 großen zahnartigen Vorsprüngen; 3. Peraeonit dorsal mit 2spitzigem Fortsatz.- Zirkumpolar; 20 - 590 m.

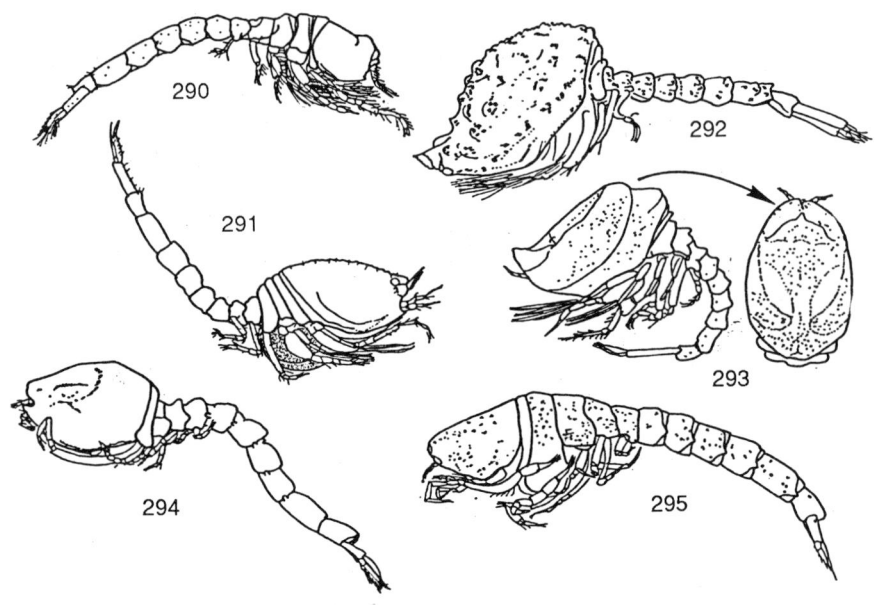

292 Campylaspis antarctica CALMAN, 1907.- Cephalotorax mit unregelmäßigen Höckerchen; Tergite und Sternite mit Zähnchenreihen; Uropodenbasis dorsal und ventral mit Zahnreihen; Innenrand des Uropodenendopoditen beim Weibchen mit 3, beim Männchen mit 4 beweglichen Dornen.- Ostantarktis; 8 - 540 m.

293 Campylaspis johnstoni HALE, 1937.- Cephalothorax mit 2 transversalen Falten; Dactylus des P2 nur wenig länger als Carpus und Propodus zusammen.- Ostantarktis; ca. 200 m.

Bodotriidae
Ohne "freies" Telson, mit 6. Pleonit verwachsen; Weibchen mit Exopoditen an P1 oder P1 - P3; Männchen mit 5 Pleopodenpaaren; Mandibelbasis nicht erweitert.

294 Cyclaspis gigas ZIMMER, 1907.- Nur P1 mit Exopoditen; Cephalothorax sehr variabel, normalerweise mit einer dorsolateralen und dazu auf jeder Seite vorn 2 Höcker; Uropodenendopodit 1gliedrig, mit Zähnchenreihen und einem einzigen, beweglichen subapikalen Dorn.- Zirkumpolar; 55 - 750 m.

295 Vaunthompsonia inermis ZIMMER, 1909.- Zumindest die Peraeopoden 1 - 3 mit Exopoditen, Uropodenendopodit 2gliedrig, mit vielen Borsten und Dornen; Cephalothorax ohne Zähnchen.- Antarktische Halbinsel; 5 - 230 m.

Tanaidacea (Scherenasseln)

Peracaride Krebse, bei denen immer die ersten beiden Thorakalsegmente mit dem Cephalon zum Cephalothorax verschmolzen und deren 2. Thorakopodenpaar immer zum Chelipeden (Che) umgebildet sind.

Alle antarktischen Vertreter sind mehr oder minder zylindrisch, die dorsoventral abgeflachten **Apseudoidea** fehlen. A1 ohne äußeres Flagellum; A2 ohne Squama; Maxilliped wohl entwickelt, oft median verwachsen; 6 Peraeopodenpaare vom Schreitbeintypus; das 5gliedrige Abdomen trägt 3 - 5 Paar blattförmige Extremitäten (Pleopoden), die auch fehlen können; 6. Abdominalsegment mit dem Telson zum Pleotelson verwachsen und meist mit 2ästigen, zylindrischen Uropoden, Exopodit oft reduziert, Endopodit meist nur 2gliedrig.

Von den rezenten Unterordnungen **Apseudomorpha, Neotanaidomorpha** und **Tanaidomorpha** sind ausschließlich die letzteren auf dem antarktischen Festlandssockel mit über 50 Arten vertreten, im Bereich der Subantarktis kommen wahrscheinlich nochmals 50 Arten hinzu. Alle hier genannten Arten leben in selbstgesponnenen Röhren und sind wohl überwiegend Detritusfresser.

Bei vielen Formen tritt starker Sexualdimorphismus auf. Dabei wird beim Männchen nicht nur die Körperform und der Cheliped abgewandelt, sondern auch die Mundwerkzeuge werden bis auf Reste des Maxillipeden reduziert.

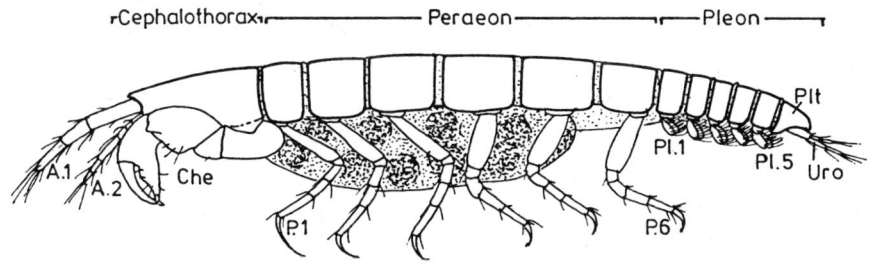

*Abb. 28: Morphologische Merkmale der **Tanaidacea***
[A1: Antenne 1; A2: Antenne 2; Che: Cheliped; P1 - P6: Peraeopoden; Pl1 - Pl5: Pleopoden 1 - 5; Plt: Pleotelson; Uro: Uropoden)

296 Tanaidae.- Mit Augen; nur 3 Pleopodenpaaren, die letzten beiden Pleonite immer reduziert; Peraeopoden ohne Ischium; Marsupium von den Oostegiten des P4 gebildet, sackförmig, die Eier enthaltend ("ovisacs"); Uropoden 1ästig.
Beispiel: *Pancoloides litoralis* (VANHÖFFEN, 1914).- Uropoden 4gliedrig, das letzte Glied klein, kappenförmig; Geschlechtsdimorphismus gering, nur die A1, A2 und den Chelipeden betreffend; Männchen mit wohlentwickelten Mundwerkzeugen.- Antarktische Halbinsel, selten, ansonsten subantarktisch; 0 - 100 m.

297 *Nototanais* RICHARDSON, 1906 (Nototanaidae).- Mit Augen; 5 Pleonite und Pleopodenpaare; Uropoden 2ästig; Exopodit 1ästig, etwa ½ so lang wie der 2gliedrige Endopodit; 2 ähnliche Arten [**297A** *N. antarcticus* (HODGSON, 1902) und **297B** *N. dirmorphus* (BEDDARD, 1886)], die im männlichen Geschlecht leicht am Che zu erkennen sind; Mundwerkzeuge beim Männchen bis auf den Maxillipeden reduziert.- Zirkumpolar, sehr häufig; 4 - 100 m.

298 *Protanaissus longidactylus* (SHIINO, 1970) (Nototanaidae).- Leicht kenntliche Art; A1 3gliedrig; Che mit Tuberkeln auf dem tergalen Teil des Propodus und Dactylus; P1 mit extrem langem Dactylus.- Antarktische Halbinsel; 45 - 350 m.

299 *Paratyphlotanais armatus* (VANHÖFFEN, 1914) (Typhlotanaidae).- A1 3gliedrig; Ventralseite des 1. Peraeonites mit großem, zahnartigen Vorsprung; Cephalothorax länglich, mit parallelen Seiten; P1 - P6 mit länglichen Dornen, Basen der P4 - P6 nicht verdickt.- Wahrscheinlich zirkumpolar, 30 - 1.450 m.

300 *Peraeospinosus* SIEG, 1984 (Typhlotanaidae).- Mehrere ähnliche Arten; A1 3gliedrig; Ventralseite der Peraeonite ohne Vorsprünge; P2 - P3 mit wenigstens 1 Dorn am Carpus; Basen der P4 - P5 stark verdickt, Merus und Carpus mit hakenförmigen Dornen.- Antarktische Halbinsel, Ostantarktis (?); 60 - 280 m.

301 *Typhlotanais greenwichensis* SHIINO, 1980 (Typhlotanaidae).- Ohne Augen; A1 3gliedrig; 3. Glied der A2 lang, mehr als dopptelt so lang wie das 4.; P2 - P3 nur mit Borsten am Carpus.- Wahrscheinlich zirkumpolar; 65 - 2.000 m.

302 *Meromonakantha macrocephala* (HANSEN, 1913) (Typhlotanaidae).- Leicht kenntliche Art; A1 3gliedrig, kurz und dick; Cephalothorax kurz, breiter als die Peraeonite; Peraeonite 3 - 6 mit winkligen Seitenrändern; P4 - P6 mit 1 kräftigem Dorn am Merus.- Ostantarktis, Antarktischen Halbinsel; 250 - 380 m.

303 *Typhlotanoides rostralis* (TZAREVA, 1982) (Typhlotanaidae).- A1 3gliedrig; kurze, gedrungende Art, die eindeutig an den hakenförmigen "Klauen" der P4 - P6 zu erkennen ist.- Ostantarktis; 20 - 150 m.

304 *Araphura elongata* (SHIINO, 1970) (Anarthruridae).- A1 4gliedrig; schlanke Art; Peraeonite 2 - 5 länger als breit; Seitenränder parallel, nicht gebogen; Uropoden 2ästig; Exopodit stummelförmig und mit der Basis verwachsen.- Wahrscheinlich zirkumpolar; 70 - 750 m.

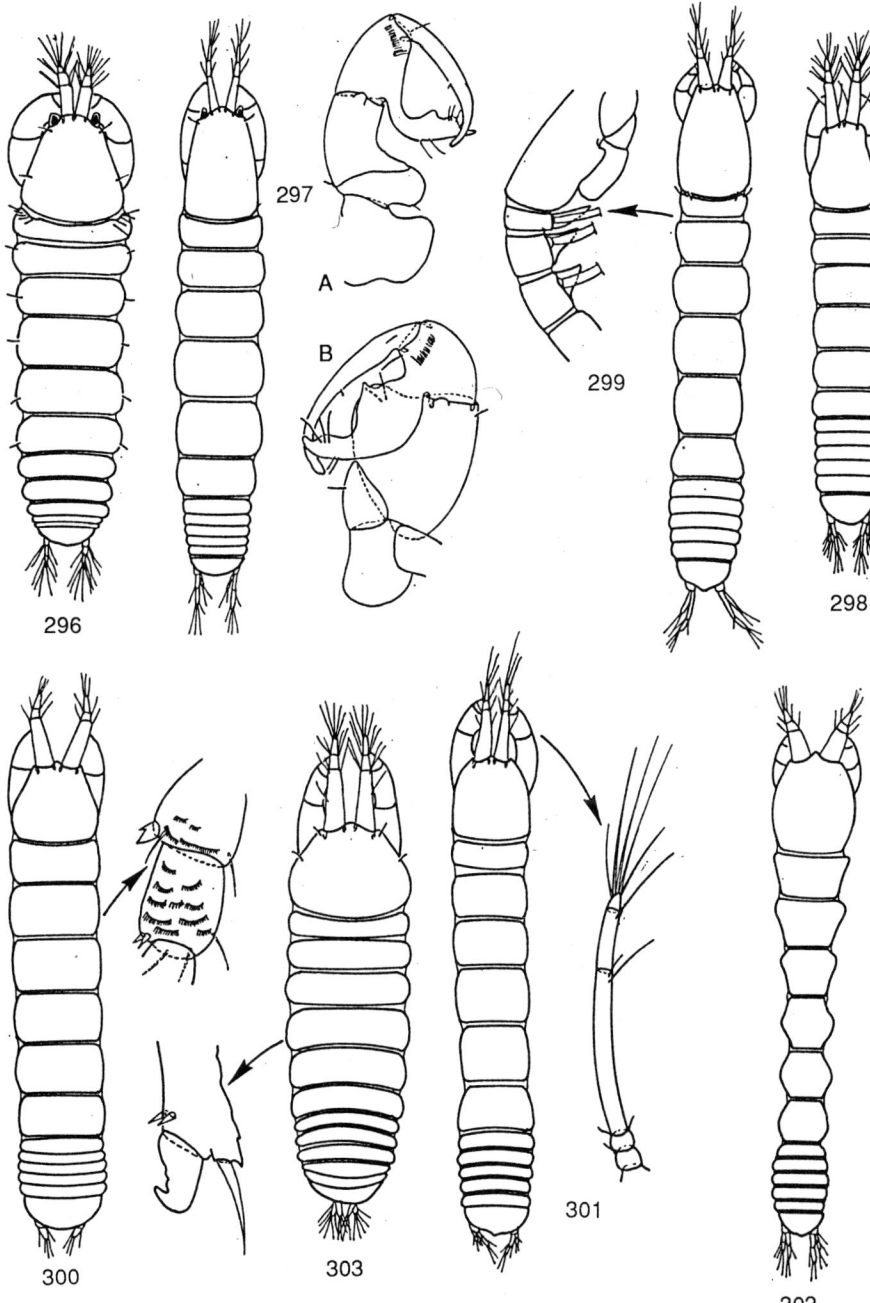

297

A

B

299

296

298

300

301

303

302

305 *Arhaphuroides parabreviremis* SIEG, 1986 (Anarthruridae).- Ähnlich der vorherigen Art, jedoch robuster; Peraeonite 2 - 5 nicht länger als breit, Seitenränder deutlich gerundet; der stummelförmige Exopodite ist in typischer Weise abgeknickt.- Antarktische Halbinsel; 100 - 180 m.

306 *Tanaella* NORMAN & STEBBING, 1886 (Anarthruridae).- Ähnlich *Araphura* BIRD & HOLDICH, 1984 und *Arhaphuroides* SIEG, 1986; Ränder der Peraeonite deutlich gerundet, Uropodenexopodit nur noch als kleine Erhebung erkennbar.- Antarktische Halbinsel; 50 - 150 m.

307 *Akanthophoreus* SIEG, 1986 (Anarthruridae).- Mehrere ähnliche Arten, die früher der Gattung *Leptognathia* G. O. SARS, 1882 zugeordnet wurden; A1 4gliedrig; Uropoden 2ästig, schlank; Endopoditenglieder bei den einzelnen Arten zwischen 4 - 7mal so lang wie breit; Männchen vom "swimming-male" Typus, weichen vom Weibchen nicht nur in A.1 und Habitus, sondern auch noch durch das Fehlen der Mundwerkzeuge ab.- Gattung zirkumpolar; 50 - 800 m.

308 *Mirandotanais vorax* KUSSAKIN & TZAREVA, 1974 (Anarthruridae).- Klein, 1,5 - 2,5 mm; A1 4gliedrig; adulte Tiere mit aufgeblähtem Abdomen und mit verwischten Segmentgrenzen; Pleopoden reduziert oder fehlend; Uropoden stummelförmig, Exopodit 1gliedrig, Endopodit 2gliedrig.- Zirkumpolar; 10 - 300 m.

309 *Collettea* LANG, 1973 (Anarthruridae).- Längliche Formen mit verlängertem und verdicktem Pleon, jedoch ohne Pleopoden; A1 4gliedrig, Uropoden kurz.- Zirkumpolar, selten; 50 - 400 m.

310 *Libanius monacanthus* (VANHÖFFEN, 1914) (Anarthruridae).- Cephalothorax kurz, Seiten gerundet; Peraeonite 3 - 5 mit winkligen Seitenrändern; mit oder ohne Pleopoden; Plt mit vorgezogener Spitze; Uropoden 1ästig, Exopodit nur als Vorsprung an der Basis, Endopodit 2gliedrig.- Ostantarktis; 120 - 950 m.

311 *Paranarthrura* HANSEN, 1913 (Anarthruridae).- Arten mit einem Pleon, das schmaler als das letzte Peraeonit ist; A1 4gliedrig; Pleopoden fehlend oder vorhanden; Uropoden 1ästig, Exopodit noch als deutlicher Vorsprung vorhanden, Endopodit meist 1gliedrig.- Antarktische Halbinsel, Weddellmeer; 290 - 430 m.

312 *Pseudotanais* G. O. SARS, 1882 (Pseudotanaidae).- Kleine Arten von 1 - 1,5 mm; leicht kenntlich an den schmalen ersten 2 Peraeoniten, auch das 3. ist meist noch recht kurz; A1 3gliedrig; Carpus des P2 - P6 mit normalen Dornen (UG *Akanthinotanais* SIEG, 1977) oder zumindest 1 blattförmigen Dorn (UG *Pseudotanais* s. str.); Uropoden 2ästig, Endo- und Exopodit 2gliedrig; Marsupium nur aus 1 Oostegitenpaar (P4) gebildet.- Gattung zirkumpolar; 10 - 200 m.

313 *Cryptocopoides* SIEG, 1977 (Pseudotanaidae).- Ebenfalls kleine Art, 1,5 mm; meist mit stark verkalktem Körper; A1 4gliedrig, Glied 2 + 3 von fast gleicher Länge; Cephalothorax groß; Peraeonite 2 + 3 meist mit winkligen Seitenrändern; Uropoden 2ästig, Endo- und Exopodit 2gliedrig.- Ostantarktis; 100 - 5.600 m.

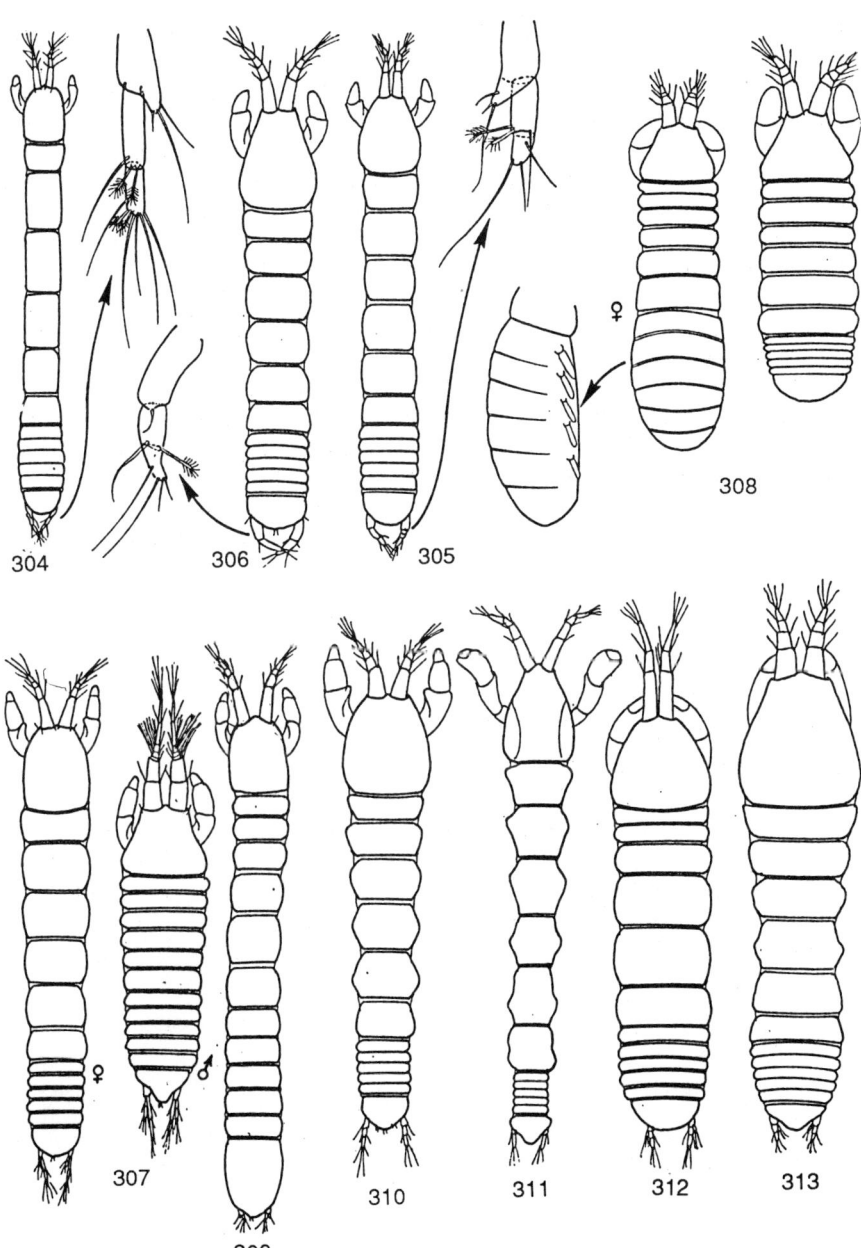

304   306   305   308

307   309   310   311   312   313

Isopoda (Asseln)

Peracaride Krebse, deren Vorderkörper, ähnlich den **Amphipoda** (Flohkrebse), nicht durch einen Carapax verdeckt wird; daher stets 7 beintragende Segmente (Peraeomere) sichtbar. Der Hinterkörper besteht aus 5 Segmenten (Pleomeren) und dem Pleotelson. Oft verschmelzen die Pleomere untereinander oder mit dem Pleotelson. Als Körperanhänge sind 2 Paar Antennen, Mundwerkzeuge (mit einem Paar Maxillipeden), 7 Paar Laufbeine (Peraeopoden), 5 Paar Schwimmbeine (Pleopoden), und am Pleotelson die Uropoden vorhanden.

Zur Unterscheidung der Arten sollte man auf folgende Merkmale achten: Körperform, Größe der Augen, Struktur der Körperoberfläche (glatt, mit Dornen oder Warzen), Form der Beine (z. B. Bein I mit oder ohne Greifhand), Form des 1. Beingliedes (ringförmige Coxa oder flache Coxalplatte), Gestalt der Uropoden, Gestalt des Pleotelsons.

Die Körpergestalt variiert mit der Lebensweise: Es gibt Schlammbewohner (z. B. **318 *Echinozone***), auf Sand liegende Arten (**322 Serolidae**), nachtaktive, unter Steinen versteckte Räuber (z. B. **327 *Glyptonotus***), Fischparasiten (z. B. **325 *Aega***) und kletternde, Plankton filtrierende Arten (z. B. **329 *Dolichiscus***).

Alle diese Lebensformtypen kommen in der Antarktis vor. Derzeit sind ca. 350 - 400 antarktische Asseln bekannt, die den Unterordnungen **Asellota, Valvifera, Anthuridea** und "**Flabellifera**" angehören. Die Zahl wächst von Jahr zu Jahr.

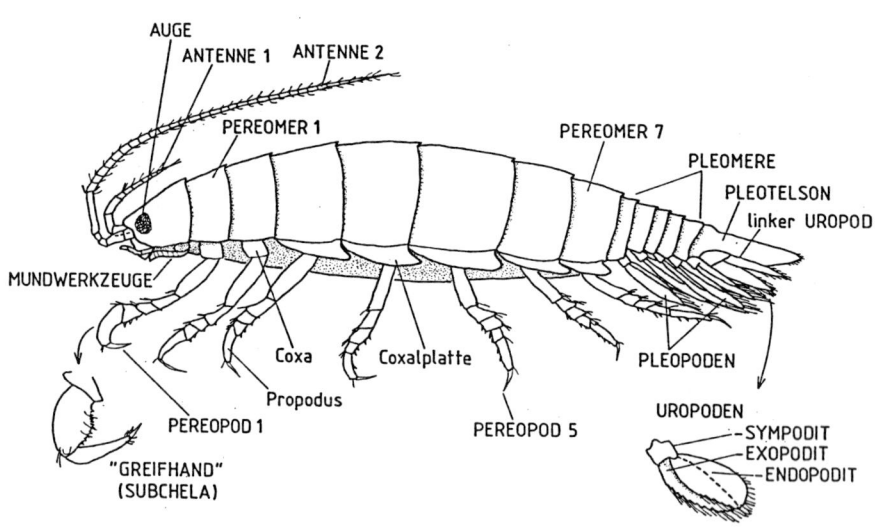

*Abb. 29: Morphologische Merkmale der **Isopoda***

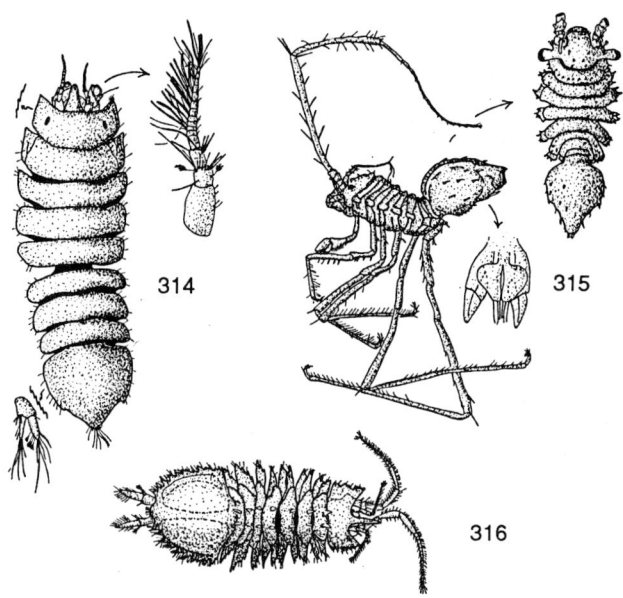

314   315

316

Unterordnung: Asellota

Kleine Tiere (ca. 5 - 15 mm), die ruhigeres Wasser bevorzugen und nicht oder schlecht schwimmen können, einzige der antarktischen Asselgruppen, bei der die Coxa noch ringförmig ist (keine Coxalplatte vorhanden); Uropoden griffelförmig.

314 *Stenetrium weddellensis* (SCHULTZ, 1978) (Stenetriidae).- Ca. 8 mm lang, vordere 4 Peraeomere etwas länger und breiter; Peraeomere 1 und 2 sowie Kopf seitlich vorn spitz zulaufend; Augen schwarz, klein, rund; Pleotelson und Kopfbereich lateral gesägt; Peraeopod 1 mit kräftiger Greifhand, besonders beim Männchen; Uropoden klein, zweiästig, griffelförmig.- Weddellmeer, bis 2.850 m [andere Arten auch von der Antarktischen Halbinsel bekannt].

315 *Munna globicauda* VANHÖFFEN, 1914 (Munnidae).- Ca. 5,5 mm; Körpergestalt spinnenartig; Augen seitlich auf (unbeweglichen) Augenstielen inserierend; Peraeomer 7 sehr klein; Pleotelson mehr als halb so lang wie Körper und stark aufgebläht; A2 sehr lang; Peraeopod 1 mit kleiner Greifhand. Uropoden klein, oval und einästig. Arten meist auf Algen kletternd.- Gauss-Station; 6 - 385 m.

316 *Acanthaspidia drygalskii* VANHÖFFEN, 1914 (Acanthaspididae).- Ca. 6,5 mm; Körperrand seitlich sehr stark gesägt; Kopf mit spitzem Rostrum; Augen fehlen; Peraeomere 1 - 7 in Aufsicht mit je 2 Dornen; Pleotelson mehr als halb so lang wie Körper, flach; Uropoden terminal ansetzend, Endopodit lang, Exopodit sehr kurz.- Falkland Inseln, Gauss-Station; 350 - 385 m [Tiefseegattung, überall auf dem antarktischen Schelf zu erwarten].

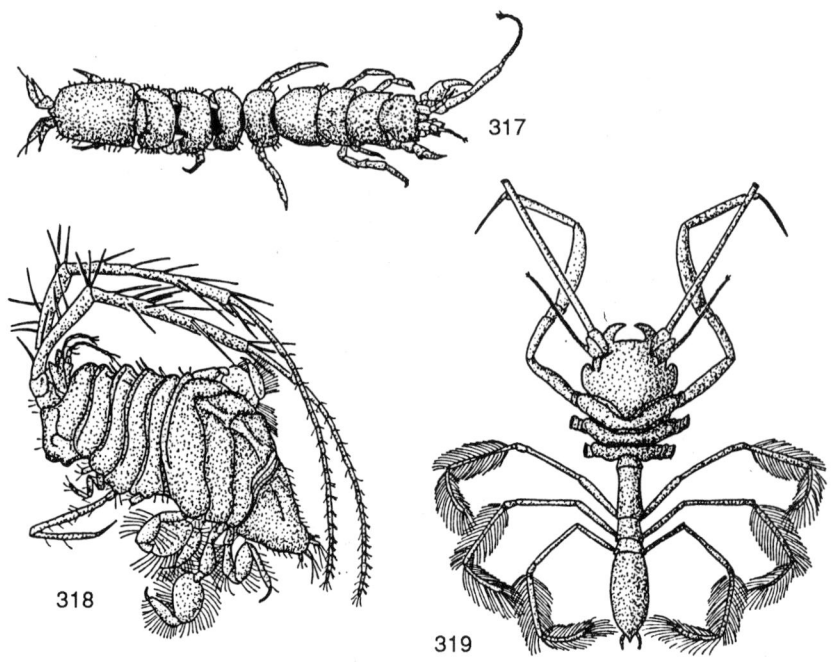

317 *Ectias turqueti* RICHARDSON, 1906 (Janiridae).- Ca. 7 mm; Körper langge-streckt und schmal; Augen sehr klein; P1 mit kräftiger Greifhand; Pleotelson caudal fast rechteckig, mit kleiner Spitze; Uropoden terminal ansetzend.- Sub-antarktis, Antarktische Halbinsel, Booth-Wandel Insel, Anvers Insel, Cape Adare, Süd Georgien, Süd Shetlands, Graham Insel, Victorialand; 10 - 90 m.

318 *Echinozone aries* (VANHÖFFEN, 1914) (Munnopsidae).- 2 - 3 mm; Körper breit, fast tropfenförmig; Augen fehlend; A2 länger als Körper, mit vielen Geißelgliedern; Peraeomere 5 - 7 breiter und länger als vordere Peraeomere, P5 - P7 zu Schwimmpaddeln umgebildet (verbreiterte, mit Fiederborsten umrahmte Glieder); Pleotelson in Aufsicht etwa dreieckig, am Ende abgerundet (bei ande-ren Arten auch spitz); Uropoden klein, 2ästig.- Gauss-Station; 385 m [ähnliche Arten sind zirkumpolar verbreitet; Tiefsee als auch in wenigen Metern].

319 *Munnopsis australis* BEDDARD, 1886 (Munnopsidae).- Ca. 8 mm; Grundglie-der der A2 sehr lang (mehrfache Körperlänge); Kopf annähernd rund; Augen fehlend; vordere Peraeomere (2 - 4) kurz und breit, Peraeomer 4 extrem verlän-gert, Hinterkörper insgesamt schmal und lang. Pleotelson lang, oval, caudal spitz zulaufend; Beine spinnenartig; vordere Peraeopoden kräftiger, hintere Peraeo-poden (5 - 7) sind befiederte Schwimmbeine.- Subantarktis, Indischer Ozean, Prince Edward, Crozet Inseln, Marion Insel; 400 - 2.900 m.

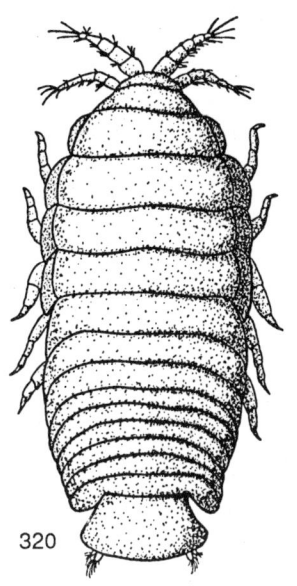
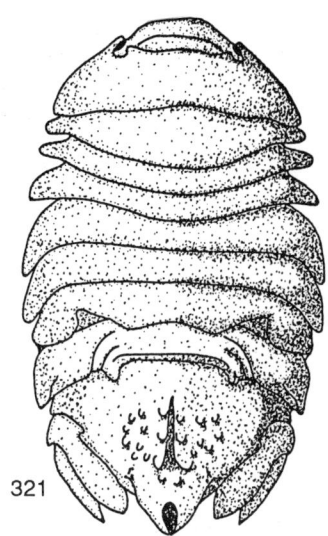

320   321

Unterordnung: "Flabellifera"

Sammelgruppe sehr unterschiedlicher Familien, darunter die **Sphaeromatidae**, **Serolidae, Cirolanidae, Aegidae, Gnathiidae**. Kennzeichnend sind die flachen Uropoden, die zusammen mit dem Pleotelson einen Schwanzfächer bilden. Die **Bopyridae** (ohne Abb.) sind in der Antarktis sehr seltene Parasiten, die an anderen Krebsen schmarotzen.

320 *Phycolimnoria antarctica* PFEFFER, 1887 (Limnoriidae).- Ca. 5 mm; Körper langgestreckt, dorsal gewölbt, Kopf und Augen klein; vordere Peraeomere etwas länger als hintere, sonst gleichförmig, glatt; 5 freie Pleomere; Pleotelson groß, Hinterrand halbkreisförmig; Uropoden klein, kurz, seitlich ansetzend, in Aufsicht meist nicht sichtbar; Laufbeine alle von gleicher Gestalt.- Alle Arten der Gattung bohren in Holz oder Braunalgen.- Süd Georgien, Kerguelen, Süd Orkneys, Cumberland Bay, Deception Insel; 25 - 150 m (aus Bohrlöchern in Tangwurzeln).

321 *Cymodocella tubicauda* PFEFFER, 1887 (Sphaeromatidae).- Ca. 6 - 9 mm lang; Körper hochgewölbt, halbzylindrisch, sehr gut entwickeltes Kugelungsvermögen; Augen klein, rund; alle Pleomere miteinander verschmolzen, Pleomere 1 und 2 durch seitliche Furchen noch voneinander abgegrenzt; Pleotelson 1/3 der Körperlänge einnehmend, oberseits in der Mitte mit 2 langen Erhebungen und seitlich davon viele Warzen; Pleotelsonspitze mit Loch für Atemwasser; Uropoden seitlich ansetzend, blattförmig, Sympodit und Endopodit des Uropoden verschmolzen.- Süd Georgien, Auckland Insel, Sandwich Inseln, Cape Adare, Booth Wandel, Flanders Bay, Antarktische Halbinsel; Eulitoral bis 245 m.

322 Serolis beddardi CALMAN, 1920 (Serolidae).- Ca. 15 - 25 mm; Körper scheibenförmig, länglich oval; Kopf mit halbmondförmigen Augen und kleinen leistenartigen Erhebungen; wie bei allen Arten der Familie 7. Peraeomer sehr kurz und schmal; 2 Pleomere in Aufsicht noch erkennbar, die übrigen mit Pleotelson verwachsen; Pleotelson im Umriß etwa dreieckig, Spitze nicht eingekerbt; charakteristische Uropoden, bei denen Sympodit und Endopodit verwachsen und spitz lanzettförmig geformt sind (andere Arten: blattförmig); in grobem Sand und Kies grabend.- Süd Shetlands, Bransfield Straße, in flachem Wasser; 2 - 30 m.

323 Ceratoserolis meridionalis ([HODGSON?], 1908) (Serolidae).-Ca. 80 mm; Körper scheibenförmig, länglich oval; Pleotelsonspitze sehr verlängert; Kopf seitlich mit halbmondförmigen Augen, zwischen diesen 2 kleine ovale Erhebungen, am Hinterrand lappenartig aufgefaltet, dazwischen eine größere halbmondförmige Erhebung; Coxalplatten vom Peraeomer 2 - 4 dorsal durch eine Naht abgesetzt, seitlich spitz und verlängert, besonders Peraeomer 6; 2 freie Pleomere, sehr kurz; Pleotelson am Ansatz mit 2 mittleren Dornen und einer Reihe von über 10 Dornen, die sich auf der Pleotelsonspitze fortsetzt.- Nordwesten der Gauss-Station, Prince Edwards Küste, Coates Land, Davis See, Sabrina Küste; 700 - 3.200 m.

324 Natatolana meridionalis (HODGSON, 1910) (Cirolanidae).- Ca. 10 mm; Körper oval, leicht gewölbt, Oberfläche glatt; Kopf und Augen klein, Coxalplatten in Seitenansicht durch Furchen von den Segmenten getrennt; Peraeomere 4 - 6 am größten und breitesten; Peraeopoden mit vielen spitzen Dornen, einige Glieder (Ischium und Merus) verbreitert; Pleon mit 5 freien Segmenten; Uropoden seitlich am Pleotelson, blattförmig, Seitenrand gesägt; Räuber und Aasfresser.- Gattung zirkumpolar; McMurdo Sound, Süd Shetlands, Elephant Insel; 50 - 600 m.

325 Aega antarctica (HODGSON, 1910) (Aegidae).- Ca. 27 mm; Körper oval, breit, caudal und lateral gleichmäßig gewölbt, Oberfläche glatt; Kopf klein, breiter als lang, ähnlich **324 Natatolana**; Peraeopoden 1 - 3 klein, kurz, aber kräftig, mit gebogenem Dactylus (Greifbeine); Pleomere 1 - 5 frei; Uropoden seitlich am Pleotelson, ähnlich *Natatolana*; Pleotelson dreieckig, hinterer Rand gesägt.- Parasiten, die zeitweilig an Fischen Blut saugen.- Zirkumpolar, häufig; 40 - 500 m Tiefe.

326 Gnathia calva VANHÖFFEN, 1914 (Gnathiidae).- A) Erwachsenes Männchen, B) Reifes Weibchen, C) Larve.- Ca. 3 - 8 mm, Körper des Männchens mit charakteristisch kräftigen Mandibeln und relativ großem Kopf, der mit erstem Peraeomer verschmolzen ist; mittlere Peraeomere aufgetrieben, 7. Peraeomer am kleinsten; Weibchen Kopf kleiner als beim Männchen, Mandibeln klein; Peraeomere 4 - 6 sehr groß und breit; Larve mit längerem Kopf und spitzen Mundwerkzeugen; Pleotelson dreieckig, am Hinterende schmal und spitz; Uropoden lanzettförmig, zweiästig.- Larven saugen Blut von Fischen, die Erwachsenen leben versteckt in Schwämmen in Haremsverbänden und fressen nicht mehr, die Mundwerkzeuge sind reduziert; die großen Mandibeln der Männchen dienen zur Ver-

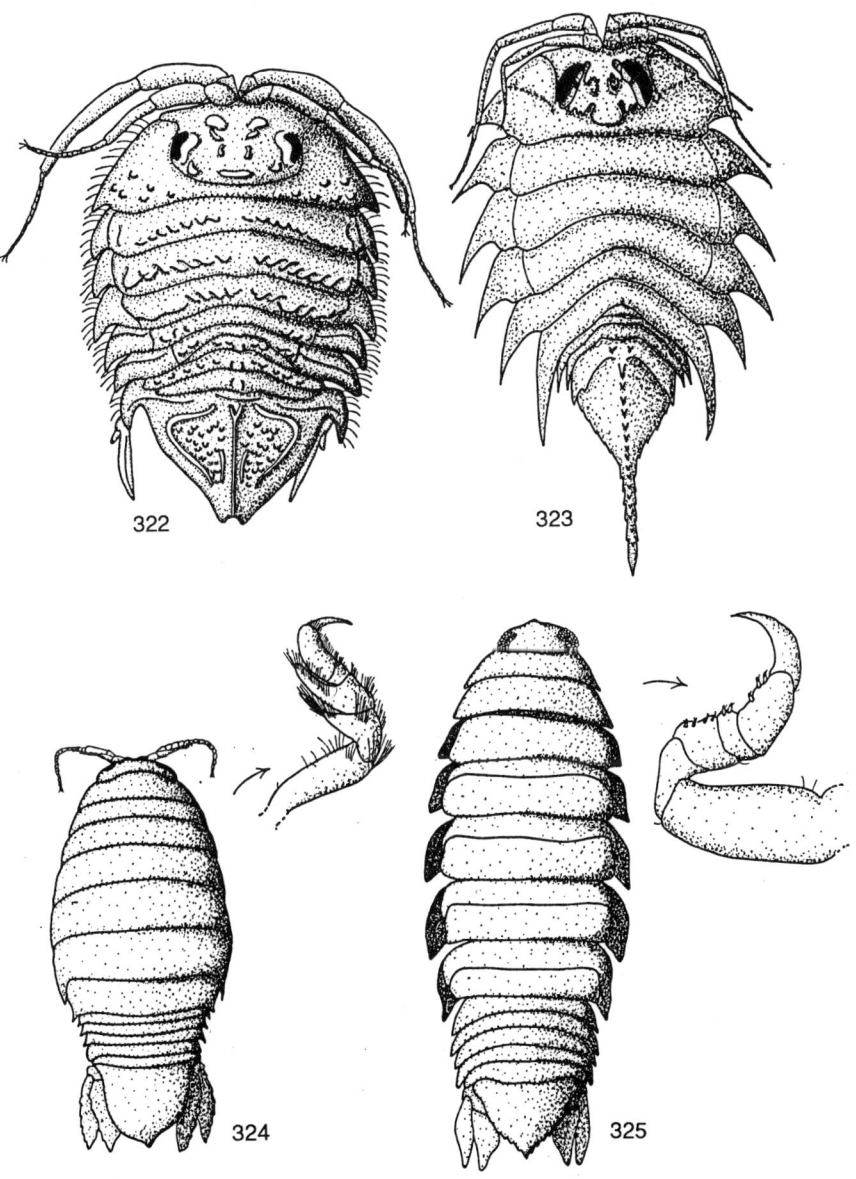

322

323

324

325

teidigung des Harems.- Antarktische Halbinsel, Weddellmeer, Inaccessible Insel, McMurdo Sound, Commonwealth Bay, Adelie Land, Gauss-Station; 7 - 460 m.

Unterordnung: Valvifera

Viele Arten 2 - 6 cm, *Glyptonotus antarcticus* erreicht 12 cm; kennzeichnend sind die Uropoden, die einen Deckel (Operculum) über die Pleopoden bilden.

327 *Glyptonotus antarcticus* EIGHTS, 1853 (Chaetiliidae).- Ca. 110 - 120 mm; Körper spindelförmig; Augen klein, schwarz, in größeren oberen und kleineren, unteren Abschnitt unterteilt; Körperoberfläche skulpturiert, mit flachen, z. T. gelappten Erhebungen, die am Hinterrand höher hervorstehen; Coxalplatten der Peraeomere 5 - 7 oberseits durch tiefe Furche vom dazugehörigen Segment getrennt; alle Peraeopoden mit vielen Dornen, meist auf der Ventralseite (Lauffläche); letztes Pleomer mit Pleotelson verschmolzen; Uropoden wie bei allen Valvifera in Aufsicht nicht erkennbar, solange sie über den Pleopoden liegen; räuberisch.- Zirkumpolar, häufig; 4 - 700 m.

328 *Edotia corrugata* SHEPPARD, 1957 (Idoteidae).- Ca. 6,5 mm lang; Körper lang oval, Kopf mit erstem Peraeomer verschmolzen, aber schmaler, mit einer dorsomedialen, nach vorn gerichteten Erhebung; Augen klein, lateral auf kleinen runden Erhebungen; alle Peraeomere mit lateral verlängerten, abgerundeten Coxalplatten; alle Pleomere mit Pleotelson verschmolzen; Pleotelson caudal schmaler werdend, Spitze abgerundet.- Verbreitungsschwerpunkt der Gattung südliches Südamerika; 49°29'S 66°27'W, Subantarktis; 100 m.

329 *Dolichiscus diana* SCHULTZ, 1981 (Arcturidae).- Ca. 23 mm; Körper langgestreckt und sehr schlank; Antennen länger als Körper; Kopf mit erstem Peraeomer verschmolzen; Augen sehr groß und schwarz; Peraeomere 1 - 4 am größten, mit kräftigen seitlichen Coxaldornen, Peraeomere 5 - 7 kleiner und schmaler, mit kleineren Dornen; P1 klein, kräftig, mit vielen kurzen Borsten; P2 - P4 lang, mit einem dichten Filterkorb aus langen, glatten Borsten; P5 - P7 ebenfalls sehr lang und schlank, aber ohne Filterborsten; Pleomere mit Pleotelson verschmolzen; am Telsonansatz zwei lange, seitliche Dornen; Telson lang und schlank, mit einem kräftigen Dorn am oberen Hinterrand und zwei kleineren seitlichen Dornen.- Passive Filtrierer, z. T. wird auch Detritus aufgenommen.- Gattung überall in der Antarktis, auch in der Tiefsee; nördlich von Süd Georgien; 470 m.

330 *Antarcturus hempeli* WÄGELE, 1988 (Arcturidae).- Ca. 20 - 35 mm; Körper wie bei **329 *Dolichiscus*** lang und schmal, jedoch mit vielen Dornen besetzt, vor allem seitlich an den Peraeomeren, und ohne caudalen mittleren Dorn am Pleotelson, dafür 1 Paar Enddornen; Augen groß und schwarz, ein gebogener Dorn über das Auge ragend; Beine ähnlich *Dolichiscus*, jedoch kürzer; Pleomere mit Pleotelson verschmolzen, Pleomere 1 - 3 jedoch durch Furchen angedeutet; Gattung mit vielen sehr ähnlichen Arten, Grundmuster der Bedornung artspezifisch, Weddellmeer, Antarktische Halbinsel, Süd Shetlands, Süd Orkneys; 140 - 870 m.

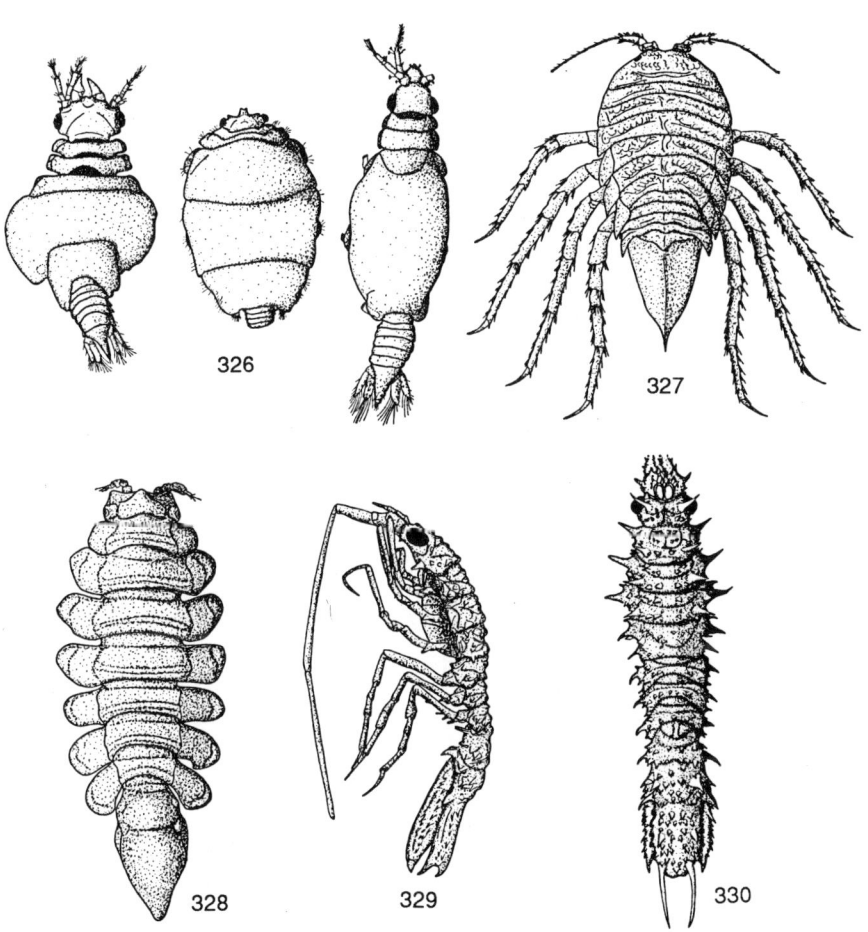

326

327

328

329

330

331 *Neastacilla magellanica* (OHLIN, 1901) (Arcturidae).- Ca. 7,3 mm lang; Körper lang und schlank, Körperoberfläche glatt, ohne Dornen oder Erhebungen; 2. Antennen kürzer als Körper; Kopf mit erstem Peraeomer verschmolzen, Augen klein, schwarz; Peraeomere 2 und 3 am kürzesten, Peraeomer 4 sehr verlängert, vor allem bei den Weibchen; Peraeopoden 1 - 4 klein, nach vorn gerichtet, über den Mundwerkzeugen liegend; Peraeopoden 5 - 7 kräftiger und länger; Pleomere mit Pleotelson verschmolzen; Pleotelson lang und schlank, ohne Dornen, Spitze des Pleotelsons abgerundet.- Magellanstraße; 18 - 210 m.

Unterordnung: Anthuridea
Wurmförmige Tiere, meist im Boden grabend oder zwischen Schill kletternd, räuberisch; ca. 1 - 4 cm lang.

332 *Paranthura antarctica* KUSSAKIN, 1967 (Paranthuridae).- Ca. 11 mm lang; Körper sehr lang, glatt, wurmartig; alle Peraeomere ungefähr gleich lang, mit Ausnahme des 7. Peraeomeres, das am kleinsten ist; Peraeopod 1 größer und kräftiger als die folgenden, mit Greifhand, Peraeopoden 2 und 3 ähnlich, aber kleiner; Peraeopoden 4 - 7 sind Schreitbeine mit schlanken zylindrischen Gliedern; 6 Pleomere frei, nicht verwachsen; Pleotelson relativ klein, mit rundem Hinterrand; Uropoden groß und etwa so lang wie das Pleotelson, fächerförmig, Exopodit auf das Pleotelson gefaltet; Räuber.- Zirkumpolar; 3 - 330 m.

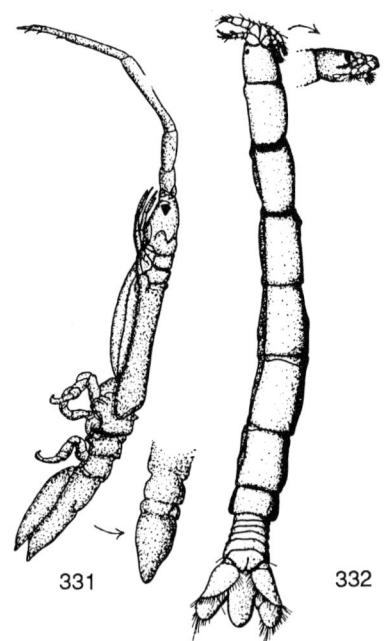

331   332

Pogonophora (Bartwürmer)

Zwirnsfadendünne, wurmförmige Bewohner mariner Weichböden, deren Körperlänge (1 - 10 cm) bis zum Hundertfachen ihres Durchmessers beträgt (0,1 - 0,5, selten bis 2 mm). Sie leben in beiderseits offenen, im Boden steckenden Skleroproteinröhren von meist mehrfacher Körperlänge, in denen sie sich auf- und abbewegen. Ihr Körper ist in vier Abschnitte gegliedert: Ein zipfelmützenförmiges Prosoma mit 1 - 200 langen, subterminalen Tentakeln (Name!); ein kurzes zylindrisches Mesosoma, vorn sowie hinten durch eine Furche abgesetzt und etwa in der Mitte mit einer paarigen Kutikularleiste (**Frenulum**); ein sehr langes Metasoma mit zahlreichen verteilten Haftpapillen und buckligen Drüsenfeldern, sowie in der Mitte mit zwei Ringwülsten (**Annulus**); ein annelidenartig segmentiertes, mit typischen Annelidenborsten besetztes kurzes Opithosoma, das wohl der Verankerung im Boden dient und beim Entfernen aus der Wohnröhre meist abreißt.

Die Tiere selbst werden selten gefunden, in Proben sieht man oft die wie Perlondraht aussehenden Röhren mit spezifischer Musterung. Im oberen Abschnitt sind sie meist weich und durchscheinend gelb-braun, der längere untere Teil ist mit periodischen Ringleisten (**30A**), Faserringen, Duplikaturen (**30B**) oder Folgen aus abwechselnd pigmentierten und unpigmentierten Ringeln (**30C**) gemustert.

Zwei Ordnungen, **Thekanephria** und **Athekanephria**, die als **Frenulata** zusammengefaßt werden. Weitere 9 aberrante, kürzlich in pazifischen Tiefsee-Vulkanspalten entdeckte Arten, wurden als **Vestimentifera** abgetrennt.

Weltweit mit zahlreichen Arten; oberes Sublitoral bis 8.000 m; aus der Antarktis nur *Siboglinum meridiale* IVANOV (**Athekanephria**), 5 cm, 200 - 1.200 m.

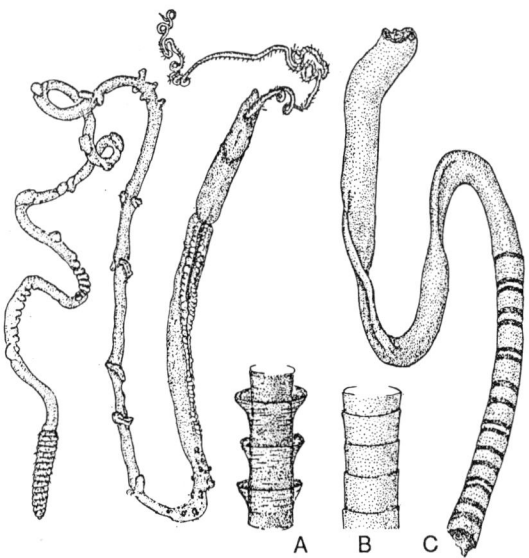

Abb. 30: Organisationsschema der **Pogonophora**

Pterobranchia (Flügelkiemer)

Die Pterobranchia werden den Hemichordata zugeordnet. Ihre nächsten Verwandten sind die **Eichelwürmer** (Enteropneusta).

Meist in Kolonien (Coenocien) lebende, millimetergroße Tiere (Zooide) mit weichem, skelettlosem Körper. Die Kolonien bestehen aus gallertigen, miteinander verklebten Röhren oder Gehäusen, in denen die Einzeltiere leben. Der Körper besteht aus dem als Haftscheibe dienenden Kopfschild, dem Kragen, auf dem die Mundöffnung sowie die Tentakelkrone liegen, und dem Rumpf, der in einen lagen, rückziehbaren Stiel übergeht, mit dem sich die Tiere in den Röhren verankern. Die Mundhöhle führt in einen V-förmig gebogenen Darm, dessen vorderer Abschnitt (Pharynx) bei den **Cephalodiscidae** über ein Paar Kiemenspalten nach außen mündet. Die Nahrung wird mit den Armen der Tentakelkrone (Lophophor) gefangen; die Arme haben an der Spitze viele Drüsenzellen und tragen 2 Reihen bewimperter Tentakel. Das Nervensystem liegt geflechtartig zwischen den Basen der Epidermiszellen ("intraepithelial") und bildet eine ganglienähnliche Nervenzellanhäufung im Bereich des Halses aus. Die Arten sind meist getrenntgeschlechtlich, aber auch zwittrig. Die Entwicklung kann sowohl direkt als auch indirekt sein, auch Knospung kommt vor.

Röhren und Gehäuse werden an anderen Substraten (Steinen, Schwämmen, Muscheln) befestigt. Die Hauptverbreitung liegt in den südlichen Teilen der Ozeane.

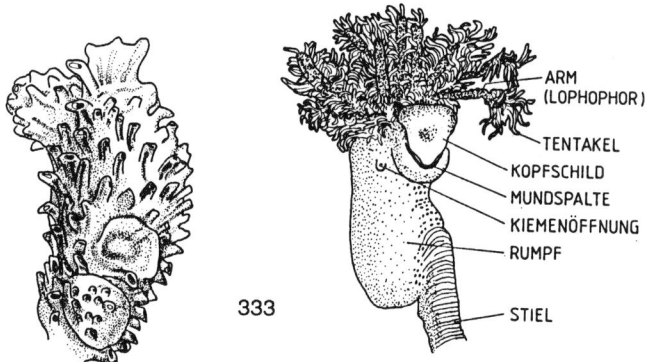

333

ARM
(LOPHOPHOR)

TENTAKEL
KOPFSCHILD
MUNDSPALTE
KIEMENÖFFNUNG
RUMPF

STIEL

333 *Cephalodiscus nigrescens* RIDEWOOD, 1918.- *Cephalodiscus*-Arten sind schwer voneinander zu unterscheiden; Gallerte durchscheinend braun gefärbt; die ca. 4 mm langen Zooide sind tintenschwarz, in Proben allerdings meist nicht zu sehen, da in die Röhren zurückgezogen oder beim Fang durch Frost zerstört; Größe der Kolonien variierend, Durchmesser oft bei ca. 10 cm; die Zooide besitzen 4 - 9 Armpaare mit je 2 Reihen von Tentakeln, mit denen feine Nahrungspartikel erbeutet werden.- Wahrscheinlich zirkumpolar, auf dem Kontinentalschelf und dem Schelf der Inseln nicht häufig, in der Hochantarktis selten.

Echinodermata (Stachelhäuter)

Tiere mit scheinbarer fünfstrahliger Symmetrie, ohne "Kopf" oder "Schwanz". Die Larven (*Dipleurula* u. a.) sind bilateralsymmetrisch, sie machen eine Metamorphose durch. An den Adulti unterscheidet man eine Oralseite (Mundseite) und eine Aboralseite, auf der oft der After liegt. Körper mit bewimperter Epidermis bedeckt, darunter mesodermales Bindegewebe und Skelettplättchen aus Calcit. Skelett bei den Seeigeln zu kompakter "Schale" zusammengewachsen. Stacheln sind mit Epidermis bedeckte Skelettelemente, die bei Seeigeln besonders lang sind. Kompliziertes Cölomsystem, das die beweglichen Ambulacralfüßchen, die ausgestülpten "Kiemenbläschen" (Papulae) und auch den Genitalapparat bildet. Es ist über die aborale Siebplatte (Madreporenplatte) mit dem Meerwasser verbunden. Herz und spezielle Blutgefäße fehlen, Blutbahnen werden durch Cölomkanäle begrenzt. Keine Exkretionsorgane, Nervensystem geflechtartig, kein Gehirn. Darm bei Seesternen und Schlagensternen sehr kurz, bei den anderen Klassen zu einer Spirale aufgewunden. Den Schlangensternen fehlt ein After, bei den Haarsternen liegt er auf der Oralseite.

5 rezente Klassen: **Crinoidea**, **Holothuroidea**, **Echinoidea**, **Asteroidea** und **Ophiuroidea**.

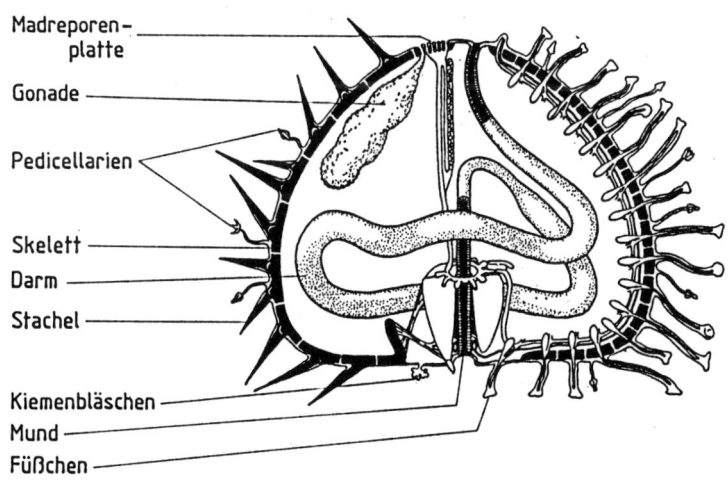

Abb. 31: Bauplan der **Echinodermata**
[verändert nach KÜKENTHAL & RENNER, 1978]

Crinoidea (Haarsterne)

Echinodermen mit ursprünglich 5 oder sekundär erhöhter Anzahl verästelter, relativ dünner Arme; Mund und After nach oben gerichtet, aborale Seite dem Boden zugewandt; Jugendstadien mit aboralem Stiel am Boden festsitzend, Adulti meist ohne Stiel, freilebend. Vom Mund gehen Rinnen (Ambulacralfurchen) aus, die sich über die Arme hinziehen und von Tentakeln (Ambulacralfüßchen), die nur der Nahrungsaufnahme dienen, flankiert werden. Zentraler Körper (Kelch) mit den Eingeweiden. Die Mundscheibe (Tegmen) wird von den ersten Seitenzweigen (Pinnulae, hier "Mundcirren") der Arme geschützt. In den unteren Armregionen enthalten die oft verdickten Pinnulae die Gonaden. Die dem Fang von Plankton dienenden Tentakel stehen meist in Dreiergruppen auf den Pinnulae. Nahrung wird in den bewimperten Armrinnen zum Mund gestrudelt. Die beweglichen Arme werden für den Nahrungsfang in die Strömung gespreizt, hierzu klettern die Tiere meist auf erhöhte Substrate. Auf den Armen leben häufig parasitische **Myzostomida** (Annelida). Fortbewegung mit den zum Klettern und Laufen aboral gerichteten Cirren.

In der Antarktis mit nur wenigen Arten vertreten.

334

334 *Promachocrinus kerguelensis* CARPENTER, 1888 (Antedonidae).- Bis über 15 cm; häufigster antarktischer Haarstern; mit 20 Armen; Adulti freilebend; Färbung lebender Exemplare sehr variabel, rotbraun mit weißen Flecken, oder beige mit violetten Cirren, hell ziegelrot oder gelbbraun.- Zirkumpolar, Schelf der Kontinente sowie der subantarktischen Archipelen (Süd Shetlands, Süd Sandwich, Bouvet, Kerguelen); 15 - 1.100 m, meist jedoch tiefer als 100 m.

Holothuroidea (Seegurken)

Seegurken zeichnen sich durch eine gestreckte Körperachse zwischen Mund und After aus. Die Ambulakralfurchen (Radien) ziehen sich über fast die gesamte Körperoberfläche bis zum aboralen Pol hin. Dadurch nehmen die meisten Vertreter eine gurken- bis wurmförmige Gestalt an. 8 - 30 Tentakeln sind um den Mund angeordnet, sie dienen der Nahrungsaufnahme. Die physiologische Ventralseite (Trivium) besteht aus 3, meist Füßchen tragenden Ambulakralfurchen mit den dazwischenliegenden, meist nackten Interambulakralbereichen (Interradien). Der physiologische Rücken (Bivium) teilt sich in 2 Ambulakralfurchen und 3 Interambulakralbereiche auf. Die für viele Stachelhäuter charakteristische pentamere Symmetrie geht bei vielen Seegurken durch die beschriebene Körpergliederung in eine bilateralsymmetrische über. Diese Körperform ist bei den vagilen, sich von organischen Bestandteilen des Sediments ernährenden Weidegängern besonders ausgeprägt. Die überwiegend sessilen, zur Endo- und Epifauna zu rechnenden Arten zählen zu den Suspensionsfressern. Neben diesen benthischen Arten gibt es wenige mit teilweise oder permanent planktonischer Lebensweise.

Seegurken kommen fast ausschließlich im marinen Milieu vor, es gibt wenige Vertreter im Brackwasser, gar keine im Süßwasser. Sie besiedeln alle Tiefenstufen der Ozeane und können sowohl in der Tiefsee als auch auf dem Schelf zur dominanten Tiergruppe werden.

Für die Artbestimmung sind folgende Merkmale entscheidend: Endoskelett, bestehend aus dem um den Vorderdarm gelegenen Kalkring, und mikroskopisch kleinen Skleriten in der Haut; Stellung und Anzahl der Füßchen und sonstiger Körperanhänge (Papillen, Nackensegel, Randsaum). Desweiteren können die Körperform in situ oder im nicht konservierten Zustand sowie die Färbung der Haut von Bedeutung sein.

Zur Verwechselungen kann es mit wurmartigen oder gelatinösen Formen aus verschiedenen Tierstämmen sowie mit **Ascidien** und **Nacktschnecken** kommen.

In der Antarktis sind Seegurken in allen untersuchten Gebieten und allen Tiefenstufen in unterschiedlichen Mengen vertreten. Im südlichen Weddellmeer können sie bis zu 90 % der mit Dredgen erbeuteten Biomasse ausmachen. Typische Tiefseebewohner haben auch den Schelf (bis 600 m Tiefe) als Lebensraum für sich erschlossen. Es kommen sowohl abgeleitete als auch ursprüngliche Formen vor. Ihr Größenspektrum entspricht mit Längen von einigen Millimetern bis wenigen Dezimetern den weltweiten Verhältnissen. Es gibt Vertreter aus fast allen Ordnungen. Bei den meisten Arten muß von einer zirkumpolaren Verbreitung ausgegangen werden. Einige der typischen Litoralbewohner fehlen entlang der Schelfeisküste. Die Anzahl von ca. 90 aus der Antarktis bekannten Arten, gegenüber ca. 1.200 weltweit beschriebenen Seegurken, kann als mäßig hoch eingeschätzt werden. Etwa 60 % der in der Antarktis vorkommenden Arten, Tiefseebewohner eingeschlossen, sind für dieses Seegebiet endemisch. Es werden verwandtschaftliche Beziehungen zur Seegurken-Fauna von Südamerika und den subantarktischen Inseln festgestellt.

Dendrochirotacea

Füßchen, Wasserlungen und Rückziehmuskeln am Vorderdarm vorhanden; teils pentamer-, teils bilateralsymmetrisch; Madreporenplatte frei in der Leibeshöhle; Gonaden in zwei Büscheln. Überwiegend Schelfbewohner, Suspensionsfresser.

Dendrochirotida

10 - 30 reich verzweigte Tentakeln, nach dem Fang meist eingezogen; aus Skleriten bestehende Schale teils gut ausgebildet, teils reduziert.

335 *Ekmocucumis steineni* (LUDWIG, 1898) (Cucumariidae).- Ca. 8 cm; weitgehend pentamersymmetrisch, zylindrisch, zum Mund und After hin leicht verjüngend; 10 gleich große Tentakeln; Füßchen nur in den Radien, in Doppelreihen stehend, dorsal weniger als ventral, im vorderen Viertel am deutlichsten ausgebildet; Farbe: beige bis dunkelbraun, stets dunkle Flecken zwischen den Tentakeln.- Teils im Sediment, teils epizoisch zwischen Bryozoen.- West- und Ostantarktis, Weddellmeer häufig, antarktische und subantarktische Inseln; 6 - 1.200 m.

336 *Psolus dubiosus* LUDWIG & HEDING, 1935 (Psolidae).- Ca. 5 cm; Rücken aus festem Skleritpanzer bestehend, gewölbt, ventral ist eine flache Sohle vorhanden; Mund- und Afteröffnung dorsal, mit kräftigen dreieckigen Platten abgedeckt; bilateralsymmetrischer Körperbau; 10 gleichgroße Tentakeln; Füßchen nur in den lateroventralen Radien; Farbe (dorsal): weiß.- Auf Steinen oder ähnlich glattem Untergrund (z. B. Ascidien).- Ostantarktis, im Weddellmeer häufig; 40 - 760 m.

337 *Psolidium incertum* (THEEL, 1886) (Psolidae).- Ca. 4 cm; dorsal stark gewölbt, ventral ist eine flache Sohle vorhanden; 10 gleich große rötliche bis orange Tentakeln; kleine Füßchen über den gesamten Rücken verstreut, ventral nur in den Radien; Mund- und Afteröffnung dorsal auf konischen Erhebungen; bilateralsymmetrisch; Farbe: gräulich bis bräunlich.- Teils im Sediment lebend.- Ross See, Weddellmeer, Bouvet Island, Falkland Inseln; 260 - 800 m.

338 *Trachythyone bouvetensis* (LUDWIG & HEDING, 1935) (Colochirinae).- Ca. 4 cm; Körper zylindrisch, pentamersymmetrisch, schlank, sich zum After hin verjüngend; 10 Tentakeln, die 2 ventralen kleiner als die übrigen; Füßchen einreihig in den Radien; Farbe: blaß rötlich.- Weddellmeer, Bouvet Island; 160 - 700 m.

Dactylochirotida

8 - 30 Tentakeln, fingerförmig oder gefingert, unverzweigt, Finger teils gespalten; mit einer aus überlappenden Kalkskleriten bestehende Schale bedeckt.

339 *Ypsilocucumis turricata* (VANEY, 1906) (Ypsilothuriinae).- Ca. 10 cm; Körper langgestreckt mit schwanzartiger hinterer Körperhälfte, Körperquerschnitt rund, äußerlich keine Einteilung in Radien und Interradien erkennbar; Haut mit rauher Oberfläche; Füßchen bei größeren Individuen nicht erkennbar, sonst über gesamten Körper verstreut; Farbe: weißlich-rosa. Endofauna.- West- und Ostantarktis, Weddellmeer, antarktische Inseln, selten; 8 - 700 m.

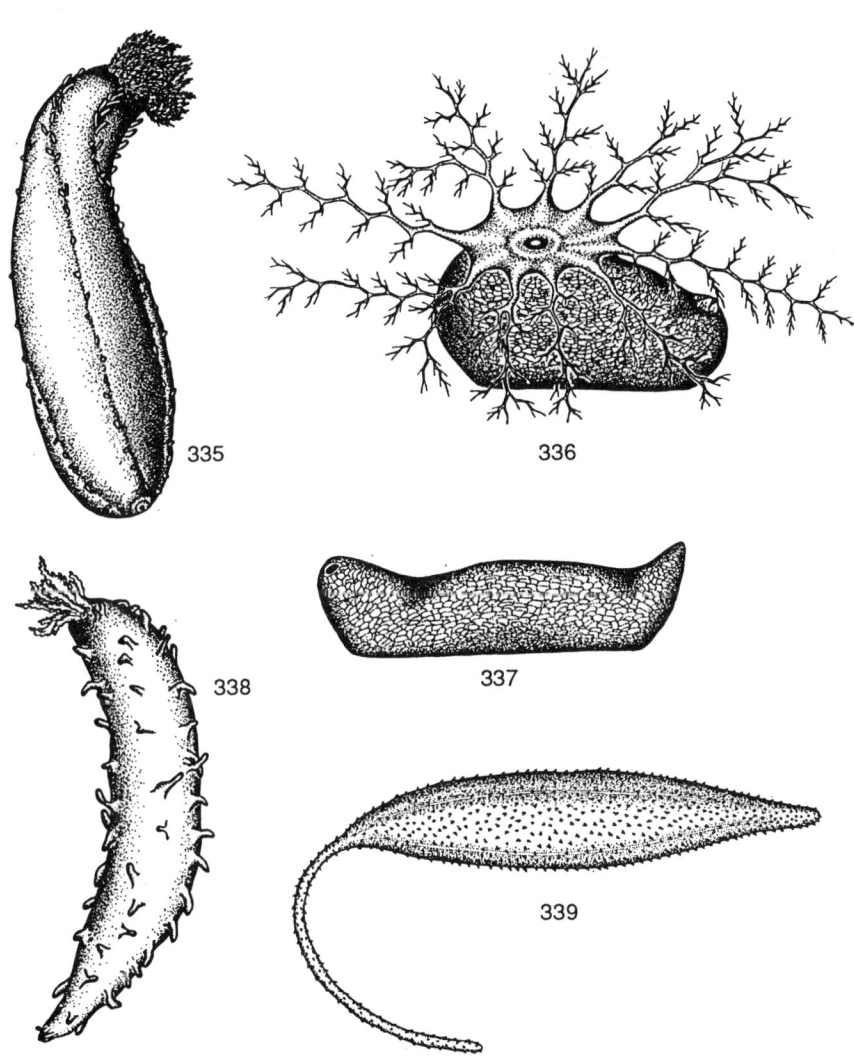

335

336

338

337

339

Aspidochirotacea

Füßchen vorhanden; 10 - 30 schildförmige Tentakeln; keine Rückziehmuskeln um den Vorderdarm; Körper bilateralsymmetrisch; Mund ventral gelegen; Sedimentfresser, Weidegänger.

Aspidochirotida

Wasserlungen vorhanden. Füßchen in den ventralen Radien meist in großer Zahl vorhanden; bilateralsymmetrischer Körperbau; überwiegend Schelfbewohner.

340 *Bathyplotes spec.* (Synallactidae).- Ca. 20 cm; Körper gestreckt, dorsal gewölbt, 16 - 19 Tentakeln mit runden Endplatten; Füßchen in allen drei ventralen Radien, dorsal warzenförmige, konische Papillen; Farbe: rosa mit braunem Querstreifen in der Mitte des Tieres.- Weddellmeer, Westantarktis, antarktische Inseln; 240 - 470 m.

Elasipodida

Wasserlungen fehlend; Füßchen meist in Anzahl reduziert und auf lateroventrale Radien begrenzt; typischer Tiefseebewohner.

341 *Laetmogone wyvillethompsoni* THEEL, 1879 (Laetmogonidae).- Ca. 25 cm; Körper gestreckt, dorsal gewölbt, ventral flach; 15 Tentakeln; Füßchen nur in lateroventralen Radien, dorsal längliche Papillen in den Radien; Farbe: grün-bläulich.- Weltweit; Weddellmeer, Westantarktis; 240 - 4.000 m.

Apodacea

Tentakeln gefingert oder gefiedert; Füßchen stark reduziert oder völlig fehlend; Vertreter auf dem Schelf und in der Tiefsee, Sedimentfresser.

Apodida

Körper zylindrisch, wurmförmig; Wasserlungen und Analpapillen fehlend; Sklerite bestehen oft aus Rädchen.

342 *Paradota spec.* (Chiridotidae).- Ca. 15 cm; runder Körperquerschnitt; 12 schild- bis fingerförmige Tentakeln; ohne Füßchen, ohne Sklerite in der Körperwand; Farbe: rötlich, orange oder violett.- Teils im, teils auf dem Sediment lebend.- Weddellmeer; 225 - 650 m.

Molpadida

Körper spindelförmig, sich zum After hin schwanzartig verjüngend; rädchenförmige Sklerite fehlend.

343 *Molpadia musculus* RISSO, 1826 (Molpadiidae).- Ca. 15 cm; charakterisiert hauptsächlich durch die Gestalt spindelförmiger und dreistrahliger Sklerite; Farbe bei erwachsenen Tieren: meist violett, sonst grau-grünlich.- Im Sediment eingegraben lebend.- Weltweit; Weddellmeer, Westantarktis, antarktische und subantarktische Inseln; 35 - 5.200 m.

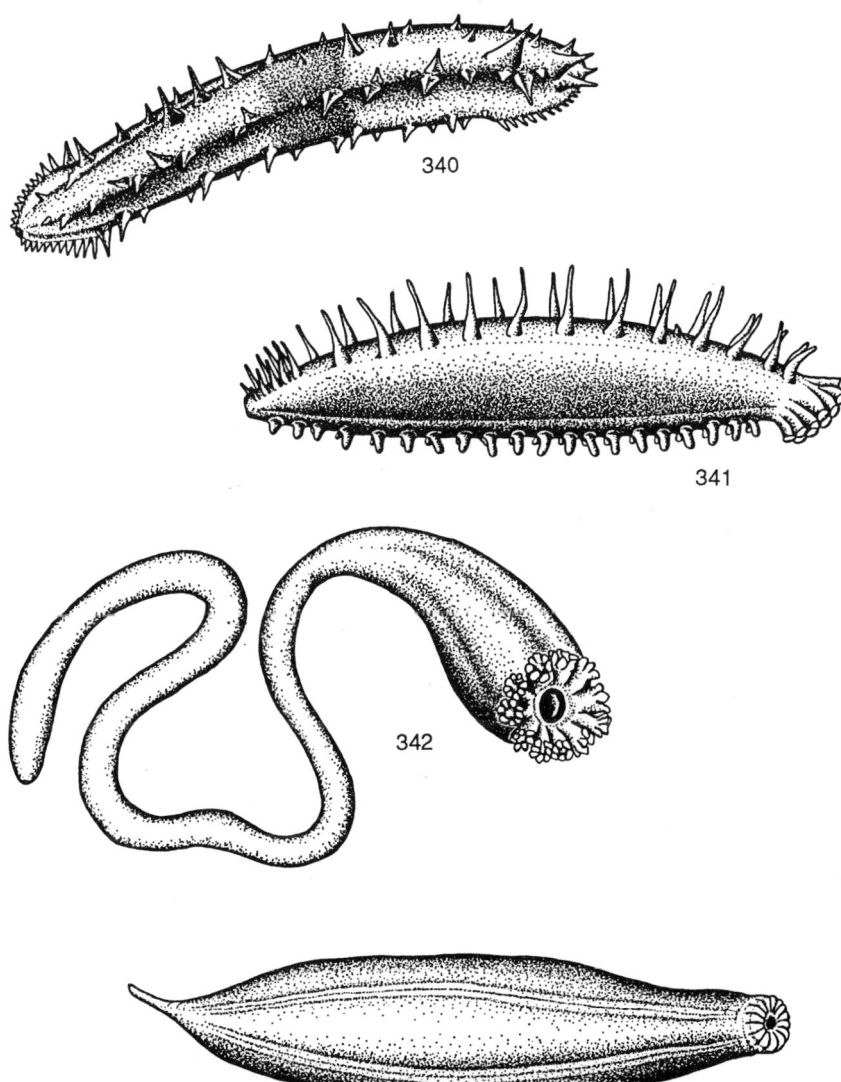

340

341

342

343

Echinoidea (Seeigel)

Echinodermen mit kugeligem Körper, ohne Arme; meist völlig rund, **Irregularia** jedoch in unterschiedlichem Ausmaß abgeplattet, mit ovalem Umriß; Platten des Skeletts gut verwachsen, gelenkige Stacheln lang; Pedicellarien gestielt; Mund dem Boden zugewandt, Kauapparat mit Zähnen, die den Untergrund abweiden können.
Viele antarktische Arten.

344 *Ctenocidaris speciosa* MORTENSEN, 1910 (Regularia: Cidaridae).- Durchmesser über 6 cm, Höhe über 4 cm; Stacheln dick, etwas länger als Schalendurchmesser, mit kleinen Dörnchen besetzt, kürzere Stacheln meist kräftiger bedornt; Stacheln oft bewachsen (Muscheln, Bryozoen, Schwämme); Ambulacralzone leicht mäander, Amulacralplatten medial mit 3 - 4 Tuberkeln. - Süd Shetlands, Antarktische Halbinsel, Melchior Archipel; 23 - 510 m.

345 *Sterechinus neumayeri* (MEISSNER, 1900) (Regularia: Echinidae).- Durchmesser bis über 4 cm, Höhe etwas mehr als halber Durchmesser; Schale kreisrund; lange Primärstacheln dünn, kürzer als Schale, nicht sehr dicht stehend; sehr viel mehr kürzere Sekundärstacheln, diese stumpf; jede Ambulacralplatte mit 1 großen und vielen kleinen Tuberkeln, großer Tuberkel fehlt manchmal; Färbung violett, z. T. schwärzlich oder bläulich; Stacheln heller, Spitzen weißlich.- Sehr häufige Art, wahrscheinlich zirkumpolar; Süd Shetlands, Süd Georgien, Süd Sandwich, Süd Orkneys, Ross See u. a.; geringe bis mittlere Tiefen.

346 *Abatus curvidens* MORTENSEN, 1936 (Irregularia: Schizasteridae).- Länge der größten Achse bis über 40 mm bei einer Höhe von ca. 20 mm; Schale breit oval, abgeflacht, am Vorderende mit nur flacher medialer Rinne; Mundvorfeld flach konkav; Mund von lippenartigem Vorsprung verdeckt; die 5 Ambrulacralfurchen der aboralen Seite sind im Vergleich mit der folgenden Art relativ flach (der Name bezieht sich auf die Form der großen Pedicellarien).- Palmer Archipel, Antarktische Halbinsel, Süd Shetlands; 20 - 50 m.

347 *Abatus cavernosus* (PHILIPPI, 1845) (Irregularia: Schizasteridae).- Große Achse (Länge) über 5 cm; Schale ähnlich wie bei der vorhergehenden Art, Höhe ca. 60 - 70 %, Breite 90 - 96 % der Länge, Unterseits abgeflacht; Mund wie bei **346 *A. curvidens*** MORTENSEN, 1936, umgeben von bohnenförmiger Mulde in der Schale; Schalenform ist etwas variabel, bei kleinen Exemplaren regelmäßig oval mit gestützter Vorderseite, größere Tiere breit oval, an den Enden der Längsachse abgestutzt, einige Tiere fast rechteckig mit gerundeten Ecken; Stachelkleid dicht, Stacheln kurz, rauh; betreibt Brutpflege.- Süd Georgien, Magellanstraße, Bouvet, Palmer Archipel; 40 - 400 m.

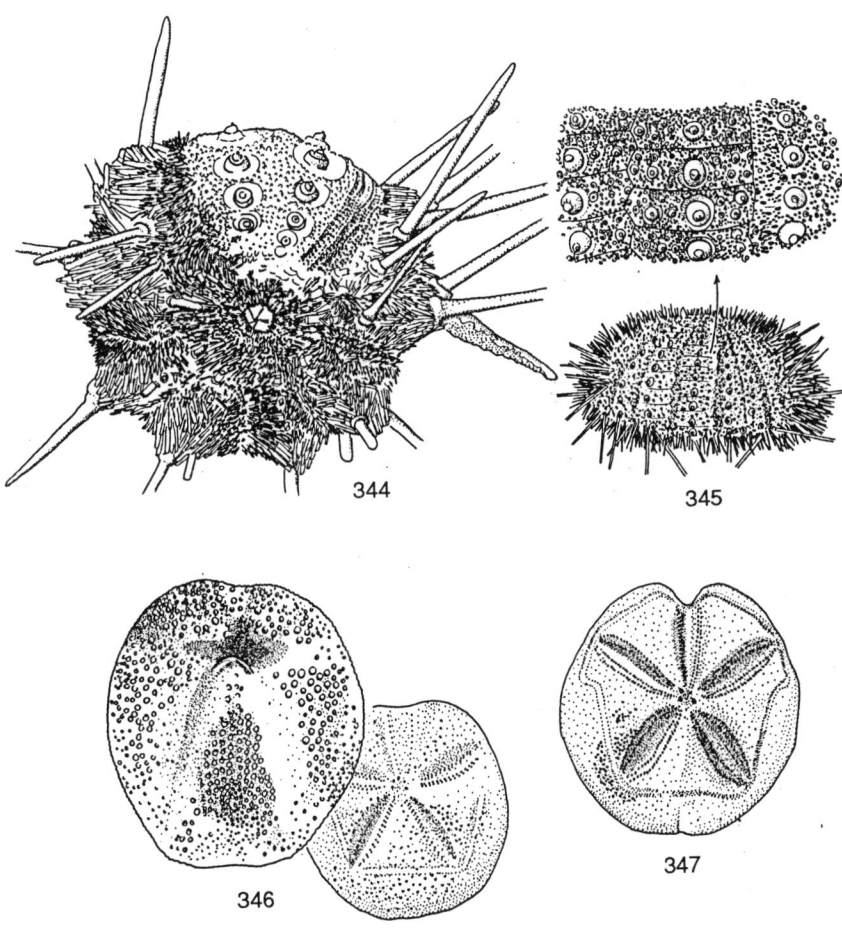

344

345

346

347

Asteroidea (Seesterne)

Mit abgeflachtem Körperbau; von einer zentralen Scheibe gehen 5 (oder mehr) breit ansetzende, bisweilen verkürzte Arme aus. Ambulacralfüßchen in einer Längsrinne auf der oralen (unteren) Seite der Arme, jedes Füßchen im Körperinneren mit Ampulle (Cölomsäckchen) verbunden. Mund zentral auf der Unterseite der Körperscheibe, After (z. T. fehlend) und Madreporenplatte ab-oral. Darm sehr kurz, vorderer Abschnitt als ausstülpbarer Magen (Cardia) aus-gebildet, gefolgt von dem Pylorus, der verzweigte Blindsäcke mit Verdauungs-drüsen in die Arme sendet. Gonaden ziehen ebenfalls in die Arme. Armspitzen mit Endtentakeln und einfachen Lichtsinnesorganen. Kleine bläschenartige Ausstülpungen (Papulae), die Körperflüssigkeit enthalten, dienen als Kiemen.

348 *Psilaster charcoti* (KOEHLER, 1906) (Astropectenidae). - Radius (bis Armspitze) bis über 9 cm; Körperscheibe mittelgroß; Arme an der Basis breit, distal gleichmäßig schmaler werdend, seitlich von Skelettplatten (Marginalia) besetzt; Madreporenplatte am Körperscheibenrand, zwischen 2 Armen; Marginalplatten mit kurzen, schuppenartigen, zu den Armenspitzen gerichteten Dornen; aborale Oberfläche relativ glatt; Ambulacralfüße ohne terminalen Saugnapf; Mund von 5 Zipfeln umgeben (Oralplatten), Reihen stumpfer Dornen tragend; Färbung rotbraun oder gelbbraun bis hellgelb, auch rosa.- Zirkumpolar, Süd Shetlands, Palmer Archipel, Süd Orkneys, Bouvet Inseln, Ross See, Weddellmeer; 30 - 3.300 m.

349 *Bathybiaster loripes* (SLADEN), 1889 (Astropectenidae).- Radius (bis Armspitze) bis über 16 cm; Körperscheibe relativ klein; Arme dick, gleichmäßig schmaler werdend; aborale Oberfläche glatt, von kleinen säulenartigen, polygonalen Skelettplättchen (Paxillen) bedeckt, oben mit 8 - 12 runden bis 3eckigen Granula; Madreporenplatte zwischen den Armen, halb zwischen Mitte und Rand der Körperscheibe; Armseiten von (Marginal-) Platten gebildet, die mit kleinen Kalkschuppen bedeckt sind; Ambulacralfüßchen in breiten oralen Längsrinnen der Arme, Füßchen mit terminalem Knopf, ohne Saugscheibe; um den Mund 5 schmale Oralplatten; Färbung gelb- bis dunkelbraun, braune Ambulacralfüßchen.- Zirkumpolar auf Schlammböden, detritivor (?); Heard Insel, Kerguelen, Süd Shetlands, Süd Georgien, Süd Orkneys, Ross See, Weddellmeer; 18 - 840 m.

350 *Odontaster validus* (KOEHLER, 1906) (Odontasteridae).- Gattung, die auf jeder der 5 Oralplatten einen großen Dorn mit transparenter Spitze hat, radial angeordnet; Radius (bis Armspitze) bis 7 cm, meist 3 - 5 cm; Körperscheibe groß, Arme schmal, relativ kurz; aborale Oberfläche mit "Kalksäulen" (Paxillen), auf der Körperscheibe mit sternförmiger Endfläche (10 - 16 Spitzen); Madreporenplatte etwas vom Körperrand entfernt, oft von Paxillen verdeckt; Armränder große Paxillen tragend; unterseits mit Reihen breiter Ambulacralfüßchen, paarweise in den Armrinnen, Füßchen mit sehr kleinen Saugscheiben.- Sehr häufige Art, omnivor, Aas fressend, Diatomeen aufnehmend, auf Schlamm, Kies, Felsen.- Zirkumpolar, u.a. Bouvet Insel, Süd Shetlands, Süd Orkneys, Ross See; 0 - 920 m.

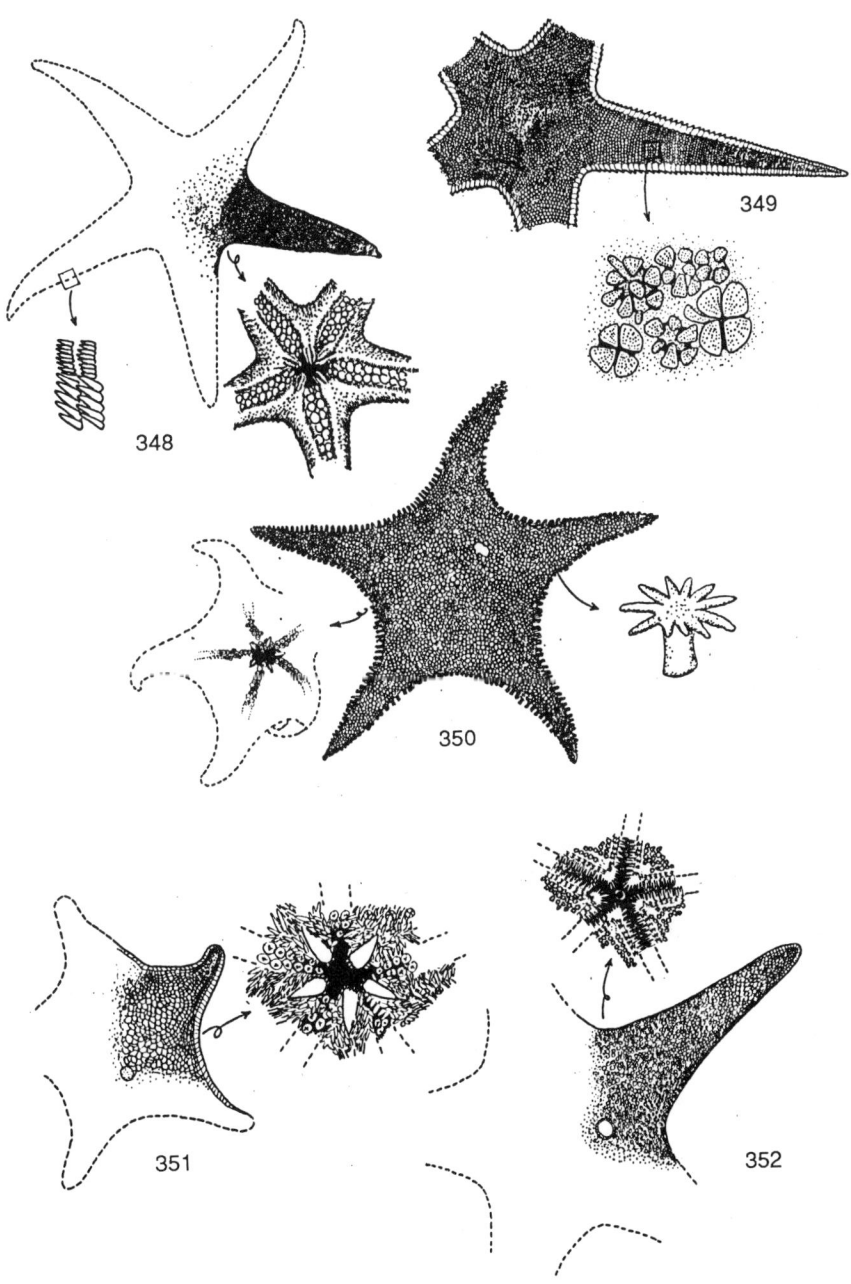

348

349

350

351

352

351 *Acodontaster conspicuus* (KOEHLER, 1920) (Odontasteridae).- Radius bis 12 cm; Mund umgeben von 5 sehr breiten, zahnähnlichen Dornen auf den Oralplatten; Körperscheibe breit, flach, Arme breiter als bei vorherigen Art, kurz; Armränder durch Marginalplatten gebildet (auch von oben sichtbar); große Madreporenplatte nahe Scheibenmitte; Kalkplatten der aboralen Seite größer als bei der vorherigen Art, polygonal, am Körperrand in parallelen Reihen angeordnet, Plättchen mit Granulae bedeckt; zwischen den Platten große Pedicellarien mit 3 oder 4 Greifhaken; orale Fläche relativ glatt, Stacheln nur entlang der Armrinnen, letztere schmal, mit Reihen von Füßchenpaaren, an deren Enden sehr kleine Saugscheiben; Färbung orange, gelbbraun oder rosa; Pedicellarien weiß, Füßchen dunkel.- Wahrscheinlich zirkumpolar, u. a. Süd Georgien, Falkland Plateau, Antarktische Halbinsel, Ross See, Süd Shetlands, Weddellmeer; 0 - 650 m.

352 *Cycethra verrucosa* (KOEHLER, 1912) (Ganeriidae). - Radius (bis Armspitze) bis über 8 cm; Körperscheibe oben aufgebläht, Oralseite flach; Arme breit ansetzend, schnell schmaler werdend; Körper mit kleinen Paxillen bedeckt, die 6 - 12 Dörnchen tragen; Marginalplatten unauffällig, seitliche Kalkplatten mit etwas längeren Dornen als obere Plättchen; Armfurchen schmal, von Dorenpaaren der benachbarten (adambulacralen) Platten bedeckt, mit Reihen von Füßchenpaaren, diese mit terminaler Saugscheibe; 5 Mundplatten mit mehreren schlanken Dornen, die die Mundöffnung umgeben.- Antarktische Halbinsel, Petermann I., Süd Shetlands, Süd Orkneys, Süd Georgien, Weddellmeer, Enderby Land; 40 - 540 m.

353 *Porania antarctica glabra* (SLADEN, 1889) (Poraniidae). - Radius (bis Armspitze) ca. 10 mm, aber auch bis 75 mm; Körper aufgebläht pentagonal, Arme sehr kurz; aborale Kalkplatten bilden unter der Haut ein breitmaschiges Netzwerk, Körpermitte mit fünflappiger Kalkplatte; ohne Pedicellarien; Madreporenplatte halb zwischen Mitte und Körperrand; keine Tuberkel oder Dornen; Armrinnen breit, mit abgeflachten, stumpfen Dornen besetzt, Ambulacralfüßchen in paarigen Reihen; orale Fläche glatt, mit etwas radialen Streifen; Färbung purpurrot oder ziegelrot, sehr variabel, bis blauweiß oder rosa, Oralseite heller, blaugrau, gelbweiß.- Meist auf Weichböden, wahrscheinlich detritivor.- Zirkumpolar, auch Patagonien; u. a. Golfo de Penas (Chile), Süd Georgien, Süd Sandwich, Süd Shetlands, Kerguelen, Bouvet, Ross See, Weddellmeer; 0 - 1.350 m.

354 *Cuenotaster involutus* (KOEHLER, 1912) (Solasteridae).- Radius (bis Armspitze) bis über 10 cm; mit relativ großer Körperscheibe und schmalen Armen; sehr auffällige Paxillen an den Armseiten, jede mit 10 - 12 langen Stacheln, Umriß des Tieres daher dornig; Oralseite mit langen Dornen zwischen Armrändern und Armrinnen; Aboralseite relativ glatt; Madreporenplatte etwas vom Körperrand entfernt; Armrinnen breit, Füßchen paarig in einer Reihe, mit Saugnapf; ohne Pedicellarien; Färbung graubraun oder gelblich braun, Oralseite heller.- Wahrscheinlich zirkumpolar, u. a. Süd Orkneys, Süd Georgien, Süd Shetlands, Weddellmeer, Ross See; 0 - 700 m.

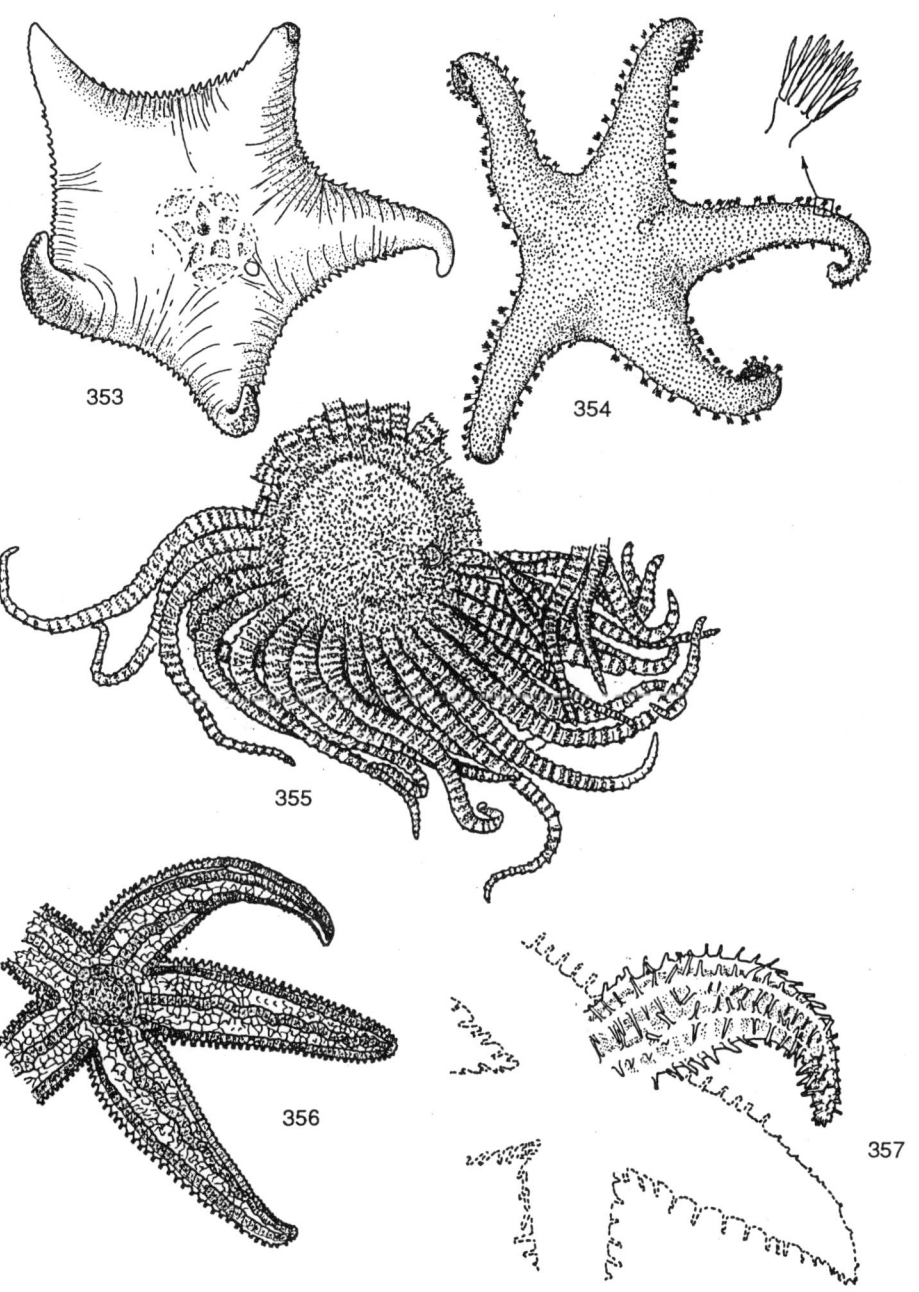

353

354

355

356

357

355 *Labidiaster annulatus* (SLADEN, 1889) (Asteriidae).- Sehr groß, Radius bis über 30 cm; viele Arme, Zahl variabel (36 - 50), zerbrechlich und regenerierbar, geringelt durch Pedicellarien, schmal, sehr beweglich; Körperscheibe rund oder oval, Färbung rotbraun, hellbraun, Oralseite hell.- Omnivor und räuberisch, auf Weich- und Hartböden.- Kerguelen, Heard Insel, Palmer Archipel, Süd Shetlands, Süd Orkneys, Süd Sandwich, Süd Georgien, Weddellmeer; 0 - 440 m.

356 *Diplasterias brucei* (KOEHLER, 1908) (Asteriidae). - Radius (bis Armspitze) bis 13 cm; aborales Skelett unregelmäßig netzartig, Platten mit einzelnen Stacheln; Körperscheibe klein, aborale Seite mit Kreis von Stacheln, von dem mäandernde Längsstreifen auf die Arme ziehend; diese Streifen bestehen aus erhöhten Plättchen mit kurzen Stacheln; an der Basis zwischen den Armen ein spitzer Winkel; Armränder mit Gruppen flacher Stacheln; sehr breite, gerade Armrinnen, Ambulacralfüßchen in Viererreihen, mit breitem Saugnapf; Färbung aboral gelbbraun oder blaugrün mit weißen Dornen, Armspitzen z. T. rötlich, Oralseite heller; bei Süd Georgien 6armige Rasse.- Wahrscheinlich zirkumpolar, u. a. Süd Georgien, Süd Shetlands, Süd Orkneys, Ross See, Weddellmeer; 0 - 750 m.

357 *Notasterias armata* (KOEHLER, 1911) (Asteriidae).- Radius bis 13 cm; aborales Skelett netzartig, auf Armen Querbänder formend; Körperscheibe relativ klein, Form ähnlich der vorigen Art; Oralseite rauh, mit einzelnen langen Dornen; Madreporenplatte klein; lange, stumpfe Stacheln umgeben Armränder und Armrinnen; Armrinnen breit, Ambulacralfüßchen in Viererreihen, mit terminaler Saugscheibe; Färbung orange, weißlich, rot oder gefleckt.- Wahrscheinlich zirkumpolar, u. a. Ross See, Weddellmeer, Antarktische Halbinsel; 30 - 650 m.

Ophiuroidea (Schlangensterne)

Der Körper besteht aus einer zentralen Scheibe und 5 (oder mehr) schlanken Armen. Die deutliche Trennung von Armen und Körperscheibe unterscheidet sie von den **Asteroidea** (Seesternen). In der Scheibe liegen Verdauungs- und Fortpflanzungsorgane sowie auf der Oralseite in Schlitzen mündende Taschen, die "Bursae". Diese dienen der Atmung und oft der Brutpflege. Ein After fehlt, der Mund ist dem Boden zugewandt. Die Mundseite wird "ventral", die gegenüberliegende Seite "dorsal" genannt.

Die Strukturen der den Mund begrenzenden Zähne und Papillen sind wichtige Bestimmungsmerkmale. 5 in den Mundraum ragenden Vorsprünge werden "Kiefer" genannt, die kleinen, auf den Kiefern sitzenden Zähnchen auch "Oralpapillen". Die Arme sind durch Skelettelemente ("Wirbel") segmentiert, die gegeneinander beweglich sind. Sie sind daher ungewöhnlich mobil. Der Bestimmung dienen weiter Skelettelemente der Körperoberfläche, wie Platten und Schuppen auf der Scheibe und die lateralen Dornen an den Armen.

Ophiuroiden ernähren sich z. T. räuberisch, z. T. omnivor, einige fressen überwiegend pflanzliche Nahrung. Epizoische Arten sind oft Suspensionsfresser, Arten der Infauna meist microphage Sediment- oder Suspensionsfresser. Geschlechtsprodukte werden über die Bursae ausgestoßen; die Entwicklung erfolgt im Wasser oder bei brutpflegenden Arten in den Bursae; die meisten Arten sind getrenntgeschlechtlich.

Es sind ca. 150 Arten aus dem zirkumpolaren Ozean (südlich 45°S) bekannt, mit vielen Endemismen auf Art- und Gattungsniveau.

Gorgonocephalidae
Körperscheibe und Arme mit dicker Haut, darin eingeschlossen Schuppen oder Granulae; Arme bei manchen Arten verzweigt, können aufgerollt werden; Armdornen weisen zum Boden, auf der Armoberseite gibt es mikroskopische Haken.

358 *Astrotoma agassizii* LYMAN, 1875.- Große Art, Scheibendurchmesser bis zu 60 mm, Armlänge bis 400 mm; radiale Kiele auf der Scheibe reichen vom Rand bis fast zur Mitte; 5 nicht verzweigte Arme, lang, distal schmaler werdend, durch Gürtel mikroskopischer Haken geringelt; 3 - 4 Paar Armdornen je Ring; Färbung gelbbraun bis weiß; Suspensionsfresser, fängt **Copepoden**, **Mysidaceen**, **Chaetognathen**; Brutpflege.- Zirkumpolar, magellanisch, subantarktisch; 70 - 1.350 m.

359 *Astrohamma tuberculatum* (KOEHLER, 1923).- Scheibendurchmesser bis 18 mm, aufgedunsen, von großen runden Granulae bedeckt; Arme bis 500 mm lang, geringelt durch alternierende Reihen von Granulae und mikroskopische Haken; 3 - 4 Paar Armdornen, unterster Dorn wie Katzenpfote geformt; Färbung braun oder rotbraun.- Auf Gorgonien und stylasterinen Korallen kletternd.- Antarktische Halbinsel, Ross See; 150 - 400 m.

Ophiacanthidae
In der Regel Scheibe mit Granulae oder Dornen; lange radiale Kiele schmal, sich nicht berührend; Arme oft mit Einschnürungen zwischen den Segmenten; zahlreiche lange, hohle Armdornen.

360 *Ophiacantha antarctica* KOEHLER, 1900.- Scheibendurchmesser bis 13 mm; Scheibe oft interradial gezähnt, dicht mit kurzen, apical spitz bedornten Skelettstrunken besetzt; Arme bis zu 65 mm lang, schlank; dorsale Armplatten oft an Außenecke mit scharfem Fortsatz; je Segment 6 Paar lange, schmale, rauhe Dornen, jeder meist länger als ein Armsegment; zerbrechliche Art; Scheibe meist blaugrau gefärbt; Arme rosa, orange oder strohfarben.- Frißt **Diatomeen**, **Copepoden** und **Foraminiferen**. Getrenntgeschlechtlich, ohne Viviparie; epizoisch, oft auf Schwämmen.- Zirkumpolar; 20 - 1.400 m.

361 *Ophiosparte gigas* KOEHLER, 1922.- Scheibendurchmesser bis zu 55 mm; Scheibe kräftig, mit dicker, schleimiger Haut, darin eingebettete Platten; innere Oralpapillen spitz, äußere Papillen flach, spatelförmig; Bursalschlitze lang; Arme bis 110 mm lang, robust, breiter als hoch, mit 6 - 7 Paar flacher Dornen je Segment, unterseits mit großen Tentakelporen.- Räuberisch und aasfressend; ernähren sich u. a. von **Polychaeten** und **Ophiuroiden**.- Auf Schlick oder Kiesboden; Antarktische Halbinsel und Ross See, evtl. zirkumpolar; 50 - 750 m.

Amphiuridae

Körperscheibe klein, zerbrechlich; Arme relativ lang, unter der Scheibe inserierend, mit kurzen Dornen; charakteristische, paarige infradentale Papillen an den Kieferspitzen; taxonomisch schwierige Familie, ca. 35 Arten in der Antarktis.

362 *Amphiura belgicae* KOEHLER, 1900.- Scheibendurchmesser über 5 mm; Oralpapillen bilden keine durchgehende Reihe auf Kiefern; Lücke zwischen infradentalen und äußeren Papillen; Arme bis 42 mm lang, mit 3 - 5 (meist 4) Paar robuster, zugespitzter, undurchsichtiger Armdornen je Segment; Tentakelporen groß, meist mit 2 langen in die Poren rangenden Schuppen.- Brutpflege, oft auf kleinen, mit Bryozoen überzogenen Steinen, nicht grabend wie andere Amphiuriden.- Magellanisch sowie zirkumpolar und subantarktisch; 15 - 900 m.

363 *Amphioplus acutus* MORTENSEN, 1936.- Körperscheibe pentagonal, bis ca. 9 mm; 5 Paar Oralpapillen, die äußersten klein, schuppenartig, die folgenden 2 lang, dornenförmig, spitz; Tentakelporen groß, mit je 4 Paar schlanker, konisch zugespitzter Dornen je Armsegment.- Antarktische Halbinsel; 135 - 500 m.

Ophiuridae

Arme lateral in Vertiefung der Körperscheiben inserierend, Ansatz der Arme mit der Scheibe fest verschmolzen; Scheibe allgemein mit nackten Schuppen variierender Größe bedeckt; Granulierung nur auf Dorsalfläche der Scheibe vorhanden oder fehlend; Oralpapillen eine kontinuierliche Serie bildend, üblicherweise mit einer unpaaren infradentalen Papille an der Spitze der Kiefer.

364 *Ophionotus victoriae* BELL, 1902.- Mit lateral an der Scheibe fest ansetzenden Armen, Scheibendurchmesser bis 44 mm, bedeckt mit einem Mosaik kleiner im Integument eingebetteter Schuppen; primäre Platten beim Adultus nicht sichtbar; dorsale Armplatten in eine zentrale Platte und zahlreiche laterale Plättchen fragmentiert; Bursalschlitze groß und lang, von einer Reihe Genitalpapillen umgeben; mit 5 relativ kurzen Armen, diese bis 95 mm lang, robust, abgeflacht, distal allmählich schmaler werdend, je Segment 4 Paar Armdornen, oberster Dorn am größten; Farbe variabel: Scheibe und Arme hellbraun, rotbraun, grau oder schwarz (Süd Sandwich I.), manchmal mit rosa Streifen oder Strichen; *O. hexactis* (SMITH, 1876) (subantarktisch) ist sehr ähnlich, hat jedoch 6 Arme.- Opportunisten, fressen Sediment, kleine **Crustaceen**, andere **Echinodermen**, **Foraminiferen**.- Zirkumpolar; Ross See und Antarktischen Halbinsel häufig; 5 - 1.250 m.

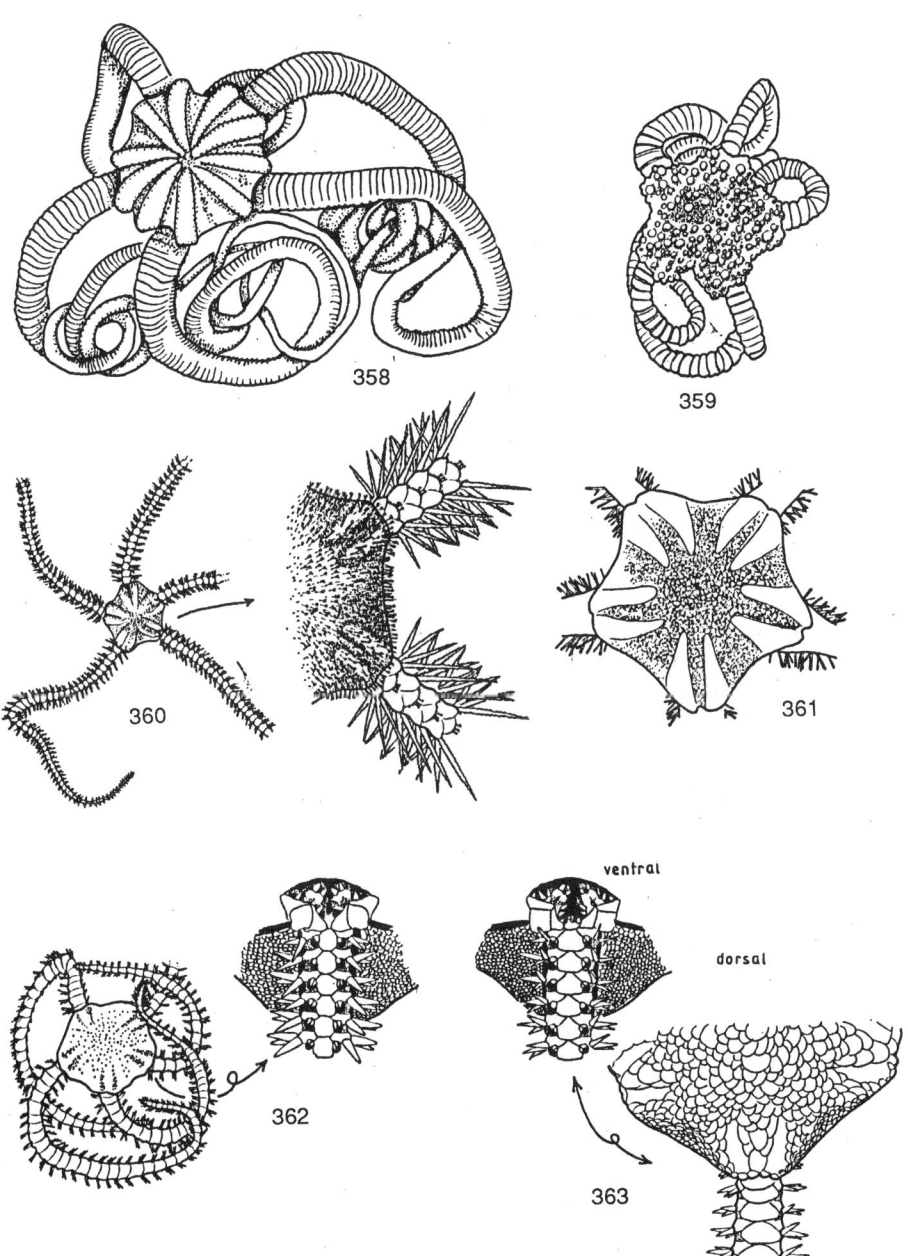

358

359

360

361

362

363

ventral

dorsal

180 Stachelhäuter, Schlangensterne

365 Ophioperla koehleri (BELL, 1908).- Körperscheibe etwa pentagonal, dorsal flach, gleichmäßig mit runden Granulae besetzt, die die radiale Scheibe verdekken; Durchmesser bis ca. 38 mm; ventrale Armfläche mit nackten Platten bedeckt, manchmal mit Granulae; Arme robust, zugespitzt, bis ca. 58 mm lang; je Segment 3 Paar flache Armdornen; Tentakelporen nur 3 - 4 Reihen von 6 Schuppen, an distalen Armabschnitten nur 3 - 4 Schuppen, Zahl von Tiergröße abhängig; Färbung dorsal orange-rot, ventral rosa oder weiß.- Frißt vornehmlich **Crustaceen**, einschließlich **Euphausiaceen**; getrenntgeschlechtlich.- Magellanisch, Scotia Bogen, zirkumpolar; 70 - 1.080 m.

366 Ophiurolepis brevirima MORTENSEN, 1936.- Scheibe höher als die Arme, bedeckt meist mit großen Platten, die von kleineren umgeben sind; Scheibendurchmesser bis ca. 22 mm; Scheibenplatten an den Rändern verdickt; Bursalschlitze umrandet mit kleinen Granulae oder Papillen, höchstens so lang wie ein Armsegment; Arme höher als breit; Armdornen klein, weit auseinanderstehend, meist 2 Paar je Segment; 2 Schuppen an kleinen Tentakelporen, diese nur an wenigen basalen Armsegmenten vorhanden; gelegentlich von Epizoen bewachsen; Färbung dorsal hell gelbbraun, ventral heller; Gattung in Südpolargebiet sehr verbreitet.- Zirkumpolar, vor allem bei den Süd Shetland Inseln und in der Ross See; 200 - 750 m.

367 Ophiurolepis gelida (KOEHLER, 1900).- Scheibendurchmesser wie bei der vorhergehenden Art; Scheibe mit dorsal erhöhter Mitte oder mit bogenförmigem Grat; oft von Schwämmen (Gattung **Iophon** GRAY, 1876) bewachsen und Foraminiferen tragend; Bursalschlitze länger als bei **366 O. brevirima**, länger als 1 Armsegment.- Frißt bevorzugt **Polychaeten**; Färbung dorsal hell gelbbraun, ventral heller.- Magellanisch, zirkumpolar; 40 - 1.260 m.

368 Ophiosteira antarctica BELL, 1902.- Scheibendurchmesser ca. 8 mm, dorsal gewölbt, mit 5 hoch vorstehenden radialen Kielen, Umriß pentagonal, dorsale Fläche plan; wenige große dorsale Platten; Bursalschlitze schmal, kurz; Arme im Querschnitt etwa dreieckig, an der Basis robust, mit Tentakelporen bis Armsegment 14; 5 - 6 Paar Armdornen, distal durchsichtig, ventraler Dorn am längsten; alle Platten auf Körperscheibe und Arme mit feinen Granula.- Ross See, Bransfield-Straße, möglicherweise zirkumpolar; 36 - 750 m.

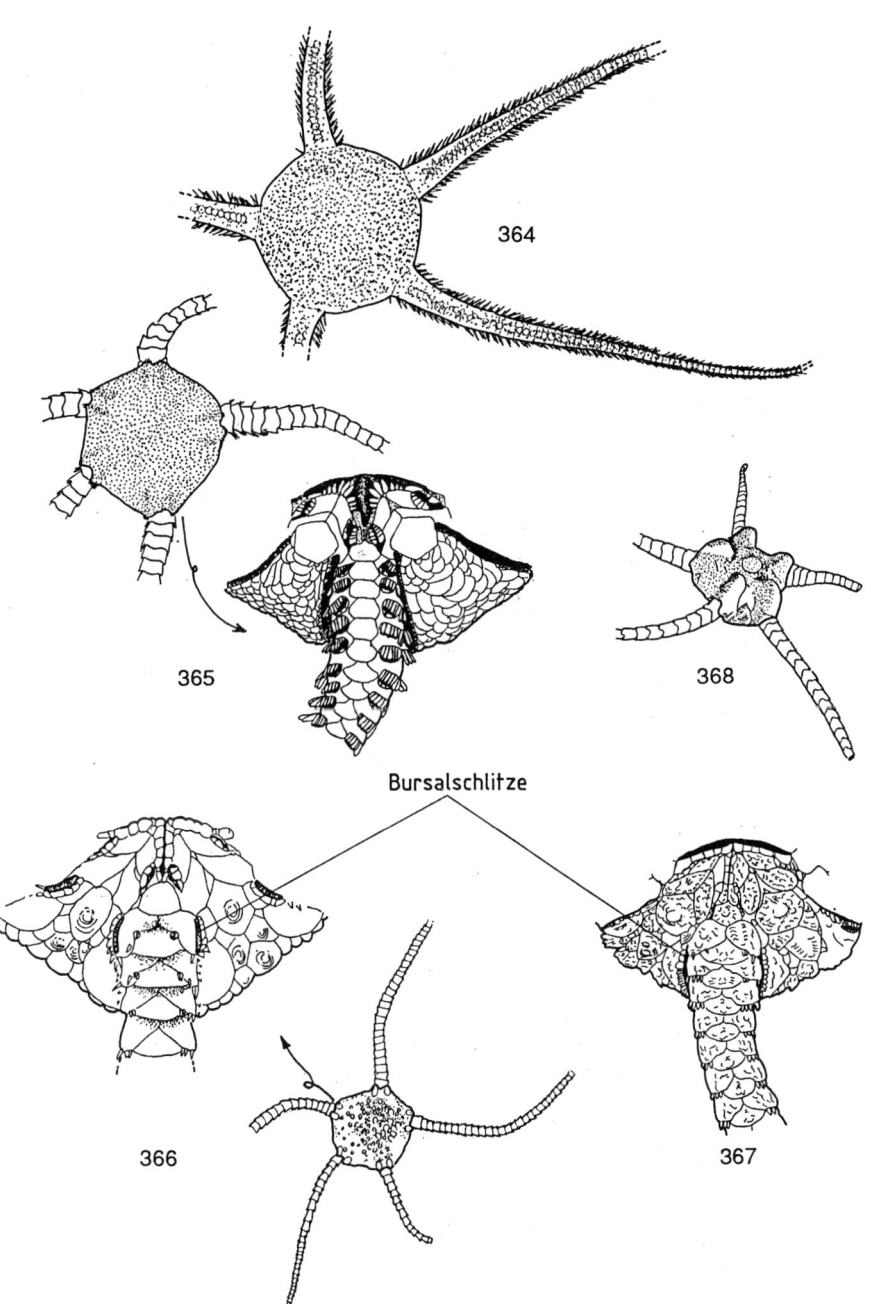

Bursalschlitze

Ascidiacea (Seescheiden)

Bodenlebende, sessile, ausschließlich marine **Tunicata** (Manteltiere) von 0,1 bis über 30 cm Länge; Körper von einem gallertigen Mantel (Tunica) umgeben; dieser besteht aus einer ektodermalen Ausscheidung, einer zelluloseähnlichen Substanz (Tunicin) darstellt; mit Fortsätzen des Mantels sind die Tiere am Boden verankert.

Charakteristisch ist ein kurz hinter dem Mund (Einstromöffnung) liegender kurzer, aber umfangreicher Kiemendarm, dessen Wände oft Tausende von Spalten enthalten und der als Sieb fungiert; ventral befindet sich eine Rinne (Endostyl), die einen Schleimfilm absondert und der die Nahrungsteilchen verklebt; über eine dorsale Rinne (Epibranchialrinne) wird dieses Gemenge in den Magen befördert. Das durch die Kiemenspalten gedrückte Wasser gelangt nicht direkt nach außen, sondern erst in den Peribranchialraum und dann über die Kloake nach außen (Ausstromöffnung); auf den Magen folgt ein kurzer Darm; die Gonaden münden entweder in den Peribranchialraum oder auch in die Kloake. Nervensystem und Sinnesorgane sind stark vereinfacht; ein geschlossenes Blutgefäßsystem fehlt; das Herz liegt ventral hinter dem Kiemendarm und pumpt das Blut in regelmäßigen Abständen nach vorn und dann nach hinten (Richtungswechsel).

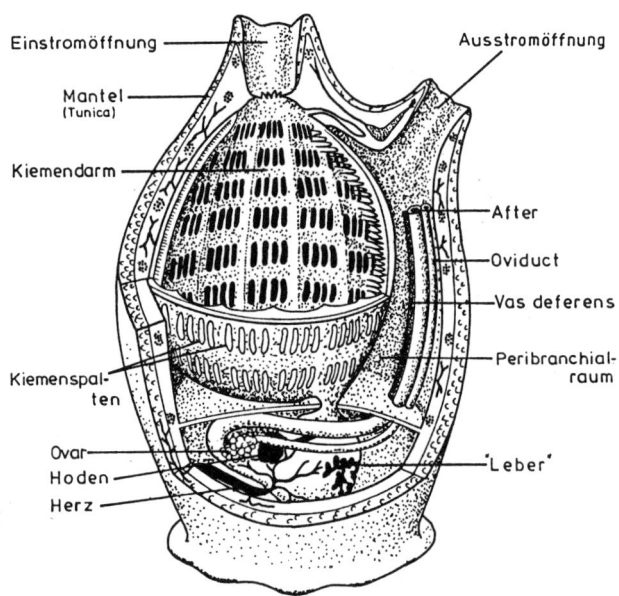

*Abb. 32: Organisationsschema der **Ascidiacea** (nach* REMANE, STORCH, WELSCH, *1976)*

Es gibt geschlechtliche und vegetative Vermehrung. Die Entwicklung der meist zwittrigen Ascidien ist indirekt; Spermien und Eier werden meist ins freie Wasser entlassen und es entwickelt sich eine Larve, die sich schon nach einigen Stunden mit Hilfe von Haftpapillen festsetzen. Vegetative Vermehrung führt zur Koloniebildung. Es gibt zwei Typen: Kolonien, bei denen die Einzeltiere über Stolone, die dem Substrat anliegen, miteinander verbunden sind ("soziale Ascidien") und solche mit nur teilweise selbständigen Zooiden ("Synascidien"), die in einer gemeinsamen Tunica eingebettet sind und die eine gemeinsame Kloake besitzen. Nicht selten tritt Metagenese auf, ein Wechsel zwischen ungeschlechtlicher und geschlechtlicher Fortpflanzung.

Von den weltweit über 2.000 bekannten Arten sind über 130 in der Antarktis nachgewiesen, in einigen Bereichen stellen sie die dominierende Organismengruppe dar. Ihre Bestimmung ist nicht einfach; immer müssen Aspekte der Anatomie mit berücksichtigt werden. Früher wurden die Ascidiacea in einzeln lebende ("Monascidae", "Ascidiae simplices") und stockbildende ("Synascidae", "Ascidiae compositae") Formen eingeteilt. Neuere Gliederungen orientieren sich unter anderem am Bau des Kiemendarmes.

Aplousobranchiata

Körper untergliedert in einen breiteren Thorax und zum Teil stielartiges Abdomen; Kiemensack ohne Längsfalten und ohne Längsgefäße; kolonienbildend.

369 *Sycozoa sigillinoides* (LESSON, 1830) (Polycitoridae).- Gestielte Kolonie, Stiel manchmal gegabelt; die die Zooide tragenden "Köpfe" meist 2,5 cm lang und 1 cm im Durchmesser, zylindrisch; Zooide in 2er Reihen um den gemeinsamen Kloakenkanal angeordnet; terminal mit einer relativ großen gemeinsamen Ausstromöffnung.- Zirkumpolar; 18 - 550 m.

370 *Distaplia cylindrica* (LESSON, 1830) (Polycitoridae).- Relativ große, gestielte und zylindrische Kolonie, bis zu 70 mm lang, 8 mm im Durchmesser; Stiel 6 - 7 mm lang, 6 mm im Durchmesser; milchig-weiß bis gelblich-weiß.- Zirkumpolar; 25 - 450 m.

371 *Tylobrachion speciosum* HERDMAN, 1886 (Polychinidae).- Meist schon leicht durch die Form erkennbar: Zylindrisch oder lateral abgeflacht, zungen- bzw. keilförmig, oft mit kurzem Stiel.- Subantarktisch; 25 - 450 m.

372 *Aplidium* SAVIGNY, 1816 (Polychinidae).- In der Regel kleine, flächenhafte oder aufrechte Kolonien; auffällig ist **372 *A. caeruleum*** (SLUITER, 1906), bei der oftmals 2 "Köpfe" auf einem Stiel sitzen.- Mehrere zirkumpolare Arten; 50 - 1.000 m.

373 *Synoicum* PHIPPS, 1774 (Polychinidae).- Normalerweise kleine Kolonien, die Form eines auf einem Stiel sitzenden Balles haben. [Beispiel: **S. *addreanum*** (HERDMAN, 1902)].- Mehrere zirkumpolare Arten; ca. 50 - 800 m.

374 *Polysyncraton trivolutum* (MILLAR, 1960) (Didemnidae).- Kolonieform sehr variabel; wenn flachaufliegend, dann dick und mit unregelmäßigen Loben; konisch, sitzend oder kurz gestielt oder in Form kleiner Hügel; 0,5 - 3 cm hoch; meist nur eine Ausstromöffnung mit gedrehten vorspringenden Loben; bei flachen Formen weist jeder Lobus eine eigene Ausstromöffnung auf; keine separate Einstromöffnung; mit rundlichen, vielzackigen Skleriten; zeitweilig auch als *P. chondrilla* (MICHAELSEN, 1924) geführt.- Zirkumpolar; 50 - 950 m.

Phlebobranchia

Körper nicht untergliedert; Kiemendarm mit inneren Längsgefäßen, aber ohne durchlaufende Längsfalten; in der Antarktis überwiegend solitäre Formen.

375 *Corella eumyota* TRAUSTEDT, 1882 (Corellidae).- Meist 1 - 4 cm lang, selten bis zu 15 cm; oval bis langgestreckt, gelegentlich mit kurzem Stiel; Öffnungen kaum erhöht; Einstromöffnung mit 6 Loben, etwa in der Mitte der Dorsalseite liegend; Ausstromöffnung terminal, 6 - 8 Loben.- Zirkumpolar; 20 - 850 m.

376 *Ascidia challengeri* HERDMAN, 1842 (Ascidiidae).- Ca. 5 - 10 cm lang, 3 cm im Durchmesser, seitlich zusammengedrückt; Öffnungen auf die rechte Seite verlagert; Einstromöffnung mit 6 und Ausstromöffnung mit 8 Loben, leicht erhöht; Färbung: schwarz-violett.- Zirkumpolar; 35 - 650 m.

377 *Caenagnesia schmitti* KOTT, 1969 (Agnesiidae).- Zylindrische Form von bis zu 7 cm Höhe und 3 cm Durchmesser; die höhere Einstromöffnung mit 6 Loben, die Ausstromöffnung mit 7 Loben; die Lobeneinschnitte setzen sich in Falten fort.- Antarktische Halbinsel, Süd Shetlands, Rossmeer; 60 - 1.150 m.

378 *Caenagnesia bocki* ÄRNBÄCK, 1938 (Agnesiidae).- Relativ klein, 1,5 - 3 cm; rundlilch oval oder elipsoid; Hinterende mit feinen, haarähnlichen Fortsätzen, die ein bartähnliches Wurzelsystem bilden.- Antarktische Halbinsel, Enderby Land, Rossmeer; 55 - 800 m.

Stolidobranchiata

Rumpf nie in Thorax und Abdomen gegliedert; Kiemensack mit Längsfalten und Längsgefäßen; Gonaden meist doppelt, seitlich der Leibeswand anliegend und in den Peribranchialraum mündend; in der Antarktis überwiegend solitären Arten.

Styelidae

Solitär; Ein- und Ausstromöffnung mit 4 Loben; ungelappte Leber; Branchialtentakel einfach.

379 *Cnemidocarpa verruscosa* (LESSON, 1830).- Bis 18 cm lang, 9 cm im Durchmesser; durch die Oberflächenstrukturen leicht kenntlich; bei jungen Tieren Papillen einfach und konisch, oft aber auch spitz und mit Dornen besetzt; bei älteren Papillen niedrig, rund oder unregelmäßig, warzenartig; Färbung: weiß, weiß mit rosa, hell- oder knallgelb.- Sehr häufig; Antarktis, Subantarktis; bis 400 m.

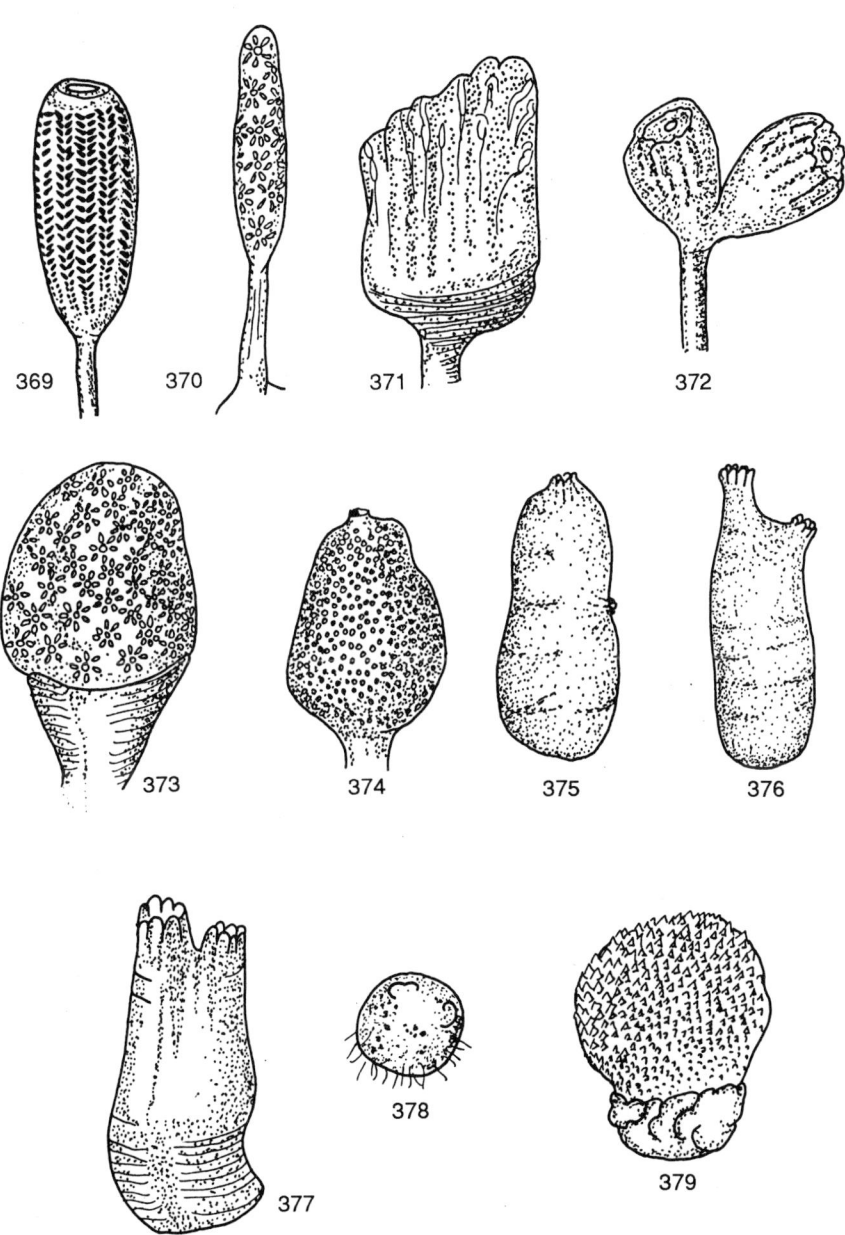

369   370   371   372

373   374   375   376

377   378   379

380 *Cnemidocarpa drygalskii* (HARTMEYER, 1911).- Ca. 2 - 5 cm lang und 1 - 2 cm im Durchmesser, von sehr variabler Körperform, wenn aufrecht, dann konisch bzw. "dome-shaped" oder zylindrisch, im Untergrund mit wurzelähnlichen Ausläufern befestigt; Oberfläche mit runden Papillen oder schuppenförmigen Erhebungen; lebende Tiere sind meist orange, fixierte werden braun, gelbbraun oder weißlich-gelb; wurde zeitweilig mit der subantarktischen *C. nordenskjoeldi* (MICHAELSEN, 1878) synonymisiert.- Zirkumpolar; 100 - 450 m.

381 *Styela schmitti* f. *simplex* MILLAR, 1960.- Klein, bis zu 7 mm; am unteren Ende mit wurzelartigen Fortsätzen, von denen einer meist dicker und länger ist, gelegentlich als kleiner Stiel ausgebildet; Ein- und Ausstromöffnung nicht erhöht.- Westantarktis; 20 - 240 m.

Pyuridae
Solitär; Ein- und Ausstromöffnung mit 4 Loben; gelappte Leber; Branchialtentakel zusammengesetzt.

382 *Pyura squamata* HARTMEYER, 1911.- Ohne Stiel, dorso-ventral abgeflacht, 1,5 - 2 cm lang, 1 cm breit; Oberfläche dicht mit hornigen vieleckigen Schuppen bedeckt, die mit konzentrischen Ringen versehen sind; Ein- und Ausstromöffnung nicht erhöht, weit auseinander.- Zirkumpolar; 250 - 1.250 m.

383 *Pyura discoveryi* (HERDMAN, 1910).- Ohne Stiel, mehr oder minder aufrecht, bis maximal 6 cm; Ein- und Ausstromöffnung auf langen, oft weit entfernten Siphonen gelegen; Oberfläche ohne Dornen oder Schuppen, aber mit kräftigen Falten.- Zirkumpolar; 75 - 680 m.

384 *Pyura setosa* (SLUITER, 1905).- Junge Individuen mit kurzem Stiel, ältere ohne; eiförmig, bis zu 7,5 cm; Oberfläche mit spitzen, biegsamen Borsten von bis zu 2 cm Länge besetzt.- Zirkumpolar; 18 - 400 m.

385 *Pyura bouvetensis* (MICHAELSEN, 1904).- Mit Stiel, der die 2 - 10fache Körperlänge erreichen kann; Körper oval bis dreieckig, ca. 5 cm lang, 2 cm hoch, auf dem Stiel umgeknickt, so daß das Tier praktisch "auf dem Kopf steht"; Ein- und Ausstromöffnung nicht erhöht; ohne Dornen und Borsten; wurde oft mit *P. georgiana* (MICHAELSEN, 1898) vermengt.- Wahrscheinlich zirkumpolar; 100 - 1.550 m.

386 *Bathypera splendens* MICHAELSEN, 1904.- Bis 9 cm im Durchmesser, kugelig und mit meist kurzem Stiel oder "dome-shaped" und mit breiter Anheftungsstelle; Oberfläche mit Reihen kurzer, kräftiger Papillen, die in viele gleichlange Dornen enden; Ein- und Ausstromöffnung nicht erhöht, 2lappig.- Wahrscheinlich zirkumpolar; 75 - 1.250 m.

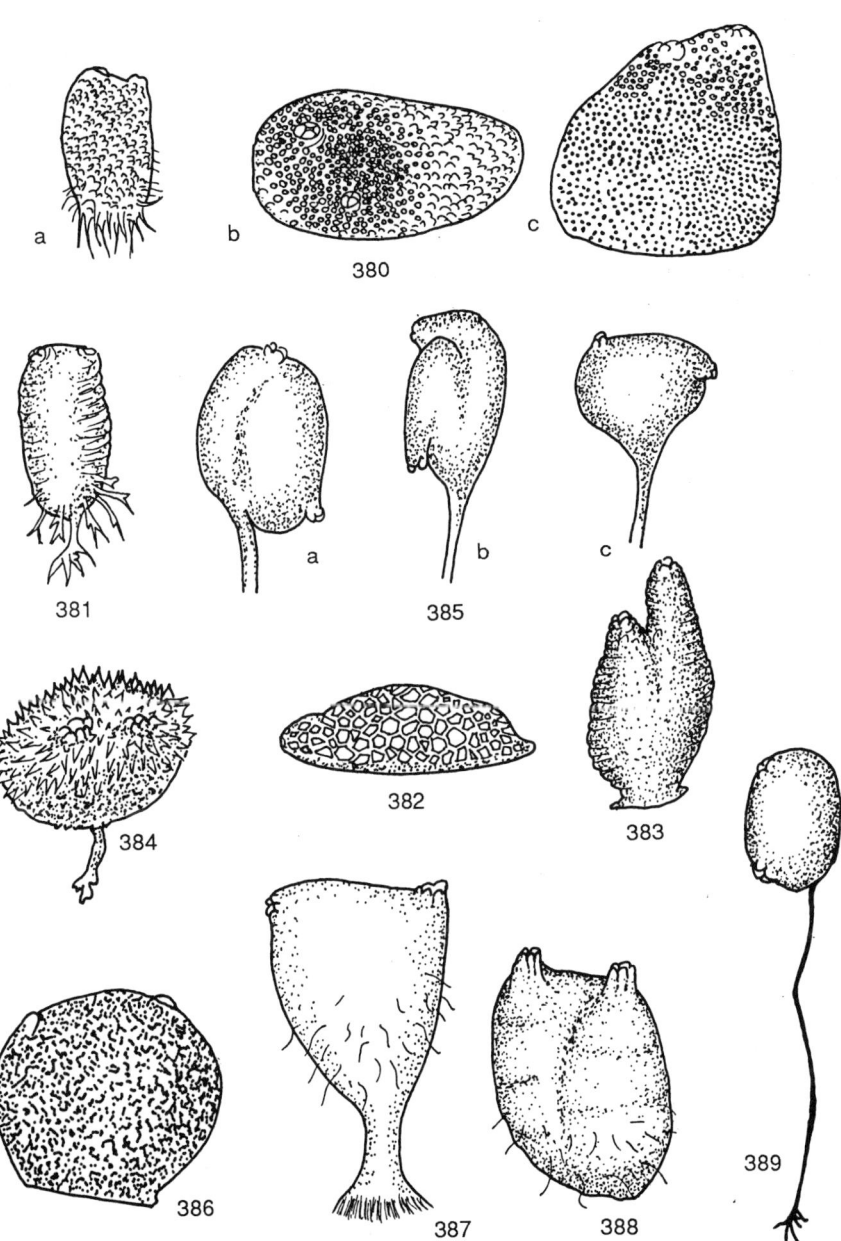

a

b

c

380

381

a

b

c

385

384

382

383

386

387

388

389

Molgulidae

Solitär; Einstromöffnung mit mehr als 4 (meist 6) und Ausstromöffnung mit 4 Loben; gelappte Leber; Branchialtentakel zusammengesetzt; im Bereich des antarktischen Litorals erreicht die Familie ein Maximum an Formenmannigfaltigkeit.

387 *Molgula pedunculata* HERDMAN, 1881.- Sehr große Art mit kräftigem, kontraktilem Stiel von variabler Länge, meist jedoch kürzer als Körper; dieser mehr oder minder 3eckig und bis über 20 cm lang; Einstromöffnung nicht erhöht, mit 5 kleinen Loben; Ausstromöffnung etwas erhöht, 4 Loben; wurde zeitweilig auch unter *M. gigantea* (HERDMAN, 1881) geführt.- Weit verbreitet; überall in der Subantarktis und Antarktis; 25 - 700 m.

388 *Molgula hodgsoni* HERDMAN, 1910.- Kleine Art von 1 - 3,5 cm, ohne Stiel; Ein- und Ausstromöffnung immer erhöht, dies unterscheidet sie von der ebenfalls zirkumpolar vorkommenden *M. euplicata* HERDMAN, 1923.- Wahrscheinlich zirkumpolar sowie Süd Shetlands, Südgeorgien; 100 - 450 m.

389 *Pareugyrioides aernbaecae* (MILLAR, 1960).- Gestielte Art; Körper oval bis rund, 2 cm im Durchmesser, Stiel bis über 10 cm; Ein- und Ausstromöffnung nicht erhöht, befinden sich oben und unten an der dem Stiel gegenüberliegenden Seite.- Wahrscheinlich zirkumpolar; 50 - 400 m.

Tiernamenverzeichnis

Farbtafel I: Antarktisches Benthos

(Fotos: J. Gutt)

Oben: Unterwasseraufnahme des dicht besiedelten antarktischen Schelfs bei Kapp Norvegia (150 m Tiefe, 71°40,9'S 12°6,3'W), mit Porifera, Ophiuroiden und der großen Assel *Glyptonotus antarcticus*. Schwämme stellen den größten Anteil an der Biomasse.

Unten: Unterwasseraufnahme, wie oben, jedoch etwas tiefer gelegen (180 m Tiefe, 71°21'S 12°23,3'W), mit zum Teil gestielten Poriferen, Synascidien, Hydrozoen, Bryozoen, Polychaeten, Echinodermen.

Farbtafel II: Antarktisches Benthos

(Fotos: J. Gutt)

Oben: Spärlich besiedelter Schelf des Weddellmeeres, in 300 m Tiefe (73°21,3'S 20°44,2'W). Der zerwühlte Boden deutet auf die Präsenz der Infauna hin. Zu sehen sind kleine Poriferen, darauf ein Crinoide, wenige Ophiuroiden, eine Seefeder.

Unten: Unterwasseraufnahme eines relativ reich besiedelten Schelfhanges des Weddellmeeres (700 m Tiefe, 74°40'S 29°14,3'W), überwiegend mit Echinodermen (Ophiuroiden, Asteroiden), aber auch mit Bryozoen, Hydrozoen und Anthozoen.

Farbtafel III: Antarktischer Felsbewuchs

(Fotos: J. W. Wägele)

Oben: Felsfauna bei den Süd Shetland Inseln, am Rock Napier (Admiralitätsbucht, King George Insel, 15 m Tiefe). Es dominieren sessile Tiere: Poriferen,
Bryozoen, Alcyonarien, Hydrozoen.

Unten: Wie oben; in 25 m Tiefe lebende Schwamm-Bryozoen-Gemeinschaften mit
Gorgonien.

Farbtafel IV: Antarktische Muscheln

Oben: ***Limatula hodgsoni***. (Foto: S. Hain)

Unten: Ausgegrabene ***Laternula elliptica*** (King George Island, 20 m). Diese Muscheln leben mehrere Dezimeter tief in Schlick vergraben, nur über den schnorchelartigen Sipho (links im Bild) mit dem Wasser verbunden. Die Art ähnelt der Sandklaffmuschel der Nordsee. (Foto: J. W. Wägele)

Farbtafel V: Antarktische Schnecken

*Oben: **Trichoconcha mirabilis*** an einer Aquarienscheibe. (Foto: S. Hain)

Unten: Die Nacktschnecke ***Austrodoris kerguelensis***, fotografiert in der Admiralitätsbucht (King George Insel, 20 m Tiefe). (Foto: J. W. Wägele)

Farbtafel VI: Antarktische Schnecken

(Fotos: J. W. Wägele)

Oben: Im oberen Sublitoral zum Teil der einzige häufige Bewohner: Die Napf-
schnecke **Nacella concinna** (King George Insel).

Unten: Auf Nahrungssuche kriecht die Raubschnecke **Neobuccinum eatoni** über
den Schlickboden der Admiralitätsbucht (King George Insel, 20 m).

Farbtafel VII: Garnelen der Weddellsee

(Fotos: M. Klages)

Oben: Eine der häufigsten antarktischen Garnelen: *Chorismus antarcticus*.

Unten: Seltene Tiefwassergarnele: *Lebbeus antarcticus*.

Farbtafel VIII: Flohkrebse der Weddellsee

(Fotos: O. Coleman)

*Oben: **Epimeria robusta*** beim Verzehr von Krill.

Unten: Eine neue, noch unbenannte ***Epimeria**-*Art.

Farbtafel IX: Flohkrebse der Weddellsee

(Fotos: O. Coleman)

*Oben: **Paraceradocus miersi*** beim Putzen einer Antenne.

*Unten: **Eusirus propeperdentatus***.

Farbtafel X: Asseln der Weddellsee

(Fotos: J. W. Wägele)

Oben: Der Fischparasit *Aega glacialis*.

Unten: In Schwämmen lebt *Gnathia calva*. Das Männchen hat große Mandibeln, die Weibchen sind stark angeschwollen.

Farbtafel XI: Asseln der Weddellsee

(Fotos: J. W. Wägele)

Oben: Wahrscheinlich an Medusen lebender Cirolanide: ***Anuropus antarcticus***.

Unten: Die größte antarktische Assel: ***Glyptonotus antarcticus***.

Farbtafel XII: Asseln der Weddellsee

(Fotos: J. W. Wägele)

Oben: Porträt von **Ceratoserolis trilobitoides**, der größten Serolidenart.

Unten: Auf tieferen Schlickböden ist die kräftig gepanzerte Art **Serolis bouvieri** beheimatet.

Farbtafel XI: Asseln der Weddellsee

(Fotos: J. W. Wägele)

Oben: Wahrscheinlich an Medusen lebender Cirolanide: ***Anuropus antarcticus***.

Unten: Die größte antarktische Assel: ***Glyptonotus antarcticus***.

Farbtafel XII: Asseln der Weddellsee

(Fotos: J. W. Wägele)

Oben: Porträt von **Ceratoserolis trilobitoides**, der größten Serolidenart.

Unten: Auf tieferen Schlickböden ist die kräftig gepanzerte Art **Serolis bouvieri** beheimatet.

Farbtafel XIII: Pycnogoniden und Sabelliden

Oben: In 15 m Tiefe läuft auf einem Hang in der Admiralitätsbucht (King George Insel) einer der großen antarktischen Pantopoden. (Foto: J. W. Wägele)

Unten: Etwas tiefer (25 m) am gleichen Hang leben gestielte Schwämme und Sabelliden. (Foto: G. Meurs)

Farbtafel XIV: Seesterne der Antarktis

(Fotos: J. W. Wägele)

Oben: **Cuenotaster involutus** auf Schlickboden der Admiralitätsbucht (20 m, King George Insel).

Unten: In demselben Lebensraum gelegentlich anzutreffen: Der große Sonnenstern **Labidiaster annulatus**.

Farbtafel XV: Seesterne der Antarktis

(Fotos: J. Voß)

Oben: **Leptychaster magnificus**.

Unten: **Porania antarctica**.

Farbtafel XVI: Schlangen- und Haarsterne

(Fotos: J. W. Wägele)

Oben: Der große Schlangenstern ***Ophionotus victoriae***, über Diatomeenrasen stelzend (25 m, King George Insel).

Unten: Antarktischer Haarstern auf einem Steilhang der Admiralitätsbucht (20 m, King George Insel), im Hintergrund: Hydrozoen.

Rupert Riedl
Fauna und Flora des Mittelmeeres
Ein systematischer Meeresführer für Biologen und
Naturfreunde. 3., neubearbeitete und erweiterte
Auflage. In Zusammenarbeit zahlreicher internatio-
naler Wissenschaftler herausgegeben von R. Riedl.
1983. 836 Seiten und 16 Fabtafeln; mit 3512 Abbildungen, davon 163 farbig, und mit 98 Verbreitungs-
karten; 2 dreifarbige Übersichtskarten. Gebunden
DM 148,–
Riedls »Fauna und Flora der Adria«, als systematischer Meeresführer richtungweisend, ist in dritter
Auflage zu einer »Fauna und Flora des Mittelmeeres« erweitert und zugleich gründlich bearbeitet
worden. Mehr als 2000 Arten mit über 30000 Merkmalen werden erfaßt.

Claus Valentin
**Faszinierende Unterwasserwelt
des Mittelmeeres**
Einblicke in die Meeresbiologie küstennaher Lebensräume. 1987. 199 Seiten mit 153 Fotos, davon 136
farbig, und 73 Einzeldarstellungen in 45 Abbildungen
sowie 3 Tabellen. Gebunden DM 39,80
Taucher und andere Wassersportler erhalten wert-
volle Informationen über den Unterwasserlebens-
raum des Mittelmeeres. Die Darstellung meeresbio-
logischer Zusammenhänge wird durch Unterwasser-
fotos, ein illustriertes Tiergruppenverzeichnis und
Ratschläge für die Unterwasserfotografie ergänzt.

Paul Kuckuck
Der Strandwanderer
Die wichtigsten Strandpflanzen, Meeresalgen und
Seetiere der Nord- und Ostsee. 11. Auflage. 1974.
264 Seiten mit 455 Abbildungen, davon 251 farbig.
Kartoniert DM 19,80

»Es ist ohne Frage eines der besten, preiswertesten
und schönsten Werke seiner Art.«
Lübecker Nachrichten

»Das wohl bekannteste Bestimmungsbuch ist der
bewährte >Strandwanderer<. In diesem handlichen
Band werden sowohl die häufigsten Wasser- und Kü-
stenpflanzen als auch die Tierwelt des Wattenmee-
res und die auffälligsten Vogelarten in Wort und Bild
vorgestellt. Der Kuckuck ist nach wie vor der beste
Begleiter auf Wattwanderungen.« *Tierfreund*

Larry Gonick / Mark Wheelis
Genetik in Cartoons
Aus dem Amerikanischen übersetzt von T. Graf.
4. Auflage. 1989. 224 Seiten. Kartoniert DM 26,–
Cartoons als Mittel zum Zweck, zur vereinfachenden
Erläuterung der Begriffe der klassischen und moleku-
laren Genetik, – das ist es, was den großen Erfolg
dieses Buches ausmacht, das innerhalb kurzer Zeit
bereits die vierte Auflage erreichen konnte. Mit spitzer
Feder wird alles aufgespießt, und mit lockerem Text
kommentiert, was zum Verständnis der Entwicklungs-
geschichte der Genetik beiträgt.

Jürgen Wolsch
Zeitbombe Luftverschmutzung
durch Schadstoffe und Radioaktivität. Eine Einführung in die Umweltproblematik mit Diagrammen und
Cartoons. »Pareys Studientexte einmal anders«.
1988. 139 Seiten. Kartoniert DM 19,80

Erdwin Lahmann
Luftverunreinigung – Luftverschmutzung
Eine Einführung in ein interdisziplinäres Wissensgebiet. Mit einem Geleitwort von Prof. Dr. F. Kiermeier.
1990. 201 Seiten mit 39 Abbildungen und 67 Tabellen. Kartoniert DM 84,–
Das Buch gibt einen kompakten Gesamtüberblick
über das Fachgebiet Luftverunreinigung – Luftreinhaltung – Lufthygiene. Es behandelt die natürlichen
und anthropogenen Quellen der Luftverunreinigung,
die technischen Verfahren zur Abgasreinigung sowie
die Ausbreitung von Abgasen in der Atmosphäre.
Der Schwerpunkt des Buches liegt bei der Untersu-
chung und Bewertung von Schadstoffen in der at-
mosphärischen Luft, wobei besonderer Wert auf die
Darstellung und Erläuterung von Meß- und Grenz-
werten sowie von Kriterien der Wirkung auf Mensch
und Vegetation gelegt wurde. Auch die rechtlichen
Bestimmungen zur Luftreinhaltung bei Bund, Län-
dern und der EG werden berücksichtigt. Neben Aus-
führungen zur Meßplanung und der Beschreibung
von Meßgeräten und Analyseverfahren ermöglichen
zahlreiche Abbildungen und Tabellen sowie Litera-
turhinweise in jedem Kapitel eine sachliche Orientie-
rung auf diesem multidisziplinären Wissensgebiet.

PAUL PAREY

Preisstand: April 1990
Berlin
Hamburg

José L. Lozán / Walter Lenz / Eike Rachor / Burkard Watermann / Hein von Westernhagen
Warnsignale aus der Nordsee
Wissenschaftliche Fakten. 1990. 428 Seiten mit 186 Abbildungen und 54 Tabellen. Kartoniert DM 39,– Massenentwicklung von giftigen Algen, Seehund- und Vogelsterben sind nur einige der Warnsignale als Folge der zunehmenden Umweltbelastung der Nordsee. Das Buch hilft, Warnsignale zu erkennen und zu deuten und plädiert für konsequente und sofortige Schutzmaßnahmen.

Fred Kurt
Naturschutz – Illusion und Wirklichkeit
Zur Ökologie bedrohter Arten und Lebensgemeinschaften. 1982. 216 Seiten mit 121 Einzeldarstellungen, davon 50 Fotos. Kartoniert DM 16,80
Fred Kurt, engagierter und praxiserfahrener Naturschützer, fordert in diesem Buch, die ökologischen Zusammenhänge und Abhängigkeiten zu berücksichtigen und nicht nur einzelne Arten, sondern ganze Lebensgemeinschaften zu erhalten.

János Regős
Die grüne Hölle – Ein bedrohtes Paradies
Bericht aus dem Regenwald. 1987. 130 Seiten und 64 Tafeln mit 147 farbigen Fotos. Gebunden DM 39,80
Die tropischen Regenwälder Mittel- und Südamerikas sind durch gravierende Eingriffe des Menschen bedroht. János Regős erforschte die Tier-und Pflanzenwelt des Urwaldes. In einem fesselnden Reisebericht mit vielen Fotos schildert er Schönheit und zugleich fortschreitende Zerstörung dieses einzigartigen Paradieses.

Claus König
Auf Darwins Spuren
Ökologische Betrachtungen im Lande des Kondors. 1983. 224 Seiten mit 212 farbigen Fotos, 5 Zeichnungen sowie 8 Karten. Gebunden DM 16,80
Insgesamt acht Expeditionen unternahm Claus König durch Argentinien, Peru, Ecuador und zu den Galapagos- Inseln. Dabei ist es ihm gelungen, mit der Kamera unschätzbare Naturdokumente einzufangen. Das Buch besticht durch seine mehr als 200 einmaligen Farbaufnahmen und den informativen Text.

Zeitschriften

Journal of Applied Ichthyology
Zeitschrift für angewandte Ichthyologie
Erscheint 1990 mit Band 6. Hrsg. von H. Rosenthal, W. Ahne, H. H. Reichenbach - Klinke und K. Tiews, unter Mitarbeit zahlreicher Wissenschaftler aus dem In- und Ausland. Schriftleitung: W. Ahne. Veröffentlichungssprachen: Deutsch und Englisch. Erscheinungsweise: 4 Hefte jährlich. Abonnementspreis (1990) DM 228,–, zzgl. Versandkosten DM 10,– (Inland), DM 12,– (Ausland)

Meeresforschung
Reports on Marine Research
Berichte der Deutschen Wissenschaftlichen Kommission für Meeresforschung. Erscheint 1990 mit Band 33. Hrsg. von G. Hempel und D. Sarhage. Schriftleitung: G. Hempel. Veröffentlichungssprachen: Deutsch und Englisch. Erscheinungsweise: 4 Hefte in 2 Jahren. Abonnementspreis (1990) pro Heft DM 134,– zzgl. Versandkosten DM 2,50 (Inland), DM 4,– (Ausland)

Zeitschrift für zoologische Systematik und Evolutionsforschung
Erscheint 1990 mit Band 28. Hrsg. von W. Herre, G. Osche, D. Sperlich und N. P. Kristensen, unter Mitarbeit zahlreicher Wissenschaftler. Schriftleitung: W. Herre. Veröffentlichungssprachen: Deutsch, Englisch oder Französisch. Erscheinungsweise: 4 Hefte jährlich. Abonnementspreis (1990) DM 353,– zzgl. Versandkosten DM 10,– (Inland), DM 16,– (Ausland)

Marine Ecology
Pubblicazioni della Stazione Zoologica di Napoli / Italia. Erscheint 1990 mit Band 11. Hrsg. von J. Ott und R. Riedl unter Assistenz von L. Mazella, unter Mitarbeit zahlreicher Wissenschaftler. Erscheinungsweise: 4 Hefte jährlich. Abonnementspreis (1990) DM 428,– zzgl. Versandkosten DM 10,– (Inland), DM 16,– (Ausland).

Preisstand: April 1990

 PAUL PAREY

Berlin
Hamburg